BLANC
2

McDOUGAL LITTELL

Discovering FRENCH Nouveau!

Workbook

Jean-Paul Valette
Rebecca M. Valette

Overview

The *Discovering French, Nouveau!–Blanc* Workbook is an integrated workbook that provides additional practice to allow students to build their control of French and develop French proficiency.

The activities provide guided communicative practice in meaningful contexts and frequent opportunity for self-expression.

ISBN: 0 - 618 - 29886 - X   ISBN - 13: 978 - 0 - 618 - 29886 - 0

35 36   0982   16 15
4500526822

Table of Contents

BLANC

Table of Contents

To the Student

The Workbook is divided into nine units. Each unit has three sections:

Listening/Speaking Activities

The Listening/Speaking Activities have the pictures you will need to complete the recorded activities. The lessons correspond to the lessons in the student text.

Writing Activities

The Writing Activities will give you the chance to develop your writing skills and put into practice what you have learned in class. The lessons correspond to the lessons in the student text. The exercises are coded to correspond to a particular part of the lesson. For example, **A** at the beginning of an exercise or group of exercises means that the material is related to the structures or vocabulary presented in Section A of that lesson. The last activity is called *Communication* and encourages you to express yourself in various additional communicative situations.

Reading and Culture Activities

The Reading and Culture Activities contain realia (illustrations and objects from real life) from French-speaking countries and various kinds of cultural activities. Each unit includes one set of Reading and Culture Activities.

Discovering
FRENCH
Nouveau!

B L A N C

Reprise

Workbook

Reprise. Entre amis

LISTENING/SPEAKING ACTIVITIES

A. Faisons connaissance!

 Allez à la page 4 de votre texte. Lisez et écoutez.

B. Avez-vous compris?

	vrai	faux			vrai	faux
1.	☐	☐		5.	☐	☐
2.	☐	☐		6.	☐	☐
3.	☐	☐		7.	☐	☐
4.	☐	☐		8.	☐	☐

MINI-TESTS

RAPPEL 1   Les nombres, l'heure, la date et le temps

1. Les nombres

REFERENCE Appendix A, p. R2

A. Write the corresponding numbers.

1. ___ vingt-deux   4. ___ dix-huit   7. ___ cinq   10. ___ quarante-trois

2. ___ trente et un   5. ___ quinze   8. ___ sept   11. ___ treize

3. ___ neuf   6. ___ cinquante-six 9. ___ quatre   12. ___ dix-neuf

B. Identify the following numbers by circling the corresponding French equivalent.

1. **94**
   a. quatre-vingts
   b. quatre-vingt-quatre
   c. quatre-vingt-quatorze

2. **77**
   a. soixante-sept
   b. soixante-dix-sept
   c. quatre-vingt-dix-sept

3. **111**
   a. cent un
   b. cent onze
   c. onze mille

4. **573**
   a. quinze cent quatre-vingt-trois
   b. cinq cent soixante-trois
   c. cinq cent soixante-treize

5. **884**
   a. quatre cent quatre-vingts
   b. huit cent quatre-vingts
   c. huit cent quatre-vingt-quatre

6. **235**
   a. deux cent trente-cinq
   b. trois cent vingt-cinq
   c. deux cent cinquante-trois

Nom _____

Classe _____ Date _____

Discovering
FRENCH
Nouveau!

B L A N C

2. L'heure

REFERENCE Appendix A, p. R2

A. Quelle heure est-il?

1. Il est _____

2. Il est _____

3. Il est _____

4. Il est _____

5. Il est _____

B. Quelle heure est-il maintenant? _____

3. La date

REFERENCE Appendix A, p. R2

A. Les jours de la semaine sont:

lundi, _____, _____, _____,

_____, _____, _____

B. Les mois de l'année sont:

janvier, _____, _____, _____

_____, _____, _____, _____,

_____, _____, _____, _____

C. Quelle est la date aujourd'hui? _____

D. Give the French equivalents of the following dates:

1. June 15th _____

2. August 6th _____

3. April 1st _____

4. January 22nd _____

4. Le temps

REFERENCE Appendix A, p. R2

According to the map, what is the weather like in the following cities?

Quel temps fait-il?

1. À Paris, _____

2. À Bordeaux, _____

3. À Nice, _____

4. À Grenoble, _____

5. À Lille, _____

Nom _____

Classe _____ Date _____ _____

Discovering
FRENCH
Nouveau!

BLANC

Reprise
Workbook

RAPPEL 2   Les objets et les endroits

5. Qu'est-ce que c'est?

REFERENCE ▶ Appendix A, p. R4

Identify the following pictures

A. Les objets

1. C'est _____

2. C'est _____

3. C'est _____

4. C'est _____

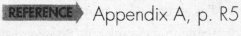

5. C'est _____

6. C'est _____

7. Ce sont _____

8. C'est _____

B. Les vêtements

REFERENCE ▶ Appendix A, p. R5

1. C'est _____

2. C'est _____

3. C'est _____

4. Ce sont _____

5. C'est _____

6. C'est _____

7. Ce sont _____

8. C'est _____

Nom _____

Classe _____ Date _____

Discovering
FRENCH
Nouveau!

B L A N C

C. Les endroits

REFERENCE Appendix A, p. R6

1. C'est _____

2. C'est _____

3. C'est _____

4. C'est _____

5. C'est _____

6. C'est _____

7. C'est _____

8. C'est _____

REFERENCE Appendix A, p. R4–R6

6. Les articles et les adjectifs démonstratifs et interrogatifs

Complete the following sentences with the appropriate forms of the underlined words.

1. J'ai un baladeur, mais je n'ai pas _____ chaîne hi-fi.

2. Paul aime la musique. Sophie préfère _____ sports. Son sport préféré est _____ tennis.

3. Alice va acheter cette veste et _____ pantalon blanc. Moi, je vais acheter _____ imper bleu et _____ chaussures noires.

4. Dans quel magasin est-ce que tu vas aller? _____ veste et _____ chemises est-ce que tu vas acheter?

5. Eric parle à la fille américaine. Moi, je parle _____ garçon français et _____ filles canadiennes.

6. Je n'ai pas l'adresse de la cousine de Pierre, mais j'ai le numéro de téléphone _____ copain d'Antoine. As-tu l'adresse _____ amis de Christine?

7. Les adjectifs possessifs

REFERENCE Appendix A, p. R6

Everyone is bringing a friend or a relative to the party. Complete the sentences below with the appropriate possessive adjectives.

▶ J'invite ma cousine.

1. Sabine amène _____ copain.

2. Nous arrivons avec _____ cousin.

3. Tu viens avec _____ soeur.

4. Frédéric et Julien invitent _____ amies.

5. Vous allez à la boum avec _____ copines.

6. Philippe invite _____ cousine.

RAPPEL 3 Les activités

8. Les verbes réguliers en *-er*   REFERENCE Appendix A, p. R8–R9

Look at the pictures and describe what the following people are doing and not doing.
Complete the sentences with the appropriate forms of the suggested verbs.

1. Oui, je _____ au tennis.
   Non, mes copains _____ au tennis.

2. Oui, nous _____.
   Non, vous _____.

3. Oui, tu _____ bien.
   Non, Marc _____ très bien.

4. Oui, Sandrine _____ à ses copains.
   Non, Paul et Philippe _____ à leurs amis.

REFERENCE Appendix A, p. R10
and Reprise, p. 21

9. Les questions avec est-ce que

You have just met a French exchange student at a picnic. Her name is Nicole and you want to
know more about her. Ask her the following questions in French. (Address Nicole as **tu**).

1. Do you speak English?   _____

2. Where do you live?   _____

3. What do you study?   _____

4. How are you travelling?   _____

5. Why are you visiting this country (ce pays)?   _____

10. Les verbes réguliers en *-ir* et *-re*   REFERENCE Appendix A, p. R10

Complete each of the following sentences with the appropriate form of a verb from the box.
Be logical!

| perdre   attendre   réussir   choisir   grossir   rendre   visite |

1. Tu es en vacances. Tu _____ à tes grands-parents.

2. Vous êtes dans un magasin de vêtements. Vous _____ la chemise bleue.

Nom _____

Classe _____ Date _____

3. Ils mangent beaucoup. Ils _____.

4. Christine joue mal. Elle _____ son match.

5. Les élèves étudient. Ils _____ à l'examen.

6. Marc est patient. Il _____ ses copains au café.

REFERENCE **REFERENCE** Appendix A, p. R8–R11

11. Préférences personnelles

Describe the various things you like to do (and not do!) by completing the statements below.
Use a different expression for each statement.

1. À l'école, j'aime _____.

   Je n'aime pas _____.

2. À la maison, j'aime _____.

   Je n'aime pas _____.

3. Avec mes copains, j'aime _____.

   Je n'aime pas _____.

4. Pendant les vacances, j'aime _____.

   Je n'aime pas _____.

12. Les pronoms

REFERENCE Appendix A, p. R23

Rewrite the sentences below, replacing the underlined nouns with corresponding pronouns.

1. Philippe joue au tennis avec Sandrine.

   _____

2. Mes cousins travaillent pour Monsieur Martin.

   _____

3. Béatrice dîne chez ses amis.

   _____

4. Catherine et Isabelle vont chez leurs copines.

   _____

Nom _____

Classe _____ Date _____ _____

Discovering FRENCH *Nouveau!*

B L A N C

Reprise

Workbook

13. L'impératif

REFERENCE Appendix A, p. R24

Tell a friend what to do and what not to do, using the imperative (affirmative or negative) of the verbs in parentheses.

	OUI	NON		
▶ (choisir)	☐	☑	Ne choisis pas	cette veste!
▶ (écouter)	☑	☐	Écoute	ce CD!
1. (finir)	☑	☐	_____	l'exercice!
2. (préparer)	☑	☐	_____	la leçon!
3. (parler)	☐	☑	_____	anglais en classe!
4. (réussir)	☑	☐	_____	à ton examen de français!
5. (répondre)	☑	☐	_____	à ma question!
6. (perdre)	☐	☑	_____	ton temps!

Nom _____

Classe _____ Date _____

Discovering
FRENCH
Nouveau!

B L A N C

Unité 1
Leçon 1
Workbook

Unité 1. Qui suis-je?

LEÇON 1   Le français pratique: Je me présente

LISTENING/SPEAKING ACTIVITIES

Section 1. Culture

A. Aperçu culturel: Qui suis-je?

 Allez à la page 30 de votre texte. Écoutez.

	Partie A			**Partie B**			**Partie C**	
	vrai	faux		vrai	faux		vrai	faux
1.	❑	❑	5.	❑	❑	9.	❑	❑
2.	❑	❑	6.	❑	❑	10.	❑	❑
3.	❑	❑	7.	❑	❑	11.	❑	❑
4.	❑	❑	8.	❑	❑	12.	❑	❑

Section 2. Vocabulaire et communication

B. La réponse logique

▶ Comment t'appelles-tu?

	a. Je suis belge.	ⓑ. Jean-Philippe.	c. Il s'appelle Éric.
1.	a. J'ai un frère.	b. Je suis anglais.	c. J'ai quinze ans.
2.	a. Non, nous sommes suisses.	b. Nous parlons français.	c. Je suis né en France.
3.	a. Je suis né à Genève.	b. J'habite à Paris.	c. Je suis mexicain.
4.	a. C'est lundi aujourd'hui.	b. Le 3 mars 1990.	c. C'est le 04.42.22.30.51.
5.	a. Oui, j'ai un beau-père.	b. Il a deux petits-fils.	c. Non, j'ai une soeur et deux frères.
6.	a. Non, elle est cubaine.	b. Non, elle est mariée.	c. Non, elle ne travaille pas.
7.	a. Il est vendeur.	b. Il a deux filles.	c. Il est plus âgé.
8.	a. Oui, elle est dentiste.	b. Oui, elle est infirmière.	c. Oui, elle est comptable.
9.	a. Je voudrais être informaticien.	b. Je voudrais être médecin.	c. Je voudrais être artiste.
10.	a. Enchanté!	b. Merci, je rappellerai plus tard.	c. Je suis désolée. Elle n'est pas ici.

Nom _____

Classe _____ Date _____

Qui: *Brigitte Duchemin*

Quand: *ce matin / 11 h.*

Numéro de téléphone: *02.35.67.12.49*

Message: *Boum chez elle samedi à 16 h. Répondre avant vendredi.*

C. Le bon choix

▶ —Est-ce qu'il s'appelle Pierre ou Jean-Paul?
   —Il s'appelle Jean-Paul.

Nom _____

Classe _____ Date _____ _____

Discovering FRENCH *Nouveau!*

B L A N C

D. Dialogues

DIALOGUE A

Pierre regarde l'album de photos de Valérie.

PIERRE: Qui est-ce, la fille sur la photo?

VALÉRIE: C'est la _____ de mon copain.

PIERRE: Ah bon? Comment _____ -t-elle?

VALÉRIE: Erika.

PIERRE: Elle est _____?

VALÉRIE: Non, elle est _____. Elle est de Zurich.

PIERRE: Tiens, c'est la ville où est _____ le _____ de ma tante.

DIALOGUE B

Juliette parle à François.

JULIETTE: Comment s'appelle ton _____?

FRANÇOIS: Il s'appelle Monsieur Lachenal.

JULIETTE: Qu'est-ce qu'il _____?

FRANÇOIS: Il est _____ dans une compagnie d'assurance.

JULIETTE: Et sa _____, elle travaille aussi?

FRANÇOIS: Mais Monsieur Lachenal n'est pas marié. Il est _____.

Nom _____

Classe _____ Date _____

E. Répondez, s'il vous plaît!

▶ A. Quelle est la nationalité de Catherine?   **Elle est anglaise.**

▶ B. Que fait la tante de Pierre?   **Elle est photographe.**

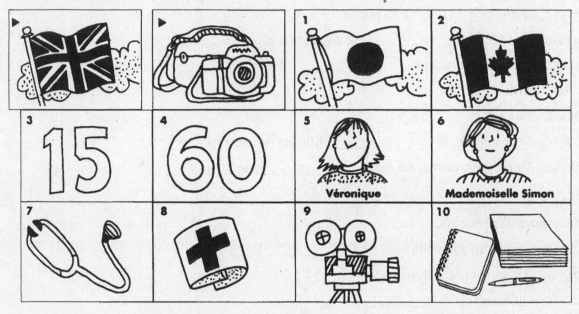

Questions personnelles

?	?	?	?
11	**12**	**13**	**14**

F. Situation: La fiche d'inscription

ACADEMIE COMMERCIALE DE PARIS
FICHE D'INSCRIPTION

NOM _____

PRÉNOM _____

NATIONALITÉ _____

DATE DE NAISSANCE _____ *1988*

LIEU DE NAISSANCE _____

Discovering
FRENCH *Nouveau!*

B L A N C

Unité 1
Leçon 1
Workbook

WRITING ACTIVITIES

A 1. Le bulletin d'inscription *(Registration form)*

You have been accepted as an exchange student in a Swiss school.
Fill out the registration form.

École Beaurivage
Bulletin d'inscription

Nom: _____

Prénom: _____

Âge: _____

Nationalité: _____

Date de naissance: _____

Lieu de naissance: _____

◇◇◇◇◇◇◇◇◇◇◇◇◇◇◇◇◇◇◇◇◇◇◇◇◇◇◇◇◇◇◇◇◇◇◇◇

Personne à contacter en cas d'urgence°

Nom: _____   Degré de parenté°: _____

Prénom: _____   Numéro de téléphone: _____

l'urgence *emergency*   **la parenté** *relationship*

A 2. Le Club International

You are secretary of the International Club. Complete the list of new members by giving each student's nationality. Use the masculine or feminine form, as appropriate. (If you wish, you may add the names of other students you know who are of foreign origin.)

NOM	DOMICILE	NATIONALITÉ
Denise LEGRAND	Montréal	*canadienne*
Carmen PEREZ	Mexico	
Karl SCHMIDT	Berlin	
Michiko SATO	Tokyo	
Janet MARTIN	Londres	
Maria SANTINI	Rome	
Jaishree SHANKAR	Delhi	
Mai NGUYEN	Hanoï	
Felipe ORTIZ	Madrid	
Jeanne PROSPÈRE	Port-au-Prince	

Nom _____

Classe _____ Date _____

Discovering
FRENCH
Nouveau!

B L A N C

B 3. La famille d'Olivier

Olivier is writing about his family. Fill in the missing words.

○ Je ne suis pas enfant unique: j'ai un _____

et une _____.

Mes parents sont divorcés. Mon père est remarié avec

ma _____. Ils ont un fils, qui est mon

_____.

Ma _____ Ménard est la mère de mon père.

Elle a deux _____: moi et mon cousin Jérôme.

Mon oncle Paul a deux enfants: un _____,

Jérôme, et une _____, Béatrice.

Ma _____ Catherine est la soeur de ma mère.

○ Elle n'est pas mariée. Elle est _____.

Olivier Ménard

C 4. Préférences professionnelles

Among the professions that you know in French, indicate which three are the most
interesting to you and which three are the least interesting.

J'aimerais être . . .

- _____
- _____
- _____

Je ne veux pas être . . .

- _____
- _____
- _____

Nom _____

Classe _____ Date _____

Discovering
FRENCH
Nouveau!

BLANC

Unité 1
Leçon 1
Workbook

C **5. Quelle est leur profession?**

Look at the illustrations and give the professions of the following people. (Some illustrations may represent more than one profession.)

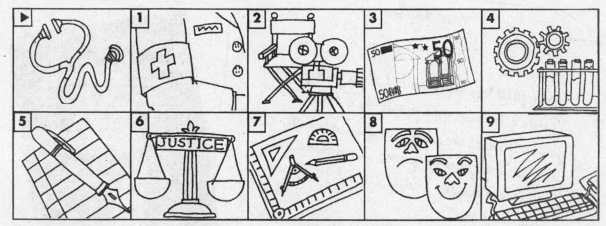

▶ Mme Thomas _est médecin_____ .   5. Mlle Tessier _____ .

1. M. Charron _____ .   6. Mme Durand _____ .

2. Mlle Nouvel _____ .   7. M. Lescure _____ .

3. Mme Ricard _____ .   8. Mlle Dulong _____ .

4. M. Ledoux _____ .   9. M. Bertin _____ .

6. Communication

A. Descriptions   Select two adults whom you like: a man and a woman. They may be relatives, neighbors, or family friends. Write a short description of them, giving the following information.

- name

- who the person is (a relative? a neighbor?)

- age

- profession

- why you like the person

Nom _____

Classe _____ Date _____

B. Lettre à Véronique   Véronique, a French student, has written your class giving
information about herself. Write her a similar letter in which you talk about yourself.

Chers amis,
Je m'appelle Véronique Lambert et j'ai quatorze ans.
J'habite à Toulouse, mais je suis née à Paris.
J'ai un frère et une sœur. Mon frère s'appelle
Thomas. Il est plus âgé que moi. Il a dix-huit ans.
Ma sœur s'appelle Juliette. Elle est plus jeune.
Elle a douze ans.
Mon père est vendeur. Ma mère est infirmière.
Plus tard, je voudrais être cinéaste.
                              Amitiés,
                                Véronique

Chère Véronique,

_____

_____

_____

_____

_____

_____

_____

_____

Nom _____

Classe _____ Date _____

Discovering
FRENCH
Nouveau!

B L A N C

Unité 1
Leçon 2
Workbook

LEÇON 2 Armelle a un nouveau copain

LISTENING/SPEAKING ACTIVITIES

Section 1. Vidéo-scène

A. Compréhension générale

 Allez à la page 42 de votre texte. Écoutez.

B. Avez-vous compris?

	vrai	faux			vrai	faux
1.	❑	❑		5.	❑	❑
2.	❑	❑		6.	❑	❑
3.	❑	❑		7.	❑	❑
4.	❑	❑		8.	❑	❑

Section 2. Langue et communication

C. Samedi après-midi

	▶	1	2	3	4	5	6	7	8
A									
B	✓								
C									
D									

Nom _____

Classe _____ Date _____

D. Comment sont-ils?

▶ Jérôme est [(grand) / petit].

1. Armelle est [contente / triste].

2. Pierre est [blond / brun].

3. Corinne est [drôle / pénible].

4. Monsieur Clochard est [riche / pauvre].

5. Madame Delaporte est [polie / impolie].

6. Mademoiselle Charlotte est [jeune / vieille].

▶ —Jérôme est petit.
   —**Mais non, il est grand.**

E. Dominique Lebeau et Dominique Labelle

		▶	▶	1	2	3	4	5	6	7	8
A. Dominique Lebeau	👨	✓									
B. Dominique Labelle	👩		✓								

F. Descriptions

▶ A.—Est-ce que ce garçon est heureux ou malheureux?
   —**C'est un garçon malheureux.**

▶ B.—Est-ce que cette voiture est petite ou grande?
   —**C'est une petite voiture.**

Nom _____

Classe _____ Date _____

Discovering
FRENCH
Nouveau!

B L A N C

WRITING ACTIVITIES

A 1. Les voisins

Describe what the people in the house next door are doing right now.
Use the expression **être en train de.**

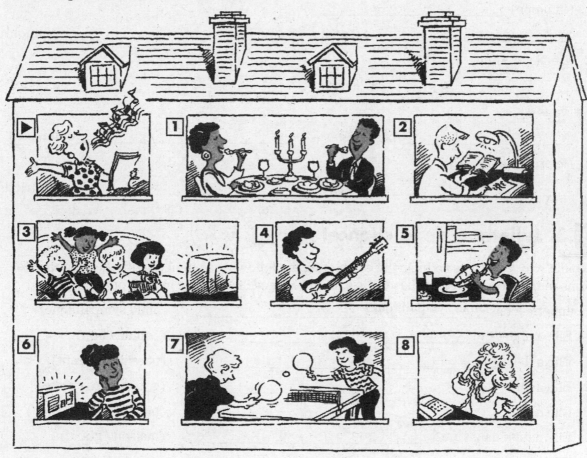

▶ Mlle Trémolo est en train de chanter _____.

1. M. et Mme Lenoir _____.

2. Moi, je _____.

3. Vous, vous _____.

4. Thomas _____.

5. Christophe _____.

6. Tu _____.

7. Christine et Olivier _____.

8. Hélène _____.

Nom _____

Classe _____ Date _____

Discovering
FRENCH
Nouveau!

B L A N C

A 2. Bons conseils! *(Good advice!)*

Give advice to the people in parentheses by telling them what to be or not to be.

▶ (Catherine)

Ne sois pas _____ égoïste!   Sois _____ généreuse avec tes amis!

1. (Philippe) _____

_____ poli!   _____ impoli!

2. (Cécile et Anne)

_____ à l'heure!   _____ en retard!

3. (vous)

_____ pessimistes!   _____ optimistes!

4. (le professeur)

_____ tolérant!   _____ strict!

B 3. Juliette a de la chance! *(Juliette is lucky!)*

Explain why Juliette is so lucky by completing the following sentences with the appropriate forms of the words in parentheses. Be sure to place each adjective in its proper position.

▶ Juliette a des amis sympathiques _____.   (ami / sympathique)

▶ Elle a une bonne copine _____.   (copine / bon)

1. Elle a des _____.   (parent / tolérant)

2. Elle a une _____.   (grand-mère / riche)

3. Elle a une _____.   (bicyclette / nouveau)

4. Elle habite dans une _____.   (maison / grand)

5. Elle a un _____.   (copain / bon)

6. Elle a des _____.   (amie / amusant)

7. Elle a des _____.   (professeur / intéressant)

Nom _____

Classe _____ Date _____

Discovering
FRENCH
Nouveau!
BLANC

C 4. Oui ou non?

Read about the following people. Then describe them in affirmative or negative sentences using the adjective in parentheses. Be logical!

▶ Alice est très drôle. (ennuyeux?)

Elle n'est pas ennuyeuse.

1. Caroline aide ses copains. (généreux?)

Elle _____.

2. Jérôme et Thomas travaillent beaucoup. (paresseux?)

Ils _____.

3. Isabelle et Véronique sont toujours contentes. (heureux?)

Elles _____.

4. Marc et François imitent leurs amis. (original?)

Ils _____.

5. Claire et Hélène aident leurs copains. (loyal?)

Elles _____.

6. La secrétaire est toujours en retard. (ponctuel?)

Elle _____.

7. Virginie joue du piano et de la guitare. (musicien?)

Elle _____.

8. Thérèse est une championne de tennis. (sportif?)

Elle _____.

9. Michèle et Pauline regardent toujours la télé. (actif?)

Elles _____.

10. Mes cousines aiment lire *(to read)* des livres philosophiques. (intellectuel?)

Elles _____.

TÉLÉ **SPÉCIAUX**

TÉLÉ **SAMEDI** **CINÉMA**

TÉLÉ **MATINÉE**
DU **LUNDI** 3 SEPT.
AU **VENDREDI** 7 SEPT.
SEMAINE DU 1er SEPT.

TÉLÉ **SPORT**

Nom _____

Classe _____ Date _____

D 5. Descriptions

Describe the following illustrations. For each question, make two statements, one affirmative and one negative.

▶ • un homme ou une femme?

C'est une femme. Ce n'est pas un homme. _____

• grande ou petite?

Elle est grande. Elle n'est pas petite. _____

1. • un chien ou un chat? _____

• un boxer ou un pékinois? _____

_____

• sympathique ou antipathique? _____

_____

2. • des garçons ou des filles? _____

• grands ou petits? _____

• mignons ou terribles? _____

_____

3. • une voiture de sport ou une limousine? _____

• blanche ou noire? _____

• une voiture rapide ou une voiture confortable? _____

_____

6. 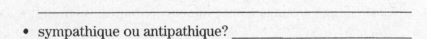 Communication: Une nouvelle copine

Read the letter from Véronique. Then write her about a new friend of yours: a girl. You may use Véronique's letter as a model.

Chers amis,

J'ai un nouveau copain. Il s'appelle Patrick.
Physiquement, il est grand et brun. Il est
assez beau. De caractère, c'est un garçon
amusant et spirituel. Il est assez sportif.
Il joue au foot et au volley. En classe,
ce n'est pas un très bon élève. Il est un peu
paresseux. Dans l'ensemble (on the whole),
c'est un garçon sympathique et original.

Ton amie française,
Véronique

Chère Véronique,

Moi aussi, j'ai une nouvelle copine. Elle . . .

Nom _____

Classe _____ Date _____

Discovering
FRENCH
Nouveau!

B L A N C

Unité 1
Leçon 3
Workbook

LEÇON 3   Allons dans un café!

LISTENING/SPEAKING ACTIVITIES

Section 1. Vidéo-scène

A. Compréhension générale

Allez à la page 54 de votre texte. Écoutez.

B. Avez-vous compris?

	vrai	faux			vrai	faux
1.	☐	☐		5.	☐	☐
2.	☐	☐		6.	☐	☐
3.	☐	☐		7.	☐	☐
4.	☐	☐				

Section 2. Langue et communication

C. Quel âge ont-ils?

► Pierre

1. moi

2. vous

3. nous

4. toi

5. Marc et Nathalie

6. Madame Thomas

► Pierre   **Pierre a quinze ans.**

D. Vrai ou faux?

▶ (vrai) faux

1. vrai faux

2. vrai faux

3. vrai faux

4. vrai faux

5. vrai faux

6. vrai faux

E. Qu'est-ce qu'ils font?

▶ Qui fait ses devoirs?   **Michelle fait ses devoirs.**

| nous | toi | Éric et Nathalie | Olivier | Michelle | vous | moi |

F. Où et quand?

▶ Mélanie travaille.   **Où travaille-t-elle?**

▶ Georges travaille.   **Quand travaille-t-il?**

Nom _____

Classe _____ Date _____

Discovering
FRENCH
Nouveau!

B L A N C

WRITING ACTIVITIES

A 1. Quel âge ont-ils?

It is the year 2005. Look at when the following people were born and determine how old they are now. Give their ages in complete sentences.

1. (1985) Catherine _____.

2. (1965) La tante de François _____.

3. (1952) Les grands-parents de Jean-Paul _____.

4. (1994) Tu _____.

5. (1990) Vous _____.

6. (1987) Nous _____.

A 2. Conditions

Describe the following people—say how they feel or how they are. Complete the sentences with the appropriate form of an expression with **avoir**.

▶ Pauline a soif _____.   4. Vous _____.

1. Nous _____.   5. Gabriel _____.

2. Ils _____.   6. Zoé _____.

3. Jean-François _____.   7. J' _____.

B 3. Qu'est-ce qu'ils font?

Read about the following people and then say what they are doing using the appropriate form of an expression with **faire**.

1. M. Lagarde est au supermarché.

   Il _____.

2. Nous étudions pour le cours de demain.

   Nous _____.

3. Vous préparez le dîner.

   Vous _____.

4. Après le dîner, tu aides ta mère.

   Tu _____.

5. Delphine et Christine sont à la campagne.

   Elles _____ à bicyclette.

6. Avant de traverser (*before crossing*) la rue, je regarde à droite et à gauche.

   Je _____.

Nom _____

Classe _____ Date _____

Discovering
FRENCH
Nouveau!

B L A N C

C 4. Questions

Your French friend Nathalie is going to visit you next weekend. Try to find out what she is interested in doing by asking her certain questions. Use INVERSION.

Ask her . . .

▶ if she likes music   Nathalie, aimes-tu la musique?

• if she plays tennis   *Nathalie, joues-tu au tennis?*

• if she has a racket   *Nathalie, as-tu une raquette?*

• if she has a bicycle   *Nathalie, as-tu un vélo? / une bicyclette?*

• if she wants to go for a ride in the country   *Nathalie, veux-tu ∧ une promenade*
  ∧à la campagne   faire
  en voiture

C 5. Dialogues

You want information about the people in parentheses. Write the corresponding questions, using inversion.

▶ (Stéphanie) _Où habite-t-elle?_
  —Elle habite à Québec.

1. (Caroline et Sylvie)
   Où sont-elles?
   —Elles sont au cinéma.

2. (M. Carré)
   Où travaille-t-il?
   —Il travaille à Paris.

3. (Thérèse)
   Comment joue-t-elle?
   —Elle joue très bien.

4. (Jérôme)
   Quel âge a-t-il?
   —Il a quinze ans.

5. (Pauline)
   À Quelles heures dîne-t-elle?
   —Elle dîne à huit heures.

6. (André et Nicolas)
   Quand rentrent-ils?
   —Ils rentrent samedi.

6. Communication:
Mes activités

Write a short letter to your pen pal Véronique describing your various activities.

• Name two or three subjects you are studying.

• Name two sports that you play.

• Name one or two things that you do to help your parents.

(date) _____
Ma chère Véronique,
Je fais beaucoup de choses.
À l'école, _____
_____
Avec mes copains, _____
_____
J'aide souvent mes parents. _____
_____
Et toi, parle-moi de ce que tu fais.
Amicalement,
(signature) _____

Nom _____

Classe _____ Date _____

Discovering
FRENCH
Nouveau!

B L A N C

LEÇON 4 Ça, c'est drôle!

LISTENING/SPEAKING ACTIVITIES

Section 1. Vidéo-scène

A. Compréhension générale

 Allez à la page 64 de votre texte. Écoutez.

B. Avez-vous compris?

	vrai	faux			vrai	faux
1.	❑	❑		5.	❑	❑
2.	❑	❑		6.	❑	❑
3.	❑	❑		7.	❑	❑
4.	❑	❑		8.	❑	❑

Section 2. Langue et communication

C. Logique ou pas logique?

	▶	▶	1	2	3	4	5	6
A. logique	✓							
B. pas logique		✓						

D. D'où viennent-ils?

▶ A. Est-ce que Pierre vient du stade?   **Oui, il vient du stade.**

▶ B. Est-ce que Catherine vient du musée?   **Non, elle vient du lycée.**

Nom _____

Classe _____ Date _____

E. Quand reviennent-ils?

▶ Charlotte_____

2005 JUILLET
☼ 3h53 à 19h56

1	J	S. Thierry
2	V	S. Martinien
3	S	S. Thomas ☺
4	D	S. Florent
5	L	S. Antoine
6	M	Se Mariette
7	M	S. Raoul
8	J	S. Thibaut
9	V	Se Amandine
10	S	S. Ulrich
11	D	S. Benoît ☽
12	L	S. Olivier
13	M	SS. Henri, Joël
14	M	FÊTE NATIONALE
15	J	S. Donald
16	V	N.D.Mt-Carmel
17	S	Se Charlotte
18	D	S. Frédéric
19	L	S. Arsène ●
20	M	Se Marina
21	M	S. Victor
22	J	Se Marie-Mad.
23	V	Se Brigitte
24	S	Se Christine
25	D	S. Jacques
26	L	SS. Ann., Joa. ☽
27	M	Se Nathalie
28	M	S. Samson
29	J	Se Marthe
30	V	Se Juliette
31	S	S. Ignace de L.

1. Nicolas

2. Nous

3. Moi

4. Toi

5. Vous

6. Mes cousins

▶ **Charlotte revient le trois juillet.**
 Elle ne revient pas aujourd'hui.

F. Depuis quand?

a.

b.

c.

d.

▶ Valérie joue au tennis.

1. Claire habite à Annecy.

2. Jean-Michel attend le bus.

3. Sylvie téléphone à Alain.

4. Michelle travaille à Paris.

5. Nicolas étudie l'espagnol.

6. Vincent joue au basket.

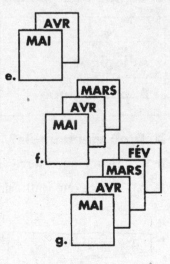

e.

f.

g.

Discovering
FRENCH
Nouveau!

BLANC

WRITING ACTIVITIES

A 1. Qu'est-ce qu'ils vont faire?

Say where the following people *are going* by completing the first sentence with the appropriate form of **aller**. Then say what they *are going to do* by selecting an appropriate activity from the box.

acheter une veste	danser	dîner	faire les courses
faire une promenade	jouer au foot	nager	

▶ Isabelle va _____ au restaurant. Elle va dîner. _____

1. Nous _____ au supermarché. _____

2. Tu _____ à la piscine. _____

3. Vous _____ en ville. _____

4. Alice _____ à la campagne. _____

5. Je _____ au stade. _____

6. Marc et Pauline _____ à la discothèque. _____

B 2. La boum de Carole

Carole is having a party next Saturday. Read about the following people and then say whether or not they are coming to the party. Use the verb **venir**.

▶ Thomas n'est pas invité.   Il ne vient pas. _____

1. Nous sommes invités.   _____

2. Marc adore danser.   _____

3. Vous êtes malades *(sick)*.   _____

4. Thérèse et Pauline sont les meilleures amies
   de Carole.   _____

5. Je suis invité à une autre *(other)* boum.   _____

6. Tu vas au cinéma avec des copains.   _____

B 3. Pourquoi?

The way we feel is often determined by what we have just done. Explain the feelings of the following people by using the construction **venir de** and an appropriate expression from the box. Sometimes more than one answer may be possible.

faire du jogging	**avoir un «A» à l'examen**
perdre le match	**avoir un rendez-vous intéressant**
rencontrer des copains	**manger trois sandwichs**
regarder un film d'horreur	**finir ses devoirs**

▶ Les élèves sont contents parce qu'ils _viennent d'avoir un «A» à l'examen_.

1. Isabelle est heureuse parce qu'elle _____.

2. Je suis malade *(sick)* parce que je _____.

3. Tu es furieux parce que tu _____.

4. Nous sommes fatigués *(tired)* parce que nous _____.

5. Vous êtes tristes parce que vous _____.

6. Mes petits frères ont peur parce qu'ils _____.

C 4. Depuis quand?

Describe what the following people are doing and imagine for how long they have been doing this.

▶ Alice _téléphone depuis une heure_ .

1. Nous _____.

2. Marc et Sandrine _____.

3. Les touristes _____.

4. M. Thibault _____.

5. Vous _____.

Nom _____

Classe _____ Date _____

Discovering
FRENCH *Nouveau!*
B L A N C

5. Communication

A. Week-end Our weekend plans are often influenced by the weather. Mention two things you will do and one thing you will not do this weekend in each of the following conditions.

S'il fait beau,

- je vais _____

- _____

- _____

S'il pleut,

- _____

- _____

- _____

Discovering French, Nouveau! Blanc

Nom _____

Classe _____ Date _____

B. La visite de Thomas Thomas, your cousin from Quebec, is visiting you this weekend. In your letter, tell him about the various activities you are planning. Mention one or two activities for each time period.

(date) _____

Mon cher Thomas,

    Voici ce que nous allons faire ce week-end.

Samedi matin, nous _____

_____

Samedi après-midi, _____

_____

Samedi soir, _____

_____

Dimanche matin, _____

_____

Dimanche après-midi, _____

_____

Dimanche soir, _____

_____

À bientôt,

(signature) _____

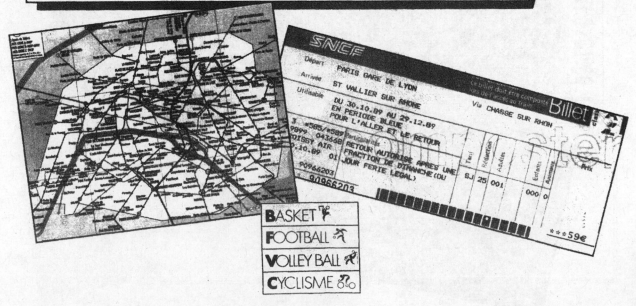

Nom _____

Classe _____ Date _____

Discovering
FRENCH *Nouveau!*

B L A N C

Unité 1

Workbook
Reading and Culture Activities

UNITÉ 1 Reading and Culture Activities

Aperçu culturel

Prenez votre manuel de classe et relisez les pages 30 et 31. Ensuite, complétez les paragraphes avec les mots suggérés.

algériens	**campagne**	**professeur d'espagnol**
pays	**vietnamienne**	**ville**

1. La France est un _____ de 60 millions d'habitants. Tous *(all)* les Français ne sont pas d'origine européenne. Les parents de Fatima, par exemple, sont _____. Monsieur Nguyen est d'origine _____.

2. Aujourd'hui, Mélanie Pasquier va à l'Universite. Mélanie veut être _____ comme sa mère.

3. Mathilde Kieffer vient de Strasbourg, une grande _____ à l'Est de la France. Certains Français, comme Stéphane Pelard et sa femme, préfèrent habiter à la _____.

FLASH **culturel**

La majorité des Français sont catholiques.
• Quelle est la deuxième religion en France?
  A. La religion protestante.
  B. La religion juive.
  C. La religion musulmane *(Moslem)*.
  D. La religion bouddhiste.
Pour vérifier votre réponse, allez à la page 38. →

Discovering
FRENCH
Nouveau!

B L A N C

Unité 1

Workbook
Reading and Culture Activities

DOCUMENTS

Read the following documents and select the correct completion for each of the accompanying statements. Place a check in the corresponding box.

1. On téléphone à cette personne si . . .
   ❏ on est malade *(sick)*.
   ❏ on a un problème légal.
   ❏ on veut étudier le russe.

Maître Caroline Raïevsky

avocat

15, avenue de Messine
75008 Paris   Tél. 01.43.67.84.02

Et flop… me voilà! Je m'appelle

Isabelle

et j'ai vu le sourire de mes parents
et de ma soeur pour la première fois
le 17 juillet 2004

Sylvie, Juliet et Zoë
BOUTRON
Clinique   *125, rue Mermoz*
Velpeau   *37000 Tours*

2. Dans ce document, on annonce . . .
   ❏ un mariage.
   ❏ une naissance.
   ❏ un changement d'adresse.

---

3. Beaucoup d'étudiants qui visitent la France vont dans les auberges de jeunesse *(youth hostels)*. Voici un bulletin d'inscription *(membership form)* pour l'association française des auberges de jeunesse.

   • Une information qui n'est PAS demandée est . . .
        ❏ le nom et le prénom
        ❏ la profession des parents
        ❏ le numéro de téléphone

FÉDÉRATION UNIE DES AUBERGES DE JEUNESSE
(à renvoyer à l'adresse précisée en dernière page)

IMPORTANT :
Nous retourner la fiche dûment
complétée et signée.   Merci.

BULLETIN D'INSCRIPTION

(à remplir lisiblement)   Référence :

PHOTO
obligatoire

NOM
PRÉNOM   Sexe
ADRESSE
Code Postal   VILLE
Date de naissance   à
Tél. domicile   Tél. travail
Profession

NATIONALITÉ : _____   N° carte d'identité _____
N° de passeport _____   délivré à _____   le _____

Copyright © by McDougal Littell, a division of Houghton Mifflin Company.

Discovering
FRENCH
Nouveau!

B L A N C

Unité 1

Workbook
Reading and Culture Activities

4. Lisez cette annonce.
- Cette annonce est . . .
  - ❑ une offre d'emploi.
  - ❑ une demande d'emploi.
  - ❑ un message personnel.

- La personne qui a mis cette annonce
  veut travailler . . .
  - ❑ dans un bureau.
  - ❑ chez des gens.
  - ❑ pour une compagnie internationale.

- Elle cherche un job . . .
  - ❑ permanent.
  - ❑ temporaire.
  - ❑ qui demande beaucoup d'expérience professionnelle.

> **ETUDIANTE FRANÇAISE,**
> 16 ans, expérience enfants,
> responsable, excellentes références,
>
> *cherche*
> *poste* **AU PAIR**
>
> dans famille américaine,
> de préférence,
> régions de San Francisco
> ou de Boston
> Disponible: juin — août.
>
> Téléphoner à Christine
> (011 - 33) 04-78-51-42-05 (Lyon)

5. Lisez le message suivant.
- La personne qui a téléphoné veut . . .
  - ❑ changer une date.
  - ❑ confirmer un rendez-vous.
  - ❑ parler à Mme Lescot.

- Ce message a été pris *(was taken)* par . . .
  - ❑ un enfant pour ses parents.
  - ❑ un(e) étudiant(e) pour un(e) camarade de chambre.
  - ❑ un(e) secrétaire pour son (sa) patron(ne).

> **MESSAGE**
>
> DATE: _5 février_   HEURE: _13 h 15_
>
> PENDANT VOTRE ABSENCE
>
> M. ❑ MME ❑ MLLE ☑ _LESCOT_   A TÉLÉPHONÉ.
>
> SOCIÉTÉ: _LAGARDE_
>
> TÉLÉPHONE: _04-42-05-21-34_
>
> MESSAGE: _a téléphoné pour changer_
> _le rendez-vous de mardi prochain._
> _Veuillez rappeler. S.V.P._

Discovering
FRENCH
Nouveau!

BLANC

C'est La Vie

1. La carte d'identité scolaire

La majorité des élèves français ont une «carte d'identité scolaire». Cette carte leur donne de nombreux avantages. Avec une carte d'identité scolaire, on obtient des réductions sur les prix des billets de cinéma, de théâtre, de concerts et de musées. On paie moins cher quand on voyage en train ou en autobus.

■ Regardez cette carte d'identité scolaire.

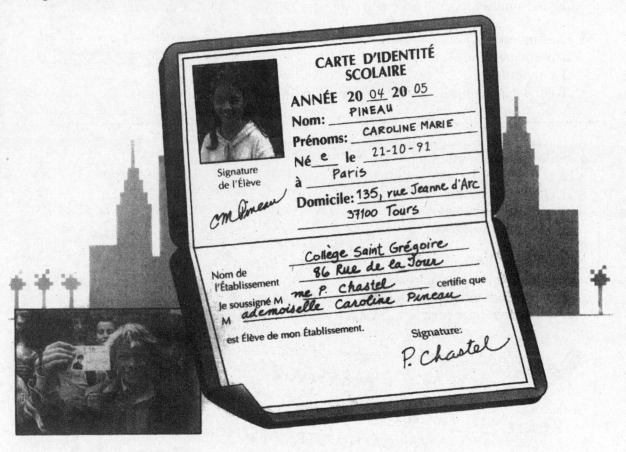

- Comment s'appelle l'élève? _____

- Où habite-t-elle? _____

- Quelle est sa date de naissance? _____

- Quel âge a-t-elle maintenant? _____

- À quelle école va-t-elle? _____

Nom _____

Classe _____ Date _____

Discovering
FRENCH
Nouveau!

B L A N C

Unité 1

Workbook
Reading and Culture Activities

2. Études professionnelles

Vous avez décidé de faire des études professionnelles en France.

■ Faites votre choix parmi les trois écoles suivantes.

FAX Fondé en 1950
L'ÉCOLE DES TECHNOLOGIES
PARIS • STRASBOURG • NICE • LE HAVRE • LYON

ENSEIGNEMENT SUPÉRIEUR COURT : 2 ans d'études

B.T.S.
- INFORMATIQUE
- COMPTABILITÉ – GESTION D'ENTREPRISE
- COMMERCE INTERNATIONAL
- ACTION COMMERCIALE
- SECRÉTARIAT DE DIRECTION

LP EP
LYCÉE PRIVÉ DE L'EST PARISIEN
205, rue de Fontenoy
94300 VINCENNES

01. 43. 08. 81. 57

- **Secrétariat**
- **Gestion**
- **Biochimie**
- **Biologie**

ÉCOLE
SUPÉRIEURE
DE CINÉASTES
ET D'ACTEURS

CINÉMA
– Diplôme de réalisateur, scénariste, etc. en 2 années.
– Préparation aux concours de Louis-Lumière (40% de résultats définitifs 84) de l'IDHEC

THÉÂTRE
– Enseignement intensif et complet. Admission sur test ou audition selon niveaux. Travail en effectifs limités. Tous âges.

27, av. Trudaine, 75000

• Comment s'appelle l'école que vous avez choisie?

_____

• Quelles sont les professions que cette école prépare?

_____

• Pourquoi avez-vous choisi cette école?

_____

Nom _____

Classe _____ Date _____

C'est La Vie *(continued)*

3. Entre amis

Il n'est pas toujours facile de trouver l'ami(e) idéal(e). **Dateline France** propose de vous aider grâce à *(thanks to)* l'ordinateur *(computer)*.

Dans le questionnaire suivant, on vous demande d'analyser votre personnalité.

■ Remplissez *(Fill out)* ce questionnaire.

DATELINE: L'ORDINATEUR QUI FAIT LE BONHEUR.

REMPLISSEZ CE QUESTIONNAIRE.

M. ☐ Mme ☐ Mlle ☐

Nom ⎢⎢⎢⎢⎢⎢⎢⎢⎢⎢⎢⎢⎢⎢⎢⎢⎢

Prénom ⎢⎢⎢⎢⎢⎢⎢⎢⎢⎢⎢⎢⎢⎢⎢⎢

N° et Rue ⎢⎢⎢⎢⎢⎢⎢⎢⎢⎢⎢⎢⎢⎢⎢⎢⎢

Code Postal ⎢⎢⎢⎢⎢

Ville ⎢⎢⎢⎢⎢⎢⎢⎢⎢⎢⎢⎢⎢⎢⎢⎢⎢⎢

Âge ⎢⎢⎢

Couleur de cheveux ⎢⎢⎢⎢⎢⎢⎢⎢⎢⎢⎢⎢⎢

Profession ⎢⎢⎢⎢⎢⎢⎢⎢⎢⎢⎢⎢⎢⎢⎢⎢⎢⎢

Je suis plutôt

☐ Exubérant (e)
☐ Intellectuel (le)
☐ Simple
☐ Volontaire
☐ Conciliant (e)
☐ Rêveur (se)
☐ Actif (ve)
☐ Drôle
☐ Sérieux (se)
☐ Réservé (e)

J'aime

☐ Parler
☐ Ecouter
☐ Ne rien faire
☐ Voyager
☐ Faire du sport
☐ La pop music
☐ Le cinéma
☐ La lecture
☐ La mode
☐ L'argent

Retourner ce questionnaire rempli à:
Dateline France 15. avenue Victor Hugo – 75116 PARIS

---

volontaire *strong-willed* **conciliant** *conciliatory, willing to make peace* **rêveur** *dreamer*

FLASH culturel: Réponse

→ **C.** Il y a 2,5 millions de Musulmans en France (ou 5% de la population). Les Musulmans français sont généralement d'origine nord-africaine.

Nom _____

Classe _____ Date _____

Discovering
FRENCH Nouveau!

B L A N C

Unité 1

Workbook
Reading and Culture Activities

4. Amitiés internationales

Avec le club «Amitiés internationales», les jeunes de différents pays peuvent correspondre et échanger leurs idées.

■ Lisez les annonces suivantes.

 Amitiés internationales

Étudiante suisse
16 ans, sportive (tennis, ski, volley), désire correspondre avec des filles ou garçons de toute nationalité pour échanger posters et CD.
Sandra   B. P. # 421

Jeune Africaine (Sénégal)
15 ans, aimerait correspondre avec étudiants américains parlant français, pour échanger nos idées. J'aime la musique, la nature et les animaux.
Aya   B. P. # 403

Je suis français, d'origine algérienne.
J'ai 14 ans et j'étudie l'anglais. J'aimerais correspondre avec des étudiants américains ou canadiens pour échanger CD.
J'aime le jazz, le rap, et les chansons folkloriques.
Ahmed   B.P. # 398

Garçon vietnamien,
16 ans, habitant en France depuis cinq ans. J'aime la moto, la musique et les films américains. J'aimerais correspondre avec jeunes de mon âge pour échanger photos d'acteurs et d'actrices.
Mai Van Le   B.P. # 429

Je suis espagnole
et j'étudie l'anglais. J'adore le cinéma et les boums. J'aimerais correspondre avec des élèves américains ou anglais pour perfectionner mon anglais. Joindre photo, s.v.p.
Letitia   B.P. #537

Je m'appelle Christophe.
J'ai 15 ans et j'habite à Paris. Je collectionne les cartes postales, les posters et les tee-shirts. J'aimerais correspondre avec jeunes de mon âge pour faire des échanges.
Christophe   B.P. # 473

■ Choisissez un(e) correspondant(e).

• Quel est le prénom de votre correspondant(e)?

_____

• Pourquoi avez-vous choisi ce (cette) correspondant(e)?

_____

_____

■ Maintenant, écrivez votre annonce personnelle dans la case ci-contre.

ANNONCE
Texte:_____
_____
_____
_____
_____
Nom:_____
Prénom:_____ Âge: _____
Adresse:_____
Ville:_____
Code postal:_____

Nom _____

Classe _____ Date _____

C'est La Vie *(continued)*

5. Offres d'emploi

- La compagnie qui a mis cette annonce recrute . . .
  - ❑ des ingénieurs.
  - ❑ des comptables.
  - ❑ des spécialistes de l'électronique.

- Les candidats intéressés par l'annonce doivent . . .
  - ❑ être français.
  - ❑ parler anglais.
  - ❑ envoyer une photo.

- Les deux personnes engagées *(hired)* vont . . .
  - ❑ travailler en Suisse.
  - ❑ gagner beaucoup d'argent.
  - ❑ avoir un contrat pour 5 ans.

**Société internationale
d'Ingénierie - Électronique**

recherche
2 personnes
pour son service COMPTABILITÉ
de Genève

Expérience: 5 ans minimum
Langues: anglais (indispensable),
allemand ou italien

Écrire avec curriculum vitae
à TECHNOLAB
Service recrutement
89015 Lyon Cedex

■ Voici certaines compagnies françaises internationales. Indiquez la spécialité de ces compagnies. (Certaines compagnies ont plusieurs spécialités.)

Chanel						
Michelin						
Perrier						
Peugeot-Citroën						
Renault						
Dior						

Nom _____

Classe _____ Date _____

Discovering
FRENCH
Nouveau!

B L A N C

Unité 1

Workbook
Reading and Culture Activities

Si un jour vous habitez en France, vous chercherez peut-être du travail. Voici certaines offres d'emploi qui intéressent les étudiants. Lisez attentivement ces annonces.

■ Choisissez un job parmi les six offres d'emploi.

• Quel est le prénom de votre correspondant(e)?

• Indiquez le numéro de l'annonce.

• Expliquez pourquoi vous avez choisi ce job et pourquoi vous êtes qualifié(e).

_____

_____

Textes

READING HINT

When you encounter a new text, you should first read it over quickly to become familiar with its general meaning. Then, once you have identified the topic, you should read the text over a few more times to try to understand the details.

Although you may not know all the words in the selections below, you should be able to understand the main points by using the above technique.

■ Read the following selections and select the correct completion for each of the accompanying statements. Place a check in the corresponding box.

Allô, allô!

Le mot «téléphone» vient de deux mots grecs: **télé** qui signifie «à distance» et **phone** qui signifie «voix». Par définition, le téléphone est un instrument qui permet la transmission de la voix humaine à distance. C'est un Français, Charles Bourseul, qui en 1854 a découvert le principe de la téléphonie, mais c'est un Américain, Alexander Graham Bell, qui a construit le premier appareil téléphonique en 1876.

Né il y a plus de 100 ans, le téléphone est aujourd'hui un objet nécessaire de la vie moderne. Aujourd'hui, tout le monde, ou presque, a le téléphone. En moyenne, chaque Français téléphone 500 fois par an, pour un prix de 50 centimes par communication. Les Français téléphonent moins souvent que les Anglais (700 fois), les Japonais (935 fois) et les Canadiens (1700 fois). Les champions de la communication téléphonique sont les Américains qui, en moyenne, utilisent le téléphone 1950 fois par an.

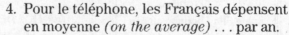

1. Dans le premier paragraphe, l'invention du téléphone est décrite du point de vue . . .
   ❑ économique.
   ❑ technique.
   ❑ historique.

2. Par analogie à *téléphone*, le mot *télévision* signifie . . .
   ❑ magazine visuel.
   ❑ transmission des images à distance.
   ❑ technique moderne de communication.

3. Les Japonais utilisent le téléphone plus souvent *(more)* que . . .
   ❑ les Américains.
   ❑ les Anglais.
   ❑ les Canadiens.

4. Pour le téléphone, les Français dépensent en moyenne *(on the average)* . . . par an.
   ❑ 75€
   ❑ 250€
   ❑ 380€

FRANCE TELECOM
600 AGENCES
PARTOUT
EN FRANCE
TELECARTE 120

Nom _____

Classe _____ Date _____

Discovering
FRENCH
Nouveau!
B L A N C

Unité 1

Workbook
Reading and Culture Activities

The following article describes a French organization called
"Les Médecins du monde"—*Doctors of the World.*

Les Médecins du monde

Dans les 100 dernières années, la médecine a fait des progrès considérables. Malheureusement, ces progrès ne sont pas partagés également par tous les pays. Dans certains pays en voie de développement, la mortalité infantile est encore très élevée et les épidémies trop fréquentes.

Pour aider ces pays, un médecin français, le professeur Bernard Kouchner, a créé une organisation privée appelée «Médecins du monde». L'objectif de cette organisation est d'envoyer des volontaires dans les régions où il y a une urgence médicale, et plus spécialement dans les pays d'Afrique et d'Asie, en Somalie ou au Bangladesh, par exemple.

Pour participer aux missions de «Médecins du monde», il n'est pas nécessaire d'être médecin ou infirmier. Il suffit d'être une personne de bonne volonté et de croire en la solidarité des peuples de la terre.

MÉDECINS DU MONDE
62, rue Marcadet
75018 Paris   France

1. Les principaux bénéficiaires des progrès de la médecine sont . . .
   ❑ les «Médecins du monde».
   ❑ les habitants des pays développés.
   ❑ les habitants des pays sous-développés.

2. Les «Médecins du monde» travaillent principalement . . .
   ❑ à Paris.
   ❑ en Europe.
   ❑ en Afrique et en Asie.

3. Les volontaires de l'organisation «Médecins du monde» vont en Somalie ou au Bangladesh pour . . .
   ❑ prendre des vacances.
   ❑ aider les gens.
   ❑ faire des recherches scientifiques.

Discovering
FRENCH
Nouveau!

B L A N C

INTERLUDE 1: Le concert des Diplodocus

Le jeu des 5 erreurs

The following text is a summary of the story «Le concert des Diplodocus».
This summary contains five errors. First reread the original story in your student
book on pages 80–84. Then read the following summary carefully. Look for the
five errors and explain each of them in French.

Après le dîner, Catherine met son manteau pour sortir.
Sa mère veut savoir où elle va. Catherine répond qu'elle
va chez sa copine Suzanne pour étudier. Elle promet de
rentrer à minuit.

Catherine va chez Suzanne. Là, elle rencontre son
copain Jean-Michel. Jean-Michel a deux billets pour le
concert des Diplodocus. Il invite Catherine qui décide
d'aller au concert avec lui.

Il y a beaucoup de monde au concert des Diplodocus. Il y
a aussi des journalistes de la télévision. Une journaliste
interviewe Catherine. Catherine dit qu'elle
adore les Diplodocus et qu'elle va
souvent à leurs concerts.

Après le concert, Catherine rentre chez
elle en taxi. Ses parents sont en train de
regarder la télévision dans leur chambre.
Qu'est-ce qu'ils regardent? Le concert
des Diplodocus . . . et l'interview de
Catherine. Catherine est très embarrassée!

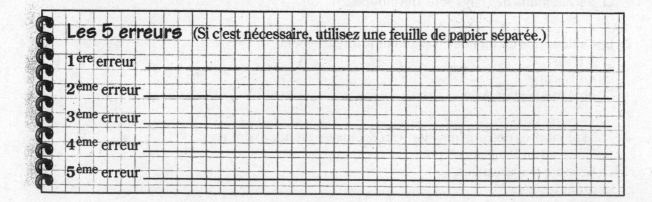

Les 5 erreurs (Si c'est nécessaire, utilisez une feuille de papier séparée.)

1ère erreur _____

2ème erreur _____

3ème erreur _____

4ème erreur _____

5ème erreur _____

Nom _____

Classe _____ Date _____

Discovering
FRENCH
Nouveau!

BLANC

Unité 2
Leçon 5
Workbook

Unité 2. Le week-end, enfin!

LEÇON 5   Le français pratique: Les activités du week-end

LISTENING/SPEAKING ACTIVITIES

Section 1. Culture

A. Aperçu culturel: Le week-end

Allez à la page 100 de votre texte. Écoutez.

	vrai	faux
1.	☐	☐
2.	☐	☐
3.	☐	☐
4.	☐	☐
5.	☐	☐
6.	☐	☐

Section 2. Vocabulaire et communication

B. La réponse logique

▶ Qu'est-ce que tu vas faire à la piscine?
   a. Je vais étudier.   **b. Je vais jouer au foot.**   **c. Je vais nager.**

1. a. En ville.   b. Au stade.   c. À la maison.

2. a. Oui, je vais retrouver b. Non, je vais faire mes   c. Non, je vais sortir.
      mes copains.   devoirs.

3. a. Une comédie.   b. Un match de foot.   c. Un concert de rock.

4. a. Oui, je vais en ville. b. Oui, j'aime jouer aux   c. Oui, j'aime prendre des
      Et toi?   jeux vidéo.   bains de soleil.

5. a. Je vais louer la   b. Je vais ranger mes   c. Je vais bronzer.
      voiture.   affaires.

Nom _____

Classe _____ Date _____

6. a. Oui, je vais voir
   un film.
   b. Oui, j'adore marcher.
   c. Oui, je fais une promenade
   à vélo.

7. a. Je monte à Opéra.
   b. Je descends à Concorde.
   c. Je n'ai pas de ticket.

8. a. Je fais des achats.
   b. Je reste chez moi.
   c. J'aime aller à la pêche.

9. a. C'est un poisson.
   b. C'est une rose.
   c. C'est une prairie.

10. a. C'est un canard.
    b. C'est un écureuil.
    c. C'est un lapin.

C. Le bon choix

▶ —Est-ce que Jean-Paul est au ciné ou au café?
  —**Il est au café.**

Nom _____

Classe _____ Date _____ _____

Discovering FRENCH *Nouveau!*

B L A N C

Unité 2
Leçon 5
Workbook

D. Dialogues

DIALOGUE A

Nous sommes samedi après-midi. Philippe parle à sa soeur Véronique.

PHILIPPE: Tu vas _____ cet après-midi?

VÉRONIQUE: Oui, je vais aller _____.

PHILIPPE: Tu vas faire _____?

VÉRONIQUE: Non, je vais _____ un film.

PHILIPPE: Je peux venir avec toi?

VÉRONIQUE: Oui, si tu aimes _____.

PHILIPPE: Comment, tu ne vas pas _____ le bus?

VÉRONIQUE: Mais non, j'ai besoin d'exercise. . . Et toi aussi!

PHILIPPE: Bon, alors dans ce cas, je vais _____ à la maison.

DIALOGUE B

Nous sommes vendredi, Jérôme parle à Isabelle.

JÉRÔME: Tu vas rester chez toi demain?

ISABELLE: Non, je vais faire une _____ avec un copain.

JÉRÔME: Où allez-vous aller?

ISABELLE: À la _____.

JÉRÔME: Est-ce que tu vas prendre ton appareil-photo?

ISABELLE: Bien sûr! Il y a beaucoup d' _____ intéressants là où nous allons.

JÉRÔME: Ah bon? Quoi?

ISABELLE: Des _____, des écureuils et des _____ de toutes sortes.

Nom _____

Classe _____ Date _____

E. Répondez, s'il vous plaît!

▶ —Que fait Christine?
   —Elle fait des achats.

Questions personnelles

?	?	?	?	?
9	**10**	**11**	**12**	**13**

F. Situation: Le calendrier de Mélanie

8 mars
SAMEDI

après-midi
_____
_____

soir
_____
_____

9 mars
DIMANCHE

après-midi
_____
_____

soir
_____
_____

Nom _____

Classe _____ Date _____ _____

WRITING ACTIVITIES

A 1. L'intrus *(The intruder)*

Each of the following sentences can be logically completed by three of the four suggested options. The option that does *not* fit is the intruder. Cross it out.

1. Madame Sénéchal _____ sa voiture.
   répare   lave   nettoie   rencontre

2. Monsieur Lambert est dans la cuisine. Il nettoie _____.
   le dîner   les plats   la table   le réfrigérateur

3. Claire est à la maison. Elle _____ sa mère.
   aide   assiste à   parle à   dîne avec

4. Philippe est à la maison aussi. Il range _____.
   sa chambre   ses affaires   son frère   la chambre de son frère

5. Ce soir *(tonight)* Jérôme va _____ ses copains.
   retrouver   ranger   voir   sortir avec

6. Nous allons assister à _____.
   un match   un concert   une boutique   un récital
   de foot   de rock   de disques   de piano

7. Catherine va voir _____ avec sa cousine.
   un film   un western   une comédie   un cinéma

8. Éric va sortir. Il va _____.
   rester à la   aller au   dîner au   jouer au
   maison   théâtre   restaurant   tennis

9. Marc va à la plage pour _____.
   bronzer   nager   jouer aux   prendre un bain
                                      jeux vidéos   de soleil

10. Catherine reste à la maison pour _____.
    étudier   aider ses parents faire des achats   ranger ses affaires

11. Comment est-ce que tu vas aller en ville? Est-ce que tu vas _____?
    aller à pied   prendre un taxi   faire une   prendre ton vélo
                                      promenade

12. Je vais prendre le métro. Je vais _____ à la station Étoile.
    monter   descendre   sortir   visiter

Nom _____

Classe _____ Date _____

A 2. Projets de week-end

What do you think the following people are going to do this weekend?
Complete the sentences logically. Use your imagination.

▶ Pauline va aller en ville. Elle va aller au ciné (faire des achats, . . .) _____.

1. Thomas va sortir. Il _____.

2. Nicolas va sortir avec sa copine. Ils _____.

3. Valérie va rester à la maison. Elle _____.

4. Stéphanie va retrouver une copine. Elles _____.

5. Olivier et François vont au stade. Ils _____.

6. Sylvie va aller à la piscine. Elle _____.

7. Mme Blanche va aller en ville. Elle _____.

8. M. Moreau va travailler à la maison. Il _____.

B 3. Une visite à Paris

You are visiting Paris with Julie, a French friend. Your hotel is near Notre Dame. This
afternoon you have decided to visit the Arc de Triomphe. Complete the following dialogue
between you and Julie. Fill in the appropriate answers from the box.

VOUS: Qu'est-ce qu'on va faire cet après-midi?

JULIE: _____

VOUS: Ah non! C'est trop loin!

JULIE: _____

VOUS: D'accord. À quelle station est-ce qu'on monte?

JULIE: _____

VOUS: Et où est-ce qu'on descend?

JULIE: _____

VOUS: Dis, combien coûtent les billets?

JULIE: _____

- 1 euro 30.
- À l'Étoile.
- À Châtelet.
- Alors, on va prendre le métro.
- On va visiter l'Arc de Triomphe.

L'Arc de Triomphe

Étoile

Franklin D. Roosevelt

Concorde

Châtelet

Notre - Dame

C 4. Photos d'animaux

Imagine that you spent a day in the country taking pictures of animals. Make a list of six
different animals that you saw.

J'ai pris des photos de (d') . . .

- _____
- _____
- _____
- _____
- _____
- _____

Nom _____

Classe _____ Date _____

Discovering
FRENCH
Nouveau!

BLANC

Unité 2
Leçon 5
Workbook

C 5. À la ferme

The following sentences can be logically completed by only *one* of the suggested choices.
Read each sentence carefully and circle the letter of the logical completion.

▶ Mon oncle habite dans _____ à la campagne.

   a. un garage   b. une ville   (c.) une ferme   d. un lac

1. Dans cette ferme, il y a des vaches et _____.

   a. des feuilles   b. des cochons   c. des vélos   d. la campagne

2. Sur le lac, il y a _____.

   a. une poule   b. un cheval   c. un canard   d. un champ

3. Il y a _____ dans l'arbre.

   a. une vache   b. un lapin   c. un poisson   d. un ècureuil

4. _____ mange une carotte.

   a. L'oiseau   b. Le canard   c. Le lapin   d. La prairie

5. Le matin, _____ chantent.

   a. les arbres   b. les chevaux   c. les champs   d. les oiseaux

6. Je vais aller à la pêche. J'espère qu'il y a beaucoup de _____ dans la rivière.

   a. poissons   b. fleurs   c. plantes   d. écureuils

7. Je vais faire un tour dans la prairie et je vais cueillir *(to pick)*
_____ pour faire un bouquet pour ma mère.

   a. des oiseaux   b. une vache   c. un canard   d. des fleurs

8. En automne les arbres de la forêt perdent leurs _____.

   a. fleurs   b. cheveux   c. feuilles   d. poules

C 6. Un week-end à la campagne

Several friends are spending the weekend in the country. Describe what each one is doing,
according to the illustration.

1. Marc _____

2. Hélène _____

3. Nous _____

4. Anne et Jérôme _____

5. Éric et Jean _____

6. Vous _____

Nom _____

Classe _____ Date _____

7. Communication

A. Préférences   List six activities that you like to do on weekends, ranking them in order of preference.

Le week-end, j'aime . . .

1. _____   4. _____

2. _____   5. _____

3. _____   6. _____

B. Il pleut!   Unfortunately it is raining this weekend. List three things that you can do to be helpful around the house.

1. _____

2. _____

3. _____

C. Week-end chez mon oncle   Imagine that you have been invited to spend next weekend at your uncle's farm. Write a letter to your friend Paul telling him about your plans. Use a separate piece of paper if necessary.

Tell him. . .

• where you are going to spend the weekend

• what day you are going to leave and what day you are going to come back

• what animals you are going to see at the farm

• what you are going to do on Saturday (name two different activities)

• what you are going to do on Sunday (name two other activities)

(date)
Mon cher Paul,

J'espère que je vais passer un bon weekend.
Amicalement,
(signature)

Discovering FRENCH *Nouveau!*

B L A N C

LEÇON 6   Pierre a un rendez-vous

LISTENING/SPEAKING ACTIVITIES

Section 1. Vidéo-scène

A. Compréhension générale

 Allez a la page 108 de votre texte. Écoutez.

B. Avez-vous compris?

	vrai	faux		vrai	faux
1.	☐	☐	4.	☐	☐
2.	☐	☐	5.	☐	☐
3.	☐	☐	6.	☐	☐

Section 2. Langue et communication

C. Samedi dernier

	▶	1	2	3	4	5	6	7	8
A									
B	✓								
C									
D									

Nom _____

Classe _____ Date _____

D. À la maison

▶ —Avez-vous aidé vos parents?
—**Oui, nous avons aidé nos parents.**

E. Pas de chance

▶ CAROLINE: Tu as joué au volley?
VOUS: **Non, je n'ai pas joué au volley.**

Nom _____

Classe _____ Date _____

Discovering
FRENCH
Nouveau!

BLANC

Unité 2
Leçon 6

Workbook

F. Oui ou non?

▶ A. —Este-ce que Robert a perdu son argent?
   —**Oui, il a perdu son argent.**

▶ B. —Est-ce que Juliette a grossi?
   —**Non, elle n'a pas grossi.**

▶

A. Robert

B. Juliette

1. Paul

2. Sophie

3. M. Dupois

4. Béatrice

5. Jean-Paul

6. Stéphanie

Nom _____

Classe _____ Date _____

Discovering
FRENCH
Nouveau!

BLANC

G. Une visite au Musée du Louvre

▶ **Pierre prend [le métro / le bus].**

1. Vous prenez [un taxi / la voiture].

2. Nous prenons [le métro / le bus].

3. Je prends [ma moto / ma voiture].

4. Tu prends [ton vélo / ton scooter].

5. Anne prend [sa voiture / son scooter].

6. Marc et Paul prennent [le métro / un taxi].

▶ —Pierre prend le bus.
  —**Non, Pierre prend le métro.**

Nom _____

Classe _____ Date _____

Discovering
FRENCH
Nouveau!

B L A N C

Unité 2
Leçon 6
Workbook

WRITING ACTIVITIES

A/B 1. La liste des choses à faire

Your mother made a list of things for you to do last weekend. Write which ones you did and which ones you did not do. Use the PASSÉ COMPOSÉ.

■ ranger tes livres
■ ranger ta chambre
■ nettoyer le garage
■ finir tes devoirs
■ laver tes vêtements
■ téléphoner à ta grand-mère
■ rendre visite à tes cousins

▶ J'ai rangé mes livres.
(Je n'ai pas rangé mes livres.)

- J'ai rangé ma chambre
  Je n'ai pas rangé ma chambre
- J'ai nettoyé le garage
  Je n'ai pas nettoyé le garage
- J'ai fini mes devoirs
  Je n'ai pas fini mes devoirs
- J'ai lavé mes vêtements
  Je n'ai pas lavé mes vêtements
- J'ai téléphoné à ma grand-mère
  Je n'ai pas téléphoné à ma grand-mère
- J'ai rendre visité à mes cousins.

A/B 2. Oui ou non?

Read about the following people. Then say whether or not they did the things in parentheses.

▶ François est malade. (jouer au foot? regarder la télé?)
Il n'a pas joué au foot. Il a regardé la télé.

1. Hélène joue mal. (gagner le match? perdre?)
   Elle n'a pas gagné le match. Elle a perdu.

2. Nous sommes consciencieux. (étudier? finir les devoirs?)
   thorough
   Nous avons étudié. Nous avons fini les devoirs

3. Les élèves sont paresseux. (préparer l'examen? réussir?)
   lazy
   Ils n'ont pas préparé l'examen. Il n'ont pas réussi

4. Je suis fauché *(broke)*. (acheter des CD? dîner à la maison?)
   Je n'ai pas acheté des CD. J'ai dîné à la maison

5. Vous êtes au régime *(on a diet)*. (maigrir? grossir?)
   Vous avez maigri. Vous n'avez pas grossi.

6. Tu passes l'après-midi au café. (rencontrer des copains? jouer au foot?)
   Tu as rencontré des copains. Tu n'as pas joué au foot.

Nom _____

Classe _____ Date _____

Discovering
FRENCH
Nouveau!

B L A N C

C 3. Dialogues

Complete the following dialogues by writing out the question that was asked.

▶ (avec qui / tu) — <u>Avec qui est-ce que tu as joué</u> _____ au tennis?

—J'ai joué avec Catherine.

1. (quel programme / vous) —_____?

—Nous avons regardé «la Roue de la Fortune».

2. (où / Pauline) —_____ hier soir?

—Elle a dîné dans un restaurant chinois.

3. (quand / tes cousins) —_____?

—Ils ont téléphoné hier soir.

4. (quel CD / tu) —_____?

—J'ai acheté le dernier CD de Pascal Obispo.

5. (qui / vous) —_____?

—Nous avons invité nos amis canadiens.

D 4. Tu as fait ça?

Your French friend Charlotte wants to know if you have ever done the following things.
Answer her affirmatively or negatively, as in the model.

▶ visiter Montréal?
  Oui, j'ai déjà visité Montréal. (Non, je n'ai jamais visité Montréal.)

1. visiter San Francisco?

   Non, je n'ai jamais visité San Francisco.

2. dîner dans un restaurant français?

   Oui, j'ai dîné dans un restaurant français.

   Non, je n'ai jamais dîné dans un restaurant français

3. assister à un concert de jazz?

   Je n'ai jamais assisté à un concert de jazz.

4. jouer dans une pièce (play)?

   J'ai joué dans une pièce.

5. parler en public?

   Je n'ai pas parlé en public

Discovering French, Nouveau! Blanc

Nom _____

Classe _____ Date _____

D 5. Qu'est-ce qu'ils font?

Complete the following sentences with a verb from the box. Be logical!

apprendre	comprendre	prendre	mettre

1. Pour aller à l'école, nous _____ le bus.

2. Je ne _____ pas. Parle plus fort *(louder)*!

3. Florence _____ un CD de jazz.

4. Mon petit frère _____ à nager.

5. Les touristes _____ des photos.

6. Quand je vais à la campagne, je _____ des bottes *(boots)*.

 ## 6. Communication

A. Activités récentes Make a list of three things you did recently that you enjoyed and two things that were not so enjoyable.

☺

▸ J'ai rendu visite à mes grands-parents.

_____

_____

_____

_____

☹

▸ Je n'ai pas réussi à mon examen de maths.

_____

_____

_____

Nom _____

Classe _____ Date _____

B. Le journal de Caroline Caroline keeps a daily diary. Read what she did last night. Then write a short paragraph describing what you did or did not do last night. If necessary, use a separate sheet of paper.

> Nous avons dîné à sept heures. Après le dîner, j'ai aidé ma mère (j'ai lavé la vaisselle et j'ai rangé la cuisine). Ensuite, j'ai étudié un peu, mais je n'ai pas fini mes devoirs. Après, j'ai regardé une comédie à la télé. Après le film, j'ai téléphoné à ma copine Alice. Nous avons parlé pendant dix minutes. Après, j'ai fini mes devoirs.

Alain voit un cheval dans les champs.

Nom _____

Classe _____ Date _____

Unité 2
Leçon 7

Discovering
FRENCH
Nouveau!

BLANC

Workbook

LEÇON 7 Les achats de Corinne

LISTENING/SPEAKING ACTIVITIES

Section 1. Vidéo-scène

A. Compréhension générale

 Allez à la page 120 de votre texte. Écoutez.

B. Avez-vous compris?

	vrai	faux		vrai	faux
1.	☐	☐	4.	☐	☐
2.	☐	☐	5.	☐	☐
3.	☐	☐	6.	☐	☐

Section 2. Langue et communication

C. À la campagne

▶ **Alain voit [une vache / un cheval] dans les champs.**

1. Vous voyez [un écureuil / un oiseau] dans l'arbre.

2. Je vois [une poule / un lapin] dans la forêt.

3. Nous voyons [un canard / un poisson] dans la rivière.

4. Tu vois [des chevaux / des fleurs] dans la prairie.

5. Jérôme et Juliette voient [des canards / des poissons] sur le lac.

6. Sylvie voit [un cochon / une poule] près de la ferme.

▶ —Alain voit un cheval dans les champs.
—**Non, Alain voit une vache.**

Nom _____

Classe _____ Date _____

D. Hier après-midi

	▶	1	2	3	4	5	6	7
A								
B								
C								
D	✓							

E. Le week-end dernier

au café?   à la piscine?   au stade?   au ciné?   en ville?   à la bibliothèque?

▶ Marc a mangé une glace.   **Il est allé au café.**

F. Mon calendrier

LUNDI 10	MARDI 11	MERCREDI 12	JEUDI 13	VENDREDI 14	SAMEDI 15	DIMANCHE 16
20h assister à un concert de rock		9h laver la voiture 13h30 aller à un match de foot 21h voir un film à la télé	14h nettoyer ma chambre 20h retrouver mes amis au café	16h aller à la pêche	randonnée à vélo	

Aujourd'hui nous sommes jeudi, le treize juillet.

▶ —Qu'est-ce que tu vas faire cet après-midi?
   —Cet après-midi, je vais nettoyer ma chambre.

▶ —Qu'est-ce que tu as fait hier matin?
   —Hier matin, j'ai lavé la voiture.

Nom _____

Classe _____ Date _____

Discovering
FRENCH
Nouveau!

B L A N C

Unité 2
Leçon 7
Workbook

WRITING ACTIVITIES

A 1. À la campagne

Friends are going for a walk in the country. Describe what they each see by filling in the blanks with the appropriate forms of **voir**.

1. Nous _____ une ferme.

2. Tu _____ un lac.

3. Marc _____ des vaches.

4. Vous _____ un cheval dans une prairie.

5. Je _____ un écureuil dans un arbre.

6. Philippe et Stéphanie _____ des oiseaux.

B 2. Qu'est-ce qu'ils ont fait?

Describe what the following people did Saturday using the PASSÉ COMPOSÉ of the verbs in parentheses.

1. (prendre / être)   Nous _____ le bus.

                             Nous _____ en ville.

2. (faire des achats / acheter)   J' _____ .

                             J' _____ des vêtements.

3. (être / voir)   Sébastien _____ au cinéma.

                             Il _____ un western.

4. (mettre / danser)   Catherine et Julie _____ des CD.

                             Elles _____ .

5. (faire / prendre)   Tu _____ un tour à la campagne.

                             Tu _____ des photos.

Nom _____

Classe _____ Date _____

B 3. Et toi?

Say whether or not you did the following things last Saturday.

▶ faire un pique-nique? __J'ai fait un pique-nique. (Je n'ai pas fait de pique-nique.)__

1. faire une promenade à vélo? _____
   _____

2. avoir un rendez-vous? _____

3. voir un film? _____

4. prendre des photos? _____

5. être chez des copains? _____
   _____

6. mettre des vêtements élégants? _____
   _____

C 4. Armelle a la grippe *(Armelle has the flu)*

Armelle is in bed with the flu. She cannot see anyone or do anything. When Pierre calls, she answers all his questions negatively. Write her replies, using the PRESENT TENSE in 1–3 and the PASSÉ COMPOSÉ in 4–6. Be sure to use the appropriate *negative* expressions.

Pierre: **Armelle:**

1 Tu fais quelque chose? _____

2. Tu attends quelqu'un? _____

3. Tu regardes quelque chose à la téléaa? _____

4. Tu as mangé quelque chose? _____

5. Tu as vu quelqu'un? _____

6. Tu as parlé à quelqu'un? _____

D 5. Week-end à Paris

A group of friends spent the weekend in Paris. Say where they each went, using the PASSÉ COMPOSÉ of **aller**.

1. Nathalie _____ au Louvre.

2. Éric et Jérôme _____ au Musée d'Orsay.

3. Caroline et Claire _____ au Centre Pompidou.

4. Vincent _____ au Quartier Latin.

5. Émilie _____ aux Champs-Élysées.

6. Philippe et François _____ au Jardin du Luxembourg.

Nom _____

Classe _____ Date _____

Discovering
FRENCH *Nouveau!*

B L A N C

Unité 2
Leçon 7
Workbook

B/D 6. Où sont-ils allés?

Describe what the following people did last weekend by completing the first sentence with the passé composé of the verb in parentheses. Then say where each one went, using the PASSÉ COMPOSÉ of **aller** and a logical expression from the box.

au zoo	au cinéma	dans une discothèque	à la campagne
à la plage	à l'hôpital	au supermarché	

▶ (acheter)   Mélanie a acheté _____ des fruits.

   Elle est allée au supermarché _____.

1. (danser)   Hélène et Julien _____.

   Ils _____.

2. (faire)   Nous _____ une promenade à cheval.

   Nous _____.

3. (voir)   Vous _____ des lions et des panthères.

   Vous _____.

4. (avoir)   Mme Magord _____ un accident d'auto.

   Elle _____.

5. (prendre)   Tu _____ un bain de soleil.

   Tu _____.

6. (voir)   Florence et Élisabeth _____ un film japonais.

   Elles _____.

7. Communication

A. Activités récentes Choose three activities and say when you did them.

- téléphoner à un copain
- aller à une boum
- faire une promenade à vélo
- aller au cinéma
- visiter un musée

- faire un pique-nique
- avoir un rendez-vous
- assister à un match de baseball
- jouer aux jeux vidéo
- voir une pièce de théâtre *(play)*

▶ Je suis allé(e) au cinéma samedi soir (dimanche après-midi, la semaine dernière).

- _____
- _____
- _____

Nom _____

Classe _____ Date _____

B. Un film Describe a recent movie using the following questions as a guide.

- Quand es-tu allé(e) au cinéma?
- À quel cinéma es-tu allé(e)?
- Quel film as-tu vu?
- Est-ce que tu as aimé le film?
- Qu'est-ce que tu as fait après?

C. Le week-end dernier. Describe three or four things that you did last weekend. You may want to consider the following suggestions or add other activities of your choice. Use only expressions that you know in French.

- aller (où? avec qui?)
- rencontrer (qui?)
- voir (qui? quoi?)
- faire une promenade (où? avec qui?)
- acheter (quoi? où?)

Nom _____

Classe _____ Date _____

Discovering FRENCH *Nouveau!*

B L A N C

LEÇON 8 Tu es sorti?

LISTENING/SPEAKING ACTIVITIES

Section 1. Vidéo-scène

A. Compréhension générale

Allez á la page 130 de votre texte.
Écoutez.

B. Avez-vous compris?

	vrai	faux
1.	☐	☐
2.	☐	☐
3.	☐	☐
4.	☐	☐
5.	☐	☐
6.	☐	☐

Section 2. Langue et communication

C. Nous partons

▶ A. —Marie part à midi.
　　—**Oui, elle part à midi.**

Marie

▶ B. —Vous partez à deux heures.
　　—**Non, vous partez à trois heures.**

VOUS

1. moi

2. nous

3. Pauline

4. vous

5. toi

6. mes cousins

Nom _____

Classe _____ Date _____

D. Le lièvre et la tortue

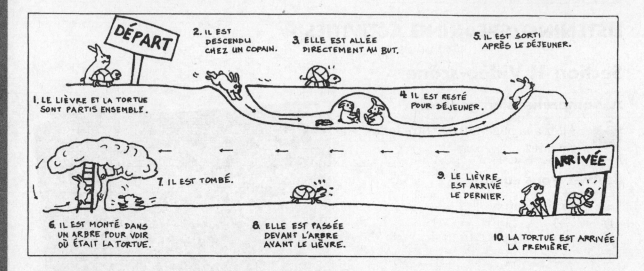

E. Activités

	1	2	3	4	5	6	7	8	9	10	11	12
vrai												
faux												

F. Week-end à Paris

▶ PIERRE: Est-ce que tu as passé le week-end à Paris?
   VOUS: **Oui, j'ai passé le week-end a Paris.**

▶ PIERRE: Est-ce que tu es resté(e) à l'hôtel?
   VOUS: **Non, je ne suis pas resté(e) à l'hôtel.**

Nom _____

Classe _____ Date _____

Discovering
FRENCH
Nouveau!
B L A N C

WRITING ACTIVITIES

A 1. Oui ou non?

Say what the following people are doing or not doing, using the PRESENT TENSE of the verbs in parentheses.

1. (sortir)
   - Ce soir, nous étudions. Nous _____.
   - Pierre reste à la maison. Il _____.
   - Véronique et Pierre vont au cinéma. Ils _____.

2. (partir)
   - Cet été vous allez faire un voyage. Vous _____ en vacances.
   - Je vais travailler. Je _____.

3. (dormir)
   - Tu n'as pas de problèmes. Tu _____ très bien.
   - Vous n'avez pas sommeil. Vous _____.
   - Éric regarde la télé. Il _____.

B 2. Détective

You are working as a detective. Your job is to shadow Marc Lescrot, an international spy. Here are the photographs you took. Now you are writing your report describing Marc Lescrot's movements. Complete the sentences according to the illustrations.

▶ À 8h30, Marc Lescrot est arrivé à Paris_____.

1. À 8h45, il _____.
2. À 10h00, il _____.
3. À 11h30, il _____.
4. À 12h00, il _____.
5. À 12h30, il _____.
6. À 14h00, il _____.
7. À 15h45, il _____.
8. À 16h20, il _____.

Nom _____

Classe _____ Date _____

Discovering
FRENCH
Nouveau!

B L A N C

Unité 2
Leçon 8

Workbook

B 3. La lettre d'Hélène

Hélène lives in Toulouse. Last weekend she decided to go to Paris. Here is the letter she wrote to her friend Pierre. Fill in the blanks with the appropriate forms of the PASSÉ COMPOSÉ of the suggested verbs.

Mon cher Pierre,

J'ai passé le week-end dernier à Paris. Je (J') __ai voyagé__
_{voyager}
en train. Je (J') __suis partie__ de Toulouse vendredi soir et
_{partir}
je (j') __suis arrivée__ à Paris tôt° samedi matin. À la gare°,
_{arriver}
je (j') __ai retrouvé__ ma cousine Stéphanie.
_{retrouver}

Nous __sommes entrés__ dans un café et nous __avons mangé__
_{entrer}   _{manger}
des croissants. Après, nous __sommes allés__ à la Tour Eiffel.
_{aller}
Nous __sommes montés__ en ascenseur°. Nous __avons pris__ des photos
_{monter}   _{prendre}
et nous __sommes descendus__ à pied.
_{descendre}

L'après-midi, nous __sommes passés__ dans les magasins et
_{passer}
nous __avons fait__ des achats. Ensuite, nous __sommes allés__
_{faire}   _{aller}
dans un restaurant et nous __avons dîné__.
_{dîner}
Stéphanie __a téléphoné__ à un copain qui __est venu__
_{téléphoner}   _{venir}
au restaurant. Stéphanie __est sortie__ avec son copain.
_{sortir}

Moi, je __ne suis pas resté__ avec eux. J' (J') __e suis rentré__
_{ne pas rester}   _{rentrer}
à mon hôtel et je (j') __ai dormi__.
_{dormir}

Dimanche après le déjeuner, je (j') __ai pris__
_{prendre}
le train et je (j') __suis rentré__ chez moi.
_{rentrer}
Et toi, qu'est-ce que tu __as fait__ le week-end dernier?
_{faire}

Amitiés,
Hélène

tôt *early*   **la gare** *train station*   **L'ascenseur** *elevator*

Nom _____

Classe _____ Date _____

Discovering
FRENCH
Nouveau!
BLANC

Unité 2
Leçon 8
Workbook

B 4. L'ordre logique

Describe what the following people did. First determine the chronological order in which the actions occurred by numbering them 1, 2, 3, etc. Then write out the corresponding sentences in the correct order using the PASSÉ COMPOSÉ.

A. Stéphanie a acheté une nouvelle robe.

___3___ payer   Elle est allée dans une boutique de mode. _____

___4___ partir avec son paquet *(package)*   _____

___1___ aller dans une boutique de mode   _____

___2___ choisir une robe rouge   _____

B. Claire et Sandrine sont allées en ville.

_____ acheter des CD   _____

_____ aller dans un centre commercial   _____

_____ rentrer à pied   _____

_____ partir en bus   _____

C. Vous êtes allés dans un bon restaurant.

_____ arriver à sept heures   _____

_____ réserver une table   _____

_____ partir du restaurant à neuf heures   _____

_____ téléphoner au restaurant   _____

_____ prendre un excellent repas *(meal)*   _____

D. Madame LaSalle a eu un accident.

_____ téléphoner à une ambulance   _____

_____ tomber dans les escaliers *(stairs)*   _____

_____ vouloir monter dans sa chambre   _____

_____ aller à l'hôpital   _____

E. Monsieur Lenoir a dîné chez lui.

_____ dîner   _____

_____ mettre la table   _____

_____ faire la vaisselle   _____

_____ faire les courses   _____

_____ préparer le dîner   _____

_____ aller au supermarché   _____

_____ rentrer chez lui   _____

Nom _____

Classe _____ Date _____

C 5. Quand?

Claire wants to know when her friends did certain things. Answer her questions.

▶ Christophe est parti? (10 minutes)
  Oui, il est parti il y a dix minutes.

1. Thomas a téléphoné? (2 heures)

   Oui, il a téléphoné il y a 2 heures.

2. Catherine est rentrée? (20 minutes)

   Oui, elle est rentrée il y a 20 minutes.

3. Marc et Pierre sont allés à Québec? (3 ans)

   Oui, ils sont allés à Québec il y a 3 ans.

4. Stéphanie et Valérie ont visité Montréal? (6 mois)

   Oui, elles ont visité Montréal il y a 6 mois

6. Communication

A. Week-ends Different people do different things on weekends. Choose two of the illustrations and describe how these people spent their weekends. Use a separate sheet of paper. You may want to consider the following questions:

- Où est allée cette personne? Comment?
- À quelle heure est-elle partie?
- Qu'est-ce qu'elle a fait là-bas?
- Combien de temps est-elle restée?
- À quelle heure et comment est-elle rentrée?
- Qu'est-ce qu'elle a fait après?

1. M. Charron   2. Véronique et Marthe   3. Marc et Jean-Claude   4. Sophie

B. Sortie Write a short paragraph describing what you did the last time you went out with a friend. You may want to answer the following questions. Use a separate sheet of paper, if necessary.

- When did you go out?
- With whom did you go out?
- Where did you go?
- What did you do afterwards?
- At what time did you come home?

Nom _____

Classe _____ Date _____ _____

Discovering
FRENCH
Nouveau!

BLANC

Unité 2

Workbook
Reading and Culture Activities

UNITÉ 2 Reading and Culture Activities

Aperçu culturel

Prenez votre manuel de classe et relisez les pages 100 et 101.
Ensuite, complétez les paragraphes avec les mots suggérés.

campagne	cours	jeunes
bande	magasins	promenade

Philippe et sa soeur Nathalie habitent à Annecy et ils vont au
lycée Berthollet. Samedi après-midi, Nathalie est allée à la
Maison des _____ où elle suit un
_____ de théâtre. Après, elle a fait les
_____ avec une copine, mais elle n'a rien
acheté. Philippe, lui, est allé au café où il a retrouvé ses copains.
Sa _____ de copains.

Philippe et Nathalie ont passé le dimanche avec leurs parents.
Ils sont allés à la _____ et ils ont fait une
longue _____ dans la forêt. Ils sont rentrés à la
maison pour le dîner.

LES MAISONS
DES JEUNES
ET DE LA CULTURE
MJC des Marquisats : 52, av. des
Marquisats, ℗ 04 50 45 08 80
MJC de Novel : place Annapurna,
℗ 04 50 23 06 12
MJC des Romains : 28 avenue du
Stade, ℗ 04 50 57 30 97
Maison de l'Enfance :
place des Rhododendrons,
℗ 04 50 57 33 12

FLASH culturel

La Tour Eiffel reçoit 5 millions de visiteurs par an. C'est le
monument parisien le plus visité par les touristes. La fameuse
tour métallique a été construite par Gustave Eiffel, le pionnier
de l'utilisation du fer (iron) dans la construction des grandes
structures.

- À la construction de quel monument américain est-ce que
  Gustave Eiffel a participé?

  A. Le Brooklyn Bridge.   C. L'Arche de Saint Louis.
  B. L'Empire State Building.   D. La Statue de la Liberté.

Pour vérifier votre réponse, allez à la page 74

Nom _____

Classe _____ Date _____

Copyright © by McDougal Littell, a division of Houghton Mifflin Company.

Discovering FRENCH *Nouveau!*

BLANC

DOCUMENTS

> Read the following documents and select the correct completion for each of the accompanying statements. Place a check in the corresponding box.

1. La personne qui a reçu *(received)* ce ticket.
   - ❑ a fait des achats.
   - ❑ est allée au café.
   - ❑ a pris le métro.

```
———FNAC  MONTPARNASSE———

LIVRE            520          10,50€
LIVRE            529          11,50€
VIDEOCASSETTE    612          22,50€

                 TOTAL        44,00€


        CB   5201001907       44,00€
        * * * * * * * * * * * * * * * * * *
663  CPT-1   3507/037   22/12/04   18:00
```

2. On peut voir ce panneau à l'entrée d'une plage. Il signifie qu'on ne peut pas . . .
   - ❑ prendre des bains de soleil.
   - ❑ aller à la pêche.
   - ❑ faire de promenade en bateau *(boat)*.

3. Cette annonce intéresse les gens qui veulent . . .
   - ❑ écouter du jazz moderne.
   - ❑ assister à une compétition de danse.
   - ❑ suivre *(take)* un cours de danse.

FLASH culturel: *Réponse*

D. Gustave Eiffel (1832–1923), surnommé *(nicknamed)* «le magicien du fer», a construit de nombreux ponts *(bridges)* métalliques en Europe. Il a aussi construit la structure interne de la Statue de la Liberté.

Nom _____

Classe _____ Date _____ _____

Discovering FRENCH *Nouveau!*

B L A N C

Unité 2

Workbook
Reading and Culture Activities

4. On va au Palais des Sports si on veut . . .
   - ❑ voir des clowns et des acrobates.
   - ❑ assister à un match de hockey.
   - ❑ dîner dans un restaurant russe.

PALAIS DES SPORTS (PORTE DE VERSAILLES)

LE CIRQUE DE MOSCOU

TF1

sur Glace

DU 18 NOVEMBRE 1999 AU 13 JANVIER 2004
LOCATION: 01 48 28 40 90 ET 01 48 78 75 00

5. On doit contacter la Cavale si on a envie de . . .
   - ❑ faire des randonnées à pied.
   - ❑ faire des promenades à cheval.
   - ❑ visiter une ferme.

6. Le week-end, on peut aller à la Maison du Semnoz si . . .
   - ❑ on aime la nature.
   - ❑ on veut faire une promenade à cheval.
   - ❑ on veut aller à la pêche.

LA CAVALE

Initiation aux sports équestres, promenades grâce à 18 chevaux. Promenades au bord du lac ou en forêts, découverte d'un site en calèche pour enfants, adultes groupes, handicapés.

Tous les jours départ 9h et 14h (se présenter 15 mn avant le départ). Sur demande: le soir départ 17h30. Bivouac le jeudi et le vendredi. Se renseigner après 19h au 04 50 52 64 21.

École primaire
74320 Sevrier
✆ *04 50 52 64 21*

LE SEMNOZ, FORETS ET MONTAGNES AUX PORTES D'ANNECY

■ **La Maison du Semnoz et le Jardin Alpin** qui, à 20 mn d'Annecy, permet, par un cheminement facile, de reconnaître une centaine de plantes de montagne que l'on peut retrouver dans tout l'alpage. L'exposition présente toute la vie de la montagne :
- la forêt, les animaux
- le monde souterrain, grottes, rivières souterraines, archéologie
- la vie dans la mare, un aquarium où vivent des tritons et des grenouilles rousses
- l'hiver, reconnaître les traces d'animaux dans la neige

Ouverture tous les jours du 28. 06 au 30.08 de 12h à 18h30. Juin et septembre : réservé aux écoles et aux groupes sur réservation au 04 50 67 37 34. Entrée libre.

M. Rouillon © *04 50 67 37 34 et (juillet et août seulement) 04 50 01 19 41.*

Discovering FRENCH *Nouveau!*

BLANC

C'est La Vie

À la Villette

Horaires

LA CITÉ
du mardi au dimanche: de 10h à 18h - Fermée le lundi
• **La médiathèque:**
du mardi au dimanche: de 12h à 20h
• **L'inventorium:**
séances du mardi au vendredi: 11h, 12h 30, 14h, 15h 30
séances des week-end et jour fériés: 12h, 13h 30, 15h, 16h 30
• **Le planétarium:**
du mardi au dimanche
séances: 10h 30, 12h 30, 14h, 15h 30, 17h
• **Le cinéma Louis-Lumière:**
programme quotidien au 01 40 35 79 40

Cité des Sciences et de l'Industrie 30, avenue Corentin-Cariou - 75019 Paris
Répondeur: 01.40.05.80.00 **Métro:** Porte de la Villette
Parc-auto: quai de la Charente et boulevard Mac-Donald

La Cité des Sciences

Le Parc de la Villette est un grand parc situé au nord-est de Paris. Dans ce parc, il y a le plus grand musée scientifique d'Europe. Ce musée s'appelle la Cité des Sciences et de l'Industrie. Créé spécialement pour les enfants et les adolescents, il offre un très grand nombre d'attractions pour les jeunes Parisiens qui y viennent très nombreux le week-end.

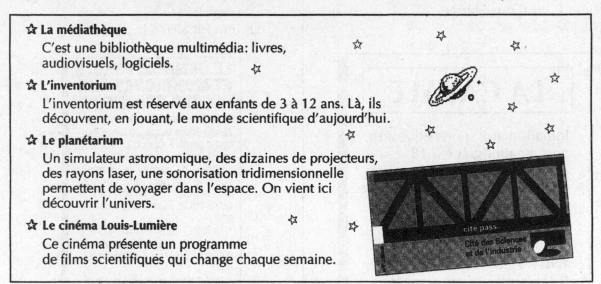

☆ **La médiathèque**

C'est une bibliothèque multimédia: livres, audiovisuels, logiciels.

☆ **L'inventorium**

L'inventorium est réservé aux enfants de 3 à 12 ans. Là, ils découvrent, en jouant, le monde scientifique d'aujourd'hui.

☆ **Le planétarium**

Un simulateur astronomique, des dizaines de projecteurs, des rayons laser, une sonorisation tridimensionnelle permettent de voyager dans l'espace. On vient ici découvrir l'univers.

☆ **Le cinéma Louis-Lumière**

Ce cinéma présente un programme de films scientifiques qui change chaque semaine.

Imaginez que vous êtes élève dans un lycée parisien.

■ Un samedi, vous voulez aller à la Cité des Sciences.

• Quel transport public est-ce que vous prenez?

_____

• À quelle station est-ce que vous descendez?

_____

Discovering
FRENCH
Nouveau!

B L A N C

Unité 2

Workbook
Reading and Culture Activities

■ Vous voulez connaître le programme des films présentés au cinéma Louis-Lumière.

- À quel numéro téléphonez-vous?

_____

■ Vous avez besoin de renseignements *(information)* pour un projet scientifique.

- Où allez-vous?

_____

- Quel jour est-ce que vous ne pouvez pas aller là-bas?

_____

■ Votre petit frère veut apprendre comment utiliser un ordinateur.

- Où va-t-il?

_____

■ Avec vos copains, vous voulez savoir comment fonctionne le système solaire.

- Où allez-vous?

_____

la Villette

Cité
des Sciences
et de
l'Industrie

30, avenue Corentin-Cariou
75019 Paris
Tél. : 01 40 05 70 00
Métro : porte de la Villette
Autobus : 150, 152, 250A, PC.

---

la géode
• La planète bleue
Des images filmées lors de missions des
navettes spatiales américaines. Jusqu'au 7
juillet, tous les jours, toutes les heures, de 10 h
à 21 h (sauf lundi: dernière séance à 18 h). Du
8 juillet au 31 août, tous les jours, toutes les
heures, de 13 h à 20 h (sauf lundi: dernière
séance à 18 h).
• Rolling Stones at the Max
Un moment exceptionnel: sur scène avec les
Rolling Stones en concert. Jusqu'au 31 août,
du mardi au dimanche à 21 h.
• L'eau et les hommes
Le combat perpétuel de l'homme pour son
élément vital, l'eau. Avec, en avant-programme,
La mante religieuse. Jusqu'au 31 août, tous
les jours, à 10 h, 11 h et 12 h.

À la Géode

À côté de la Cité des Sciences, il y a un
immense globe de couleur métallique.
Ce globe s'appelle «La Géode». C'est
une salle de cinéma équipée d'un écran
hémisphérique géant de 1000 m² où sont
projetés des films OMNIMAX. Grâce au
son multi-directionnel et aux effets
spéciaux, les spectateurs ont vraiment
l'impression de voyager dans le son et
l'espace.

Voici le programme des films de la Géode.
Choisissez l'un de ces trois films et
expliquez votre choix.

■ Je vais voir _____

_____

parce que _____

_____

_____

Nom _____

Classe _____ Date _____

Discovering
FRENCH
Nouveau!

BLANC

Textes

 READING HINT

When you encounter a new text, you should first read it over quickly to become familiar with its general meaning. Then, once you have identified the topic, you should read the text over a few more times to try to understand the details.

Although you may not know all the words in the selections below, you should be able to understand the main points by using the above technique.

■ Read the following selections and select the correct completion for each of the accompanying statements. Place a check in the corresponding box.

Vive le jazz!

D'origine afro-américaine, le jazz est devenu rapidement une musique universelle. Ses sources sont nombreuses: le «negro spiritual», chant religieux des esclaves noirs, le «blues», chant plein d'émotion et de mélancolie, le «ragtime», un style de piano qui reprend sur un rythme syncopé les danses populaires de la fin du 19e siècle.

Le jazz est né vers 1900 dans les villes du Sud des États-Unis, et particulièrement à la Nouvelle Orléans. De la Nouvelle Orléans, il est monté à Kansas City et à Chicago, puis il est arrivé à Harlem qui, dans les années 1930, est devenu la capitale du jazz.

C'est vers 1920 que le jazz est arrivé à Paris, introduit par des musiciens venus en tournée européenne. Immédiatement, cette nouvelle musique a connu un succès extraordinaire!

Le succès du jazz a repris après la guerre avec l'arrivée des soldats noirs de l'armée américaine venue libérer l'Europe. Cette période (1945-1955) a été la grande période du jazz en France. C'est à cette époque que tous les grands du jazz sont venus en concert à Paris: Louis Armstrong, Duke Ellington et leurs orchestres, Ella Fitzgerald, la «reine du scat», Mahalia Jackson, la superbe chanteuse de «negro spirituals»... Certains musiciens, comme le grand Sidney Béchet, ont décidé de se fixer définitivement en France, peut-être parce qu'ils y étaient plus appréciés que dans leurs pays d'origine.

Plus tard, le jazz a donné naissance à d'autres styles et à d'autres formes de musique, comme le «rock and roll», le «soul music», le «rhythm and blues» et, plus récemment, le «rap». Aujourd'hui comme hier, le jazz et ses variantes restent une musique populaire chez les Français de tout âge.

FRANCK TENOT ET DANIEL FILIPACCHI PRÉSENTENT SOUS LE PATRONAGE

D' EUROPE 1

UN CONCERT EXCEPTIONNEL

OSCAR PETERSON

RAY BROWN   HERB ELLIS   JEFF HAMILTON
JEUDI 22 NOVEMBRE 2004 A 21H AU PALAIS DES CONGRES

JVC
GRANDE PARADE DU JAZZ
NICE-CIMIEZ
11-21 JUILLET '03
JARDINS DES ARÈNES
tous les soirs de 18h à 24h
Présentée par George Wein
et le Newport Jazz Festival
en association
avec simone ginibre enterprises

Nom _____

Classe _____ Date _____

Discovering
FRENCH
Nouveau!

B L A N C

Unité 2

Workbook
Reading and Culture Activities

1. Le jazz a été créé par des musiciens
   américains d'origine . . .
   ❏ africaine.
   ❏ française.
   ❏ hispanique.

2. De ces trois types de musique, le plus
   ancien *(oldest)* est . . .
   ❏ le jazz.
   ❏ «le rag-time».
   ❏ le «soul music».

3. Le jazz est né il y a approximativement . . .
   ❏ 50 ans.
   ❏ 100 ans.
   ❏ 200 ans.

4. Le «blues» est un chant généralement . . .
   ❏ triste.
   ❏ joyeux.
   ❏ religieux.

5. Le «rag-time» est un style de musique
   qui . . .
   ❏ est joué sur clarinette.
   ❏ est venu avant le jazz.
   ❏ est très populaire en France.

6. Le jazz a été introduit en France . . .
   ❏ il y a environ *(about)* 85 ans.
   ❏ par les soldats de l'armée
      américaine.
   ❏ par Ella Fitzgerald et Mahalia
      Jackson.

BLANC

S'il vous plaît, monsieur!

—S'il vous plaît, monsieur, pour aller à l'Arc de Triomphe? C'est loin d'ici?

—Ah oui, c'est en haut des Champs-Élysées.

—Alors, je ne peux pas aller là-bas à pied?

—Non, vous devez prendre le métro.

—Est-ce qu'il y a une station près d'ici?

—Oui, la station Odéon, place de l'Odéon.

—Et où est-ce que je descends?

—À Étoile.

—Merci, monsieur.

—À votre service, mademoiselle.

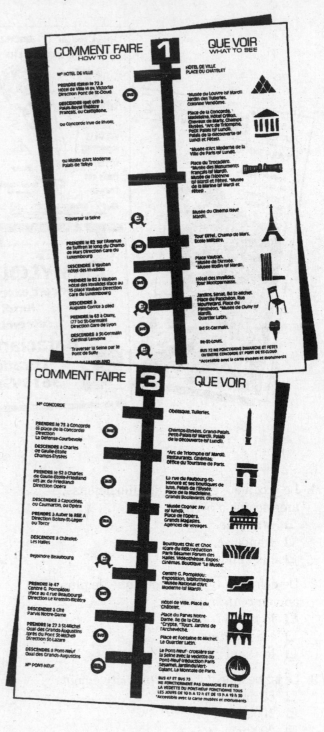

1. Cette conversation a lieu (takes place) . . .
   - ❑ à l'Arc de Triomphe.
   - ❑ dans la rue.
   - ❑ dans une station de métro.

2. La première personne qui parle est probablement . . .
   - ❑ une touriste qui visite Paris.
   - ❑ une personne qui connaît bien Paris.
   - ❑ une personne qui veut aller au cinéma.

3. Le monsieur conseille (advises) à cette personne de (d') . . .
   - ❑ aller à pied.
   - ❑ prendre un taxi.
   - ❑ utiliser les transports publics.

Nom _____

Classe _____ Date _____

Discovering FRENCH *Nouveau!*

B L A N C

Unité 2

Workbook
Reading and Culture Activities

LE MÉTRO

Toutes les grandes villes du monde ont un problème commun qui est le problème de la circulation. Comment transporter le maximum de gens en un minimum de temps entre les différents quartiers d'une grande ville? Les ingénieurs urbains ont résolu ce problème en créant des trains métropolitains souterrains ou «métros».

Le métro est un train rapide qui circule généralement sous terre. Le premier métro a été inauguré à Londres en 1863. C'était un train à vapeur. Peu après, des lignes de métro ont été mises en service dans les grandes villes américaines: New York (1868) d'abord, puis Chicago (1892) et Boston (1897). (C'est à cette époque que la traction électrique a remplacé la traction à vapeur.)

Le métro de Paris date de 1900; Au cours des années, il a été modifié et amélioré. En 1964, un nouveau système de transport, le RER, a été inauguré. Ce train super-rapide relie le centre de Paris avec toutes les banlieues. Avec le RER, on traverse Paris en moins de dix minutes.

1. Le mot «métro» est une abbréviation de . . . :
   ❏ métronome.
   ❏ système métrique.
   ❏ train métropolitain.

2. Le métro de Paris a été construit . . .
   ❏ en 1964.
   ❏ avant le métro de Londres.
   ❏ après le métro de New York.

3. Si on veut circuler très rapidement *(fast)* dans la région parisienne, on prend . . .
   ❏ l'autobus.
   ❏ le métro.
   ❏ le RER.

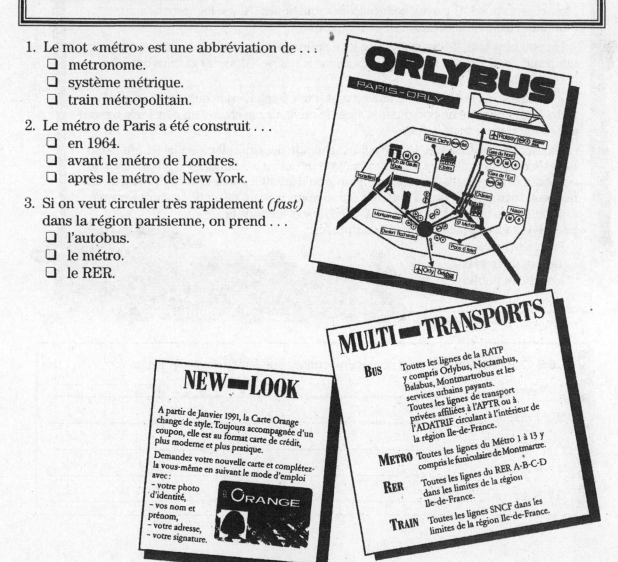

INTERLUDE 2: Camping de printemps

Le jeu des 5 erreurs

Voici un résumé de l'histoire «Camping de printemps». Dans ce résumé il y a cinq erreurs. D'abord relisez l'histoire (pages 144–149 de votre manuel de classe). Puis lisez attentivement le résumé de cette histoire. Découvrez les cinq erreurs et expliquez-les brièvement.

Pour son anniversaire, Jean-Christophe a reçu une tente. Ce week-end, il a décidé de faire du camping en Normandie. Il a proposé cette idée à ses deux cousins Vincent et Thomas qui ont accepté. Le soir avant le départ, Jean-Christophe a pris une carte de la région et il a choisi un itinéraire. Puis, il a préparé ses affaires pour le voyage.

Jean-Christophe, Vincent et Thomas sont partis en scooter samedi matin. À midi, ils ont fait un pique-nique. Vers six heures, ils se sont arrêtés près d'un lac. Malheureusement, il y avait beaucoup de moustiques. Alors, les garçons sont remontés sur leurs scooters et ils sont repartis.

Un peu plus loin, ils ont trouvé une jolie prairie et ils se sont arrêtés là. Peu après, un troupeau° de cinquante vaches est arrivé dans la prairie. Alors, les garçons ont été à nouveau obligés de partir!

Finalement, ils ont trouvé un endroit près d'une forêt. C'est là qu'ils ont installé leur tente. Ils ont préparé un bon dîner, et après le dîner, ils ont chanté un peu. Puis, ils sont allés dans la tente pour dormir.

Vers six heures du matin, les garçons ont entendu des explosions. Bang! Poum! Bang! Bang! Poum! Alors, ils sont sortis de la tente et ils ont vu des hommes armés. Le chef de ces hommes a demandé à Jean-Christophe ce qu'il faisait ici. Jean-Christophe a dit qu'ils faisaient du camping. Alors, l'homme a ordonné aux garçons de partir. Les trois garçons ont démonté la tente et ils sont partis. Quand ils sont sortis de la forêt, ils ont vu une pancarte avec l'inscription:

Propriété privée
Terrain de chasse°
Interdit au public

troupeau *herd*   **chasse** *hunting*

Les 5 erreurs (Si c'est nécessaire, utilisez une feuille de papier séparée.)

1 ère erreur _____

2 ème erreur _____

3 ème erreur _____

4 ème erreur _____

5 ème erreur _____

Nom _____

Classe _____ Date _____

Discovering
FRENCH
Nouveau!

B L A N C

Unité 3. Bon appétit!

LEÇON 9   Le français pratique:
La nourriture et les boissons

LISTENING/SPEAKING ACTIVITIES

Section 1 Culture

A. Aperçu culturel: Où faites-vous les courses?

Allez à la page 152 de votre texte. Écoutez.

	Partie A			Partie B	
	vrai	faux		vrai	faux
1.	☐	☐	7.	☐	☐
2.	☐	☐	8.	☐	☐
3.	☐	☐	9.	☐	☐
4.	☐	☐	10.	☐	☐
5.	☐	☐	11.	☐	☐
6.	☐	☐	12.	☐	☐

Section 2 Vocabulaire et communication

B. La réponse logique

▶ Où vas-tu dîner ce soir?
   a. Au marché.   **b. Au restaurant.**   **c. Au petit déjeuner.**

1. a. À la cantine.   b. À midi et demi.   c. À sept heures.

2. a. C'est l'omelette   b. C'est le petit déjeuner. c. Oui, je veux une assiette.
   aux champignons.

3. a. Pour la glace.   b. Pour le steak.   c. Pour le jus d'orange.

4. a. Oui, monsieur.   b. Oui, voici un sandwich   c. Oui, le service est
   Voici l'addition.   au jambon.   compris.

Unité 3
Leçon 9

Workbook

Nom _____

Classe _____ Date _____

Discovering
FRENCH
Nouveau!

BLANC

5. a. Oui, j'ai soif.   b. Oui, j'ai faim.   c. Non, madame.

6. a. Le poulet.   b. Le fromage.   c. La sole.

7. a. Une pomme.   b. Des pommes de terre.   c. Un jus de pomme.

8. a. Une tarte aux fraises.   b. Des frites.   c. Un thé glacé.

9. a. Les oeufs.   b. Les cerises.   c. Les haricots verts.

10. a. Des poires.   b. Le poivre et le sel.   c. Des petits pois.

C. Le bon choix

▶ —Est-ce que Pierre dîne à six heures ou à sept heures?
   —**Il dîne à sept heures.**

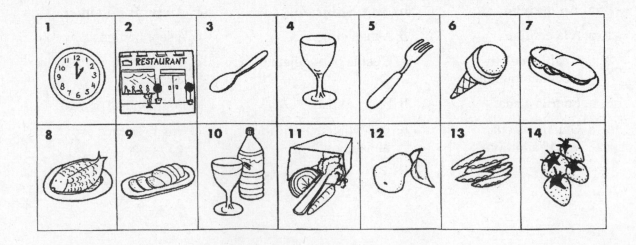

Nom _____

Classe _____ Date _____ _____

Discovering
FRENCH *Nouveau!*

B L A N C

Unité 3
Leçon 9
Workbook

D. Dialogues

DIALOGUE A

Éric et Stéphanie sont au café. Le serveur arrive.

LE SERVEUR: Vous _____, mademoiselle?

STÉPHANIE: Un sandwich _____, s'il vous plaît.

LE SERVEUR: Et comme _____?

STÉPHANIE: Un jus de _____.

LE SERVEUR: Et pour vous, monsieur?

ÉRIC: Une _____ au chocolat.

LE SERVEUR: Et _____?

ÉRIC: C'est _____.

LE SERVEUR: Merci.

DIALOGUE B

Il est midi. Jean-Paul rencontre Caroline dans la rue.

JEAN-PAUL: Dis, Caroline, où est-ce que tu vas _____?

CAROLINE: Dans un restaurant japonais.

JEAN-PAUL: Tu aimes la _____ japonaise?

CAROLINE: Oui, j'adore! Tu veux venir avec moi?

JEAN-PAUL: Tu sais, j'aime le _____, mais je déteste le _____!

CAROLINE: Mais il y a aussi des _____ de _____.

JEAN-PAUL: Alors, d'accord. Je viens avec toi!

Nom _____

Classe _____ Date _____

E. Répondez, s'il vous plaît!

▶ —Qu'est-ce que c'est?
   —C'est une assiette.

▶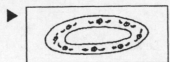

Questions personnelles

?	?	?	?
11	**12**	**13**	**14**

F. Situation:
Un repas

RESTAURANT
LA PERGOLA

TABLE N° *15*

HORS - D'OEUVRE _____

PLAT PRINCIPAL _____

_____

DESSERT _____

BOISSON _____

Nom _____

Classe _____ Date _____

Discovering
FRENCH
Nouveau!

B L A N C

Unité 3
Leçon 9
Workbook

WRITING ACTIVITIES

A/B/C/D 1. L'intrus *(The intruder)*

Dans chaque groupe, il y a un élément qui n'appartient pas *(does not belong)* à la catégorie.
C'est l'intrus! Trouvez l'intrus et rayez-le *(cross it out)*.

REPAS	**ARGENTERIE** *(silverware)*	**Vaisselle et Verrerie** *(dishes and glassware)*
dîner	cuillère	verre
déjeuner	couteau	tasse
cantine	serviette	assiette
petit déjeuner	fourchette	glace

SANDWICHS	**JUS**	*PETIT DÉJEUNER*
au jambon	de tomate	pain
au fromage	de pomme	confiture
au poivre	de pamplemousse	hors d'oeuvre
au saucisson	de pomme de terre	croissants

Viandes	**POISSONS**	*Desserts*
veau	riz	tarte
poulet	thon	frites
beurre	sole	gâteau
rosbif	saumon	glace

Légumes	*INGRÉDIENTS*	**FRUITS**
haricots verts	sel	oeufs
yaourt nature	veau	fraises
petits pois	sucre	cerises
pommes de terre	poivre	poires

Nom _____

Classe _____ Date _____

Discovering
FRENCH
Nouveau!

B L A N C

A/B/C 2. Le mot juste

Complétez les phrases suivantes avec une expression suggérée.
Soyez logique!

une livre	la boisson	le plat	le poisson	une tasse
la cantine	un verre	le petit déjeuner		une douzaine

1. Le dimanche, je prends _____ à neuf heures.

2. Pendant la semaine, nous déjeunons à _____

3. _____ préféré de mon frère est le steak-frites.

4. Voici _____ pour le café.

5. Et voilà _____ pour le jus d'orange.

6. En été, le thé glacé est _____ que je préfère.

7. J'aime beaucoup _____ et particulièrement la sole.

8. Je vais acheter _____ d'œufs.

9. Donnez-moi aussi _____ de fromage, s'il vous plaît.

C/D 3. Les courses

Imaginez que vous habitez en France. Comme beaucoup de Français, vous faites vos courses dans des boutiques spécialisées. Préparez votre liste des courses en indiquant deux choses que vous allez acheter dans chaque endroit.

Liste des courses

à la boulangerie: _____ _____
à la pâtisserie: _____ _____
à la boucherie: _____ _____
à la crémerie: _____ _____
à l'épicerie: _____ _____
chez le marchand de fruits: _____ _____
chez le marchand de légumes: _____ _____

Discovering French, Nouveau! Blanc

Nom _____

Classe _____ Date _____

Discovering
FRENCH Nouveau!

B L A N C

A/C/D 4. Camping

Vous allez faire du camping pendant trois jours avec des copains français. Faites deux listes:

- une liste des ustensiles que vous allez prendre avec vous
- une liste des courses qui indique la nourriture et les boissons que vous devez acheter pour les trois jours

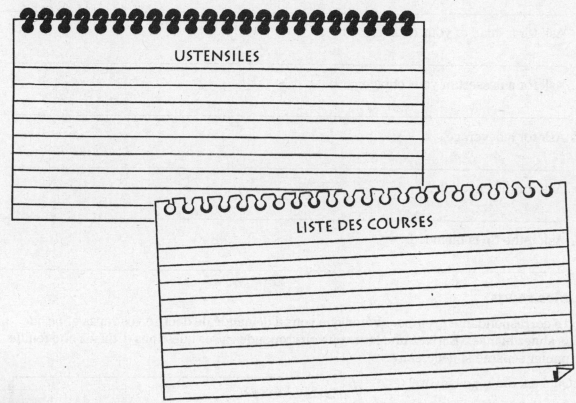

USTENSILES

LISTE DES COURSES

C/D 5. Menus

Votre cousine Annette, qui habite à Québec, va passer le week-end chez vous. Préparez les menus de samedi.

petit déjeuner

déjeuner

dîner

Nom _____

Classe _____ Date _____

Discovering
FRENCH
Nouveau!

B L A N C

👥👥 6. Communication

A. Au café

Vous déjeunez dans un café français.

1. Ask the waiter for a sandwich or a pizza of your choice.

   _____

2. Ask for a salad of your choice.

   _____

3. Ask for a dessert of your choice.

   _____

4. Ask for a beverage.

   _____

5. Ask for the check.

   _____

6. Ask if the tip is included.

   _____

B. Mes repas

Votre correspondante *(pen pal)* Véronique vous a demandé de décrire vos repas et ce que vous aimez manger. Écrivez une lettre où vous répondez à ses questions. Utilisez une feuille de papier séparée si nécessaire.

- Quel est ton repas favori?

- À quelle heure est-ce que tu prends le petit déjeuner?

- Où déjeunes-tu pendant *(during)* la semaine?

- À quelle heure est-ce que tu dînes?

- Quelle est ta cuisine préférée? la cuisine italienne? la cuisine mexicaine? . . . ?

- Quels sont tes plats favoris?

- Quels plats est-ce que tu n'aimes pas tellement?

- Quel plat est-ce que tu n'aimes pas du tout?

Ma chère Véronique,

Copyright © by McDougal Littell, a division of Houghton Mifflin Company.

Nom _____

Classe _____ Date _____

Discovering
FRENCH
Nouveau!

B L A N C

Unité 3
Leçon 10
Workbook

LEÇON 10 Au supermarché

LISTENING/SPEAKING ACTIVITIES

Section 1. Vidéo-scène

A. Compréhension générale

 Allez à la page 164 de votre texte. Écoutez.

B. Avez-vous compris?

	vrai	faux		vrai	faux
1.	❑	❑	5.	❑	❑
2.	❑	❑	6.	❑	❑
3.	❑	❑	7.	❑	❑
4.	❑	❑	8.	❑	❑

Section 2. Langue et communication

C. Allons au café!

▶ Marc

1. Nous

2. Moi

3. Corinne

4. Vous

5. Jérôme et Bernard

6. Toi

▶ Marc doit étudier.
  Il ne peut pas venir.

**Discovering
FRENCH**
Nouveau!

B L A N C

D. Nourriture

▶ **A.** | ⒷB.

1. A. | B.

2. A. | B.

3. A. | B.

4. A. | B.

5. A. | B.

6. A. | B.

E. Au restaurant

▶ —Vous désirez?
   —**Je voudrais du pain, s'il vous plaît.**

F. Non, merci.

▶ —Vous voulez de la soupe?
   —**Pas de soupe pour moi, merci.**

Nom _____

Classe _____ Date _____

Discovering FRENCH *Nouveau!*

BLANC

Unité 3
Leçon 10
Workbook

WRITING ACTIVITIES

A 1. Projets de week-end

Les personnes suivantes ont des projets différents ce week-end. Dites ce que ces personnes veulent faire en utilisant le verbe **vouloir** et en choisissant une activité pour chacun.

▶ Philippe <u>veut jouer au flipper</u>.

1. Nous _____.

2. Catherine _____.

3. Tu _____.

4. Je _____.

5. Nous _____.

6. On _____.

7. Eric et Mélanie _____.

A 2. Conversations

Complétez les conversations suivantes avec la forme appropriée du verbe suggéré.

1. —Dis, Véronique, qu'est-ce que tu fais ce soir?

   —Je _____ étudier. **(devoir)**

   —Alors, tu ne _____ pas aller au ciné avec nous? **(pouvoir)**

   —Malheureusement *(unfortunately)* non! Je ne _____ pas. **(pouvoir)**

   —Tant pis! *(Too bad!)*

2. —Dis, Philippe, qu'est-ce que tu fais samedi après-midi?

   —Je vais faire des achats avec mes cousins.

   —Est-ce que vous _____ aller au restaurant après? **(vouloir)**

   —Moi, je _____ bien, mais mes cousins ne _____ pas.
   (vouloir/pouvoir)

   —Ah bon? Pourquoi?

   —Ils _____ rentrer chez eux pour le dîner. **(devoir)**

3. —Vous _____ sortir avec moi dimanche soir? **(vouloir)**

   —Je regrette, mais nous ne _____ pas. **(pouvoir)**

   —Qu'est-ce que vous _____ faire? **(devoir)**

   —Moi, je _____ aider ma mère. **(devoir)**

   —Et ta soeur?

   —Elle _____ preparer son examen d'anglais. **(devoir)**

Nom _____

Classe _____ Date _____

Discovering FRENCH *Nouveau!*

BLANC

Unité 3
Leçon 10

Workbook

B 3. Chez Lucullus

Vous êtes serveur/serveuse dans un restaurant français qui s'appelle Chez Lucullus. Expliquez le menu à vos clients en complétant les phrases suivantes avec la forme appropriée de l'article PARTITIF.

1. Comme hors-d'oeuvre, il y a _____ jambon, _____ melon et _____ salade de tomates.

2. Comme viande, il y a _____ veau, _____ porc et _____ poulet.

3. Comme poisson, il y a _____ saumon et _____ sole.

4. Ensuite, il y a _____ salade et _____ fromage.

5. Aujourd'hui, comme dessert il y a _____ gâteau au chocolat et _____ tarte aux abricots.

B 4. Qu'est-ce que tu veux?

Imaginez que vous passez une semaine avec Valérie, une étudiante française qui visite votre école. Demandez-lui ses préférences en complétant les questions suivantes avec les expressions suggérées dans la liste. Soyez logique!

beurre	jambon	margarine	poivre
confiture	ketchup	mayonnaise	sel
fromage	lait	moutarde	sucre

▶ Veux-tu de la moutarde (du ketchup) _____ sur ton hamburger?

1. Veux-tu _____ dans ton café?

2. Veux-tu _____ dans ton sandwich?

3. Veux-tu _____ sur ton pain?

4. Veux-tu _____ dans ta soupe?

5. Veux-tu _____ sur ton steak?

6. Veux-tu _____ dans ta salade?

B 5. À l'Hôtel Fleuri

Vous êtes à l'Hôtel Fleuri. Décrivez les repas d'hier d'après les illustrations.

1. Au petit déjeuner, j'ai mangé _____
   _____ .

   Comme boisson, j'ai pris _____
   _____ .

Nom _____

Classe _____ Date _____ _____

Discovering FRENCH *Nouveau!*

B L A N C

Unité 3
Leçon 10
Workbook

2. Au déjeuner, j'ai mangé _____
_____
_____.

Comme boisson, j'ai pris _____
_____
_____.

3. Au dîner, j'ai mangé _____
_____
_____.

Comme boisson, j'ai pris _____
_____
_____.

C 6. Au régime (On a diet)

Vous suivez un régime où vous ne devez pas prendre de produits laitiers (*dairy foods*).
Indiquez si vous acceptez ou refusez les choses suivantes. Suivez le modèle.

▶ salade? Oui, je veux bien de la salade.

▶ yaourt? Non, merci. Je ne veux pas de yaourt.

1. lait? _____

2. rosbif? _____

3. fromage? _____

4. glace? _____

5. margarine? _____

6. poisson? _____

C 7. Mais non!

On peut compléter les phrases suivantes avec trois des quatre options suggérées. Trouvez
l'option qui ne convient pas (*does not fit*) et corrigez-la (*correct it*) suivant le modèle.

▶ À la boucherie on vend . . . du rosbif / du poulet / du pain / du veau

Mais non! On ne vend pas de pain à la boucherie.

1. À la crémerie, on vend . . . du lait / du jambon / du fromage / du beurre

Mais non! _____

2. Dans un restaurant végétarien, on mange . . . du céleri / de la salade / de la viande / du riz

Mais non! _____

3. Dans le café, on met . . . du sucre / du sel / du lait / de la crème

Mais non! _____

Discovering
FRENCH
Nouveau!

B L A N C

4. Dans un sandwich, on met . . . du fromage / du jambon / de la mayonnaise / du sucre

Mais non! _____

5. Avec le petit déjeuner, on prend . . . du jus d'orange / du café / du thé / de l'eau minérale

Mais non! _____

6. Dans un restaurant japonais, on mange . . . du poisson / du riz / de la soupe / des frites

Mais non! _____

 8. Communication

A. Une lettre d'excuse

Votre ami Jean-Philippe vous a invité(e) à dîner chez lui samedi. Malheureusement, vous avez déjà d'autres projets. Écrivez-lui une lettre d'excuse.

Tell Jean-Philippe . . .

- that you would like to have dinner with him

- that you unfortunately cannot come Saturday night (invent an excuse)

Ask him . . .

- if he wants to go to the movies on Sunday afternoon

- if he can phone you Sunday morning

B. Au restaurant

Décrivez un repas (réel ou imaginaire) que vous avez fait la semaine dernière dans un restaurant.

You may mention . . .

- to which restaurant you went

- what you had for each course

- what beverage you chose

Mon cher Jean-Philippe,

_____

Malheureusement, _____

_____

_____

_____

Amicalement, _____

(signature) _____

Je suis allé(e) _____

Comme hors-d'oeuvre, j'ai mangé ___

_____

Après, _____

_____

Comme dessert, _____

_____

_____

Copyright © by McDougal Littell, a division of Houghton Mifflin Company.

Nom _____

Classe _____ Date _____

LEÇON 11 Jérôme invite ses copains

LISTENING/SPEAKING ACTIVITIES

Section 1. Vidéo-scène

A. Compréhension générale

 Allez à la page 174 de votre texte. Écoutez.

B. Avez-vous compris?

	vrai	faux		vrai	faux
1.	☐	☐	5.	☐	☐
2.	☐	☐	6.	☐	☐
3.	☐	☐	7.	☐	☐
4.	☐	☐	8.	☐	☐

Section 2. Langue et communication

C. Boissons

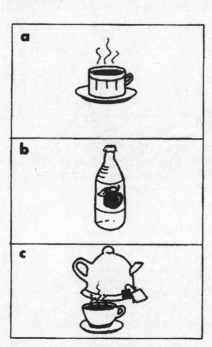

▶ Corinne

1. Moi

2. Nous

3. Les enfants

4. Vous

5. Pierre

6. Toi

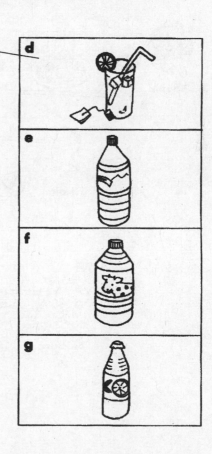

▶ Corinne boit du thé glacé.
  Elle ne boit pas de limonade.

Nom _____

Classe _____ Date _____

Discovering
FRENCH
Nouveau!

B L A N C

D. Un pique-nique

▶ A. des magazines   B. des invitations   C. des sodas

1. A. à mes copains   B. à mes copines   C. à mes cousins

2. A. ma cousine   B. ma copine   C. ma soeur

3. A. dans le jardin   B. près du lac   C. à la campagne

4. A. du saumon   B. du jambon   C. du saucisson

5. A. la glace au café   B. la glace à la vanille   C. la glace au chocolat

6. A. chercher la salade   B. faire la vaisselle   C. préparer des sandwichs

E. Les courses

▶ JULIETTE: J'aime la glace.
SON PERÈ: **Alors, achète de la glace.**

F. À la cantine

▶ —Qu'est-ce que Sophie va prendre?
—**Elle va prendre des spaghetti, de la salade et du lait.**

▶ Sophie

Nicolas

Julien

Barbara

Caroline

Nom _____

Classe _____ Date _____ _____

Discovering
FRENCH
Nouveau!

B L A N C

Unité 3
Leçon 11
Workbook

WRITING ACTIVITIES

A 1. Au pique-nique

Des amis sont à un pique-nique. Qu'est-ce qu'ils boivent? Complétez les phrases suivantes avec la forme appropriée du verbe **boire.**

1. Nous _____ de la limonade.

2. Marc _____ de l'eau minérale.

3. Je _____ du thé glacé.

4. Éric et Isabelle _____ du jus de pomme.

5. Tu _____ de l'eau.

6. Vous _____ du jus de raisin.

A/B 2. Le déjeuner de Christine

Hier Christine a déjeuné dans un restaurant. Regardez l'addition et répondez aux questions.

1. Dans quel restaurant est-ce que Christine a déjeuné?

_____

_____

_____

2. Qu'est-ce qu'elle a mangé?

_____

_____

_____

3. Qu'est-ce qu'elle a bu?

_____

_____

_____

4. Combien est-ce qu'elle a payé pour le repas?

_____

_____

_____

✳LE BOCAGE✳	
41, rue de Nantes	
Tél. 03-44-31-27-02	
Jambon	3€
Poulet Marengo	7€
Salade verte	2€
Tarte aux fraises	4€
Eau minérale	1,50€
Café	1,20€
Total	18,70€
✳15% service compris✳	

Nom _____

Classe _____ Date _____

B 3. Quel verbe?

Complétez les descriptions suivantes avec la forme appropriée des verbes suggérés. Utilisez le même *(same)* verbe pour chaque groupe de phrases.

| acheter | amener | envoyer | espérer | payer | nettoyer |

1. Nous sommes à la poste.

   Nous _____ des cartes postales.

   Philippe et Éric _____ une
   lettre à leurs cousins.

2. Nous sommes au supermarché.

   Catherine _____ des oranges.

   Qu'est-ce que vous _____?

3. Nous sommes invités à un pique-nique.

   Marc _____ sa copine.

   Vous _____ vos cousins.

4. Nous sommes au restaurant.

   Je _____ avec une carte de crédit.

   Les touristes _____ avec des traveller-chèques.

5. Nous organisons une boum chez nous.

   Je _____ la cuisine.

   Mes frères _____ le salon *(living room)*.

6. Nous allons aller en Europe cet été.

   Nous _____ visiter Paris.

   Après, tu _____ aller en Normandie.

Cher Philippe,
En vacances,
j'aime . . .

PHILIPPE RAYMOND
12 AV. VICTOR HUGO
PARIS 75116
FRANCE

C 4. Au choix

Vous êtes dans un restaurant français et vous allez choisir le menu à 14€.

Complétez les phrases en indiquant votre préférence.
(Utilisez l'article **le**, **la** ou **l'**.)

MENU à 14€
jambon ou melon
poulet ou rosbif
salade ou fromage
tarte ou glace
limonade ou eau minérale
thé ou café

1. Je préfère _____.

2. Je préfère _____.

3. Je préfère _____.

4. Je préfère _____.

5. Je préfère _____.

6. Je préfère _____.

Nom _____

Classe _____ Date _____

C 5. À la cantine

Des copains sont allés manger quelque chose à la cantine. Dites ce que chacun a mangé et ce que chacun a bu.

1. Christine a mangé _____. Elle a bu _____.

2. Jean-Paul _____. _____.

3. Caroline _____. _____.

4. Olivier _____. _____.

A 6. Conversations

Complétez les conversations suivantes avec les articles **le, la, l'** ou **du, de la, de l'**.

1. —J'ai soif!

   —Tu veux _____ jus de tomate?

   —Non merci. Je n'aime pas tellement _____ jus de tomate.

   Est-ce que tu as _____ eau minérale?

   —Oui, bien sûr!

2. —Qu'est-ce que tu vas prendre au petit déjeuner?

   —Je vais prendre _____ pain avec _____ beurre et _____ confiture.

   —Est-ce que tu vas boire _____ café?

   —Non! Je préfère _____ thé.

3. —Qu'est-ce qu'il y a dans ce sandwich?

   —Il y a _____ jambon.

   —Alors, donne-moi un sandwich avec _____ fromage.

   —Tu n'aimes pas _____ jambon?

   —Non, je suis végétarienne.

4. —Où est _____ glace?

   —Elle est dans le réfrigérateur.

   —Est-ce qu'il y a _____ lait aussi?

   —Mais non! _____ lait est sur la table!

Copyright © by McDougal Littell, a division of Houghton Mifflin Company.

Discovering
FRENCH
Nouveau!

BLANC

 7. Communication

A. Mes boissons favorites

Dites ce que vous buvez dans les circonstances suivantes.

• Au petit déjeuner, je _____ .

• Au dîner, _____ .

• En été, quand il fait chaud, _____ .

• En hiver, quand il fait froid, _____ .

B. Le dîner d'hier

Dites ce que vous avez mangé au dîner hier soir. Pour chaque plat, dites si vous l'avez aimé ou non.

▶ D'abord, j'ai mangé de la soupe. Je n'aime pas tellement la soupe.

D'abord, _____

_____

Ensuite

Discovering
FRENCH
Nouveau!

B L A N C

LEÇON 12 L'addition, s'il vous plaît!

LISTENING/SPEAKING ACTIVITIES

Section 1. Vidéo-scène

A. Compréhension générale

Allez à la page 184 de votre texte. Écoutez.

B. Avez-vous compris?

	vrai	faux		vrai	faux
1.	☐	☐	5.	☐	☐
2.	☐	☐	6.	☐	☐
3.	☐	☐	7.	☐	☐
4.	☐	☐	8.	☐	☐

Section 2. Langue et communication

C. Combien est-ce que je prends?

▶ ARMELLE: Combien de beurre est-ce que je prends?
  SA MÈRE: **Prends une livre de beurre.**

LISTE DES COURSES

Discovering
FRENCH
Nouveau!

B L A N C

D. Dialogues

	A trop	B beaucoup	C assez	D un peu	E peu
▶		✓			
1					
2					
3					
4					
5					

▶ PIERRE: Est-ce que tu as des cousins?

VOUS: **Oui, j'ai beaucoup de cousins.**

E. Jérôme et ses copains

▶ PIERRE: Alors, Jérôme, toi et tes copains, vous avez mangé le pain?

JÉRÔME: **Oui, nous avons mangé tout le pain.**

F. Qu'est-ce qu'il faut faire?

1. A. Il faut avoir quelques bons amis. B. Il faut avoir beaucoup d'argent.

2. A. Il faut avoir de la chance. B. Il faut travailler.

3. A. Il faut être intelligent. B. Il faut apprendre la leçon.

4. A. Il faut être généreux. B. Il faut être amusant.

5. A. Il faut aller à l'université. B. Il faut parler français.

6. A. Il faut faire des exercises. B. Il faut manger moins.

Nom _____

Classe _____ Date _____ _____

Discovering
FRENCH
Nouveau!
B L A N C

Unité 3
Leçon 12
Workbook

WRITING ACTIVITIES

A 1. À Monoprix

Vous allez faire les courses à Monoprix, un supermarché français. Complétez la liste suivante en indiquant la quantité de chaque chose que vous allez acheter.

Liste des courses

un sac (deux kilos) de
_____ *pommes de terre*
_____ *oeufs*
_____ *thon*
_____ *céréales*
_____ *eau minérale*
_____ *fromage*
_____ *thé*
_____ *oranges*
_____ *bananes*

A 2. Quelle quantité?

Complétez les phrases suivantes avec une des expressions suggérées. Soyez logique!

assez de (d')	**beaucoup de (d')**	**trop de (d')**
un peu de (d')	**combien de (d')**	

1. _____ de sandwichs veux-tu? Un ou deux?

2. Christine est une fille très sympathique. C'est pourquoi elle a _____ amis.

3. Je n'ai pas très faim. Donne-moi seulement *(only)* _____ rosbif.

4. Dis, Jean-Louis! Est-ce que tu as _____ argent pour payer l'addition?

5. J'ai vingt euros. Et toi, _____ argent as-tu?

6. Les élèves ne sont pas contents. Ils ont _____ examens et pas assez de vacances.

7. M. Ballon grossit. Il mange _____ pain et pas _____ salade.

Discovering
FRENCH
Nouveau!

B L A N C

A 3. En bonne forme

Vous travaillez à Toulon dans le club «Bonne Santé—Bonne Forme». Dites aux membres ce qu'ils doivent et ne doivent pas faire. Utilisez les expressions assez de, beaucoup de ou trop de dans des phrases affirmatives ou négatives.

▶ faire des exercices?   Faites beaucoup (assez) d'exercices. _____

  boire du café?   Ne buvez pas trop de café. _____

1. manger des légumes?   _____

2. manger de la viande?   _____

3. faire du jogging?   _____

4. boire de l'eau minérale?   _____

5. manger de la glace?   _____

6. boire du soda?   _____

B 4. Le réfrigérateur est vide *(empty)*

Hier vous avez organisé une fête chez vous. Ce matin le réfrigérateur est vide. Dites pourquoi en expliquant que vos copains ont tout mangé.

▶ Marc / manger / le jambon

  Marc a mangé tout le jambon. _____

1. Philippe / boire / la limonade

   _____

2. Charlotte / finir / les hors-d'oeuvre

   _____

3. Catherine / manger / les cerises

   _____

4. Vincent / prendre / les sandwichs

   _____

5. Claire / boire / le jus d'orange

   _____

6. Olivier / manger / la salade de fruits

   _____

Nom _____

Classe _____ Date _____

Discovering
FRENCH
Nouveau!

BLANC

Unité 3
Leçon 12
Workbook

C 5. C'est bien ou c'est mal?

Lisez ce que font les personnes suivantes. Puis faites un commentaire sur leurs actions.
Suivez le modèle!

▶ Stéphanie aide ses parents.
C'est bien! Il faut aider ses parents.

▶ Monsieur Nicot fume *(smokes)*.
C'est mal! Il ne faut pas fumer.

1. Pauline fait ses devoirs tous les jours.
_____

2. Jean-Claude dort en classe.
_____

3. Sandrine est optimiste.
_____

4. Robert et Philippe sont égoïstes.
_____

5. Isabelle perd son temps.
_____

6. Les élèves sont en retard.
_____

Nom _____

Classe _____ Date _____

Discovering
FRENCH
Nouveau!

BLANC

👥 6. Communication: Suggestions

Your friend Patrick from Montreal is going to visit your region this summer. Write him a short letter in which you suggest a few things he can do during his stay. Consider the following possibilities:

visiter / quoi?
voir / qui?
aller / où?
dîner / dans quel restaurant?
rester / dans quel hôtel?
faire les achats / dans quel centre commercial?
faire / quelles activités?

> Mon cher Patrick,
> Pendant ton séjour, il faut visiter le Musée des Sciences. Il faut aussi

Discovering French, Nouveau! Blanc

Nom _____

Classe _____ Date _____

Discovering
FRENCH
Nouveau!

B L A N C

Unité 3
Workbook
Reading and Culture Activities

UNITÉ 3 Reading and Culture Activities

Aperçu culturel

Prenez votre manuel de classe et relisez les pages 152 et 153. Ensuite, complétez les paragraphes avec les mots suggérés.

bonbons	boucherie	courses	éclair	
fermiers	marché	oeufs	pain	pâtisserie

1. Quand elle rentre chez elle après les classes, Caroline passe

   souvent par la _____. Là, elle achète un

   _____ ou une brioche. Quand elle a assez

   d'argent, elle achète aussi des _____.

2. Cet après-midi, Monsieur Martin va faire les

   _____. D'abord, il va aller à la boulangerie pour

   acheter du _____. Ensuite, il va aller à la

   _____ où il va acheter un kilo de rosbif.

3. En général, Madame Rémi achète le beurre et les

   _____ à la crémerie de son quartier. Le mercredi,

   elle va au _____ où elle peut acheter les produits

   des _____ de la région.

FLASH culturel

Aujourd'hui le lait, les fromages et les jus de fruits sont généralement «pasteurisés». La «pasteurisation» est un procédé qui permet la conservation de beaucoup de produits. C'est un procédé d'origine française.

* Quelle est l'origine de ce nom?
  A. C'est le nom d'une ville.
  B. C'est le nom d'un laboratoire.
  C. C'est le nom d'un savant (scientist).
  D. C'est le nom d'une chaîne de supermarchés.

Pour vérifier votre réponse, allez à la page 112.

Nom _____

Classe _____ Date _____

DOCUMENTS

Read the following documents and select the correct completion for each of the accompanying statements. Place a check in the corresponding box.

1. Pour acheter ce produit, on va . . .
   - ❏ dans une boucherie.
   - ❏ dans une boulangerie.
   - ❏ dans une crémerie.
   - ❏ chez un marchand de fruits.

2. Quand on va au supermarché, on trouve ce produit dans la section . . .
   - ❏ des desserts.
   - ❏ des fruits et légumes.
   - ❏ des boissons alcoolisées.
   - ❏ des boissons non-alcoolisées.

3. Dans ce magasin, on peut acheter . . .
   - ❏ du beurre.
   - ❏ des épices.
   - ❏ des gâteaux.
   - ❏ du fromage.

TRAITEUR
PÂTISSERIE NOUVELLE
BOULANGERIE FINE
COCKTAIL - LUNCH

E. Fahu

32 variétés de pains
25 salades composées
35 variétés de sandwichs

Ouvert en juillet-août, sauf semaine du 15 août
165, rue du Faubourg-Saint-Honoré -Paris 8ᵉ 01 45 63 34 34

```
* LA GRANDE EPICERIE DE PARIS *
   OUVERT DU LUNDI AU SAMEDI

PAINS POILANE              1,50€
PAINS POILANE              1,50€
FROMAGE COUPE             14,50€
FROMAGE COUPE             10,70€
FRUITS ET LEGUMES          1,40€
BEURRE CHARENTE/P.         1,60€
FRAISE 1L                  3,50€
FRUITS ET LEGUMES          2,30€
CONCOMBRE                  1,00€

****           TOT        38,00€
     ESPECES              38,00€

26/06/04 11:03 4680 07 0124 138
DE 8H30 A 21H-LUNDI ET VENDREDI 22H
MERCI DE VOTRE VISITE A BIENTOT
```

4. La personne qui a rapporté (brought back) ce ticket est allée . . .
   - ❏ dans une boulangerie.
   - ❏ dans un supermarché.
   - ❏ dans un café.
   - ❏ dans un restaurant.

Nom _____

Classe _____ Date _____

Discovering
FRENCH
Nouveau!

B L A N C

Unité 3

Workbook
Reading and Culture Activities

LE PETIT PONT

1, rue du Petit - Pont - 75005 Paris
01.43.54.23.81

❧ AVOCAT VINAIGRETTE	3,50€
❧ CHAMPIGNONS A LA GRECQUE	4,00€
❧ COQUILLE DE THON MAYONNAISE	4,10€
❧ CAROTTES RAPEES	2,80€
❧ CELERI REMOULADE	2,80€
❧ SAUCISSON SEC PUR PORC, AVEC BEURRE	3,50€
❧ OEUF MAYONNAISE	2,80€

5. Cette liste est une liste de . . .
   ❑ desserts.
   ❑ légumes.
   ❑ hors-d'oeuvre.
   ❑ salades.

• Marquez avec tous les plats
qu'une personne végétarienne
peut choisir.

6. Votre amie Christine vous a
donné la recette *(recipe)* de
son plat favori. Voici la liste des
ingrédients. Lisez cette liste, et
puis répondez aux questions.

• Le clafoutis aux cerises est . . .
   ❑ un dessert.
   ❑ un hors-d'oeuvre.
   ❑ une salade de fruits.
   ❑ un plat de viande.

Clafoutis aux cerises

Ingrédients:

3 tasses de cerises

4 oeufs

1 1/2 tasse de lait

1/2 tasse de farine

1/4 tasse de sucre

2 cuillères à café
  d'extrait de vanille

Recette (voir verso)

• Pour acheter tous les
ingrédients nécessaires, on
doit aller dans . . .
   ❑ une boucherie.
   ❑ une boulangerie.
   ❑ un supermarché.
   ❑ une pâtisserie.

• Ce plat a un léger goût *(slight taste)* de . . .
   ❑ café.
   ❑ caramel.
   ❑ vanille.
   ❑ fraise.

Nom _____

Classe _____ Date _____

Discovering
FRENCH
Nouveau!

BLANC

C'est La Vie

1. Le choix d'un restaurant

En France, il y a toutes sortes de restaurants. Il est midi et vous avez envie de déjeuner.

Dites quel restaurant vous allez choisir si . . .

NOM DU RESTAURANT

- vous voulez manger un plat de spaghettis

_____

- vous voulez manger un bon steak.

_____

- vous êtes au régime *(on a diet)*

_____

- vous aimez le poisson

_____

- vous aimez la cuisine orientale

_____

FLASH culturel: *Réponse*

C. Louis Pasteur (1822–1895) est un chimiste et biologiste français. Inventeur de la «pasteurisation», il a aussi découvert l'origine des maladies contagieuses et le principe théorique de la vaccination. L'Institut Pasteur à Paris continue son oeuvre. C'est un des plus grands établissements scientifiques du monde. Un des savants de cet institut, le professeur Luc Montagnier, a isolé le virus du SIDA (AIDS) en 1984.

Nom _____

Classe _____ Date _____

Discovering FRENCH *Nouveau!*

B L A N C

Unité 3

Workbook
Reading and Culture Activities

2. Petit déjeuner au Saint-Léger

Vous voyagez au Canada avec votre famille. Aujourd'hui, vous êtes à l'hôtel Saint-Léger. Demain matin, vous allez prendre le petit déjeuner dans votre chambre.

- Indiquez . . .
  — votre nom
  — le nombre de personnes de votre famille
  — l'heure où vous voulez être servis

- Indiquez aussi votre choix de petit déjeuner . . .
  — jus de fruit
  — oeufs
  — viande
  — pâtisserie
  — confiture
  — boisson

Hotel Saint – Léger

Nous vous suggérons de choisir votre petit déjeuner dès maintenant

Nom (en lettres moulées):_____

No de chambre:_____ Nbre de personnes:_____

Servir entre

○ 6:30–7:00	○ 8:00–8:30	○ 9:30–10:00
○ 7:00–7:30	○ 8:30–9:00	○ 10:00–10:30
○ 7:30–8:00	○ 9:00–9:30	○ 10:30–11:00

Votre choix de
○ Jus d'orange frais   ou ○ Jus de pamplemousse   ou ○ Jus de pomme
○ Jus de tomate

○ Deux oeufs, frits   ou ○ Mollets   ou ○ Brouillés
○ Avec jambon   ou ○ Bacon   ou ○ Saucisses

○ Croissant   ou ○ Pâtisserie danoise   ou ○ Rôties
○ Muffin

○ Confiture d'oranges ou ○ Confiture de fraises ou ○ Miel

○ Café   ○ Thé avec lait   ○ Lait
○ Décaféiné   ○ Thé avec citron   ○ Lait écrémé
○ Chocolat chaud

3. À la crêperie Saint-Michel

La crêperie Saint-Michel est située à Paris. Regardez le choix de crêpes.

- Dans quelle crêpe est-ce qu'il y a de la viande?

_____

- Dans quelle crêpe est-ce qu'il y a du poisson?

_____

- Dans quelle crêpe est-ce qu'il y a de la glace?

_____

- Quelle crêpe est-ce que vous préférez? Combien coûte-t-elle?

_____

Crêperie Saint-Michel
Crêpes "Maison"

Crêpe au fromage . . . . .3,5€

Crêpe au chocolat . . . . . . .3,5€

Crêpe au sucre . . . . .2,2€

Crêpe à la confiture . . . . . .2,8€
Abricot, fraise

Crêpe Saint-Michel . . . . . . .6€
Tomate, salade, thon, olives

Crêpe complète . . . . .5€
Jambon épaule, Gruyère, oeuf

Crêpe Belle-Époque . . . . . . .6€
Banane fruit, glace vanille

C'est La Vie (continued)

4. Chez Jeannette

Vous dînez «Chez Jeannette». Regardez bien la liste des plats du jour.

• Quels sont les différents poissons au menu?

_____

• Quelles sont les différentes viandes?

_____

• Quel plat allez-vous choisir?

_____

• Que signifie «Nos assiettes sont garnies»?
  ❏ Les assiettes du restaurant sont décorées.
  ❏ Les plats sont servis avec des légumes.
  ❏ Le service est compris dans l'addition.

Chez Jeannette
Cuisine française

PLAT DU JOUR: 7 EUROS
Saumon Grillé
Brochette de Poulet
Demi-poulet rôti
Côtelettes de porc aux pommes
Escalope de veau
Filet de sole meunière
Pièce de boeuf au vin

Nos assiettes sont garnies

5. Au fast-food

Les «fast-foods» sont maintenant très populaires en France. Regardez l'annonce à la page suivante.

• Comment s'appelle ce fast-food?

_____

• Dans quelle ville est-il situé?

_____

• Quelle est sa spécialité?

_____

Nom _____

Classe _____ Date _____

Discovering FRENCH *Nouveau!*

B L A N C

Unité 3

Workbook
Reading and Culture Activities

- Quand est-ce qu'il est fermé *(closed)*?

  ☐ le samedi   ☐ le matin avant 10 heures
  ☐ le dimanche   ☐ le soir après 10 heures

- Lisez la description du sandwich «BIG» et marquez avec un ✓ les ingrédients qu'il contient.

  ☐ salade   ☐ mayonnaise   ☐ fromage
  ☐ tomate   ☐ poivrons *(green peppers)*   ☐ ketchup
  ☐ moutarde   ☐ viande de boeuf   ☐ oignons

Le 1ᵉʳ Hamburger Restaurant

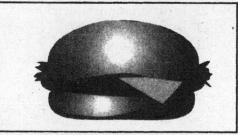

Quick

de Strasbourg est ouvert Place Kléber

Ouvert de 10 à 24h

tous les jours, dimanches et jours de fête compris

Place Kléber Strasbourg

BIG énormément bon!
Une énorme portion de viande 100% pur bœuf (125 g) grillée sans matière grasse et juste à point pour en exhaler toute la saveur et l'arôme. De la salade croquante, des oignons, des poivrons, de la moutarde et du ketchup!
Bon appétit!

1,50€

Nom _____

Classe _____ Date _____

Discovering
FRENCH
Nouveau!

B L A N C

C'est La Vie (continued)

6. Cuisine et langage

La cuisine française a une réputation universelle. Ceci explique pourquoi certains termes d'origine française sont utilisés dans le vocabulaire de la cuisine internationale. Les mots soulignés, par exemple, sont utilisés en anglais aussi bien qu'en français. Connaissez-vous leur sens?

1. Marc aide sa mère avec le dîner. Il prépare une <u>vinaigrette</u>. Qu'est-ce qu'il fait?
   - ❑ une omelette
   - ❑ un plat de légumes
   - ❑ une salade de fruits
   - ❑ une sauce pour la salade

2. Alice regarde le menu et commande le <u>filet mignon</u>. Qu'est-ce qu'elle a choisi?
   - ❑ un steak
   - ❑ un plat de poisson
   - ❑ une tarte aux fruits
   - ❑ une boisson exotique

3. Comme entrée, Julien a choisi le <u>consommé</u>. Qu'est-ce qu'il a commandé?
   - ❑ un jus de tomate
   - ❑ une tarte à l'oignon
   - ❑ une soupe à base de viande
   - ❑ des hors-d'oeuvre variés

4. Pour le dessert, Sandrine a commandé un <u>parfait</u>? Qu'est-ce qu'elle va manger?
   - ❑ un gâteau
   - ❑ une tarte
   - ❑ une crème glacée
   - ❑ une salade de fruits

5. Vincent met des <u>croûtons</u> dans sa salade. Qu'est-ce qu'il met?
   - ❑ du poivre et du sel
   - ❑ des feuilles *(leaves)* de laitue *(lettuce)*?
   - ❑ des tranches de jambon
   - ❑ des petits cubes de pain grillé

6. Cet après-midi, Christine a acheté des <u>éclairs</u>. Dans quel magasin est-elle allée?
   - ❑ une boucherie
   - ❑ une pâtisserie
   - ❑ un magasin de fleurs
   - ❑ un magasin de légumes

7. Monsieur Dumont est allé dans un restaurant où il a très bien déjeuné. Après le repas il a félicité *(congratulated)* le <u>chef</u>. À quelle personne est-ce qu'il a parlé?
   - ❑ le serveur
   - ❑ le propriétaire *(owner)*
   - ❑ le cuisinier *(cook)*
   - ❑ le réceptionniste

Le Gourmand Candide
Cuisine Traditionnelle Française Personnalisée
Salon particulier de 8 à 45 personnes
T.L.J sauf sam.midi et dimanche
6,Place du Maréchal-Juin (Place Péreire)-17e 01.43.80.01.41
Menu Bourgeois 30€

Le Procope
FONDÉ EN 1686
LE PLUS VIEUX CAFÉ-RESTAURANT
13, Rue de l'Ancienne-Comédie
PARIS 6
Tél. 01.43.26.99.20
FRUITS DE MER · CUISINE DE TRADITION

Nom _____

Classe _____ Date _____

Discovering
FRENCH *Nouveau!*

B L A N C

Unité 3

Workbook
Reading and Culture Activities

7. Une recette: La salade niçoise

Cette salade s'appelle «salade niçoise» parce que sa recette vient de Nice, une ville située dans le sud de la France. Aujourd'hui, la salade niçoise est un plat très populaire dans toute la France. Elle est particulièrement appréciée en été quand il fait chaud.

On peut commander une salade niçoise comme hors d'oeuvre. Quand on n'a pas très faim ou quand on est pressé *(in a hurry)*, une salade niçoise peut constituer aussi tout un repas. C'est un plat simple, équilibré *(balanced)*, délicieux et facile à faire. Voici sa recette:

Salade Niçoise (pour 4 personnes)

Prenez un grand bol.

Dans ce bol, mettez quelques feuilles de salade.

Coupez° quatre tomates en tranches et mettez-les dans le bol.

Ajoutez° d'autres feuilles de salade.

Coupez deux oeufs durs° en tranches et ajoutez-les à la salade.

Ajoutez aussi des anchois, du thon et, si vous voulez, du jambon coupé en cubes.

Ajoutez du sel et du poivre.

Sur cette salade, versez° une cuillère de vinaigre et trois cuillères d'huile.

Mettez la salade au réfrigérateur une demi-heure.

Votre salade est prête°. Vous pouvez la servir.

Bon appétit!

---

coupez *cut* **ajoutez** *add* **durs** *hard-boiled* **versez** *pour* **prête** *ready*

La liste des courses

Vous avez invité trois amis à dîner.

Vous allez faire une salade niçoise.

Préparez la liste des courses.

Sur cette liste, écrivez le nom

de tous les ingrédients nécessaires.

La liste des courses

Nom _____

Classe _____ Date _____

Discovering
FRENCH
Nouveau!

B L A N C

T e x t e s

■ Read the following selections and select the correct completion for each of the accompanying statements. Place a check in the corresponding box.

le grondin

croûtons

tomates

ail

huile d'olive

oignons

La bouillabaisse

La bouillabaisse est un plat d'origine provençale. (La Provence est la région du sud-est de la France située le long de la Méditerranée.)

Essentiellement, la bouillabaisse est une soupe de poisson. Pour faire une bouillabaisse traditionnelle on doit, en principe, utiliser trois poissons typiquement méditerranéens: la rascasse, le congre et le grondin. En réalité, beaucoup de gens utilisent d'autres poissons, comme, par exemple, la sole ou le haddock. On peut aussi ajouter d'autres produits de la mer: crabes, crevettes, moules, etc. . . . La chose la plus importante est que tous ces produits, poissons et crustacés, soient parfaitement frais.

La préparation de la bouillabaisse comprend beaucoup d'autres ingrédients typiques de la cuisine provençale: tomates, oignons, ail, thym, laurier, sel, poivre et, bien sûr, huile d'olive qui doit être de très bonne qualité. La bouillabaisse est servie dans des assiettes à soupe où l'on a mis des croûtons ou des tranches de pain.

Aujourd'hui, la bouillabaisse est servie non seulement en Provence, mais aussi à Paris, à Strasbourg, à Lyon et dans tous les grands restaurants de poisson du monde. La réputation de la bouillabaisse est universelle.

1. La bouillabaisse est d'origine . . .
   ❏ espagnole.
   ❏ française.
   ❏ allemande.
   ❏ italienne.

2. La bouillabaisse est . . .
   ❏ un dessert.
   ❏ un gâteau provençal.
   ❏ un plat de légumes.
   ❏ un plat de poisson.

3. On mange la bouillabaisse . . .
   ❏ avec un couteau.
   ❏ avec une cuillère.
   ❏ avec une fourchette.
   ❏ dans une tasse.

4. La rascasse est . . .
   ❏ une épice.
   ❏ une sorte de crabe.
   ❏ un poisson de la Méditerranée.
   ❏ un poisson de l'Atlantique.

la rascasse

thym

5. Un produit utilisé dans la cuisine provençale typique est . . .
   ❏ le sucre.
   ❏ le vinaigre.
   ❏ le paprika.
   ❏ l'huile d'olive.

crabes

le congre

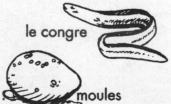

moules

crevettes

Copyright © by McDougal Littell, a division of Houghton Mifflin Company.

Nom _____

Classe _____ Date _____

Discovering
FRENCH
Nouveau!

BLANC

Unité 3

Workbook
Reading and Culture Activities

Les Français et l'eau minérale

L'eau minérale est la boisson favorite des Français. Ils en boivent au café, au restaurant, chez eux aux repas, et à tout moment de la journée. En fait, ce sont les champions du monde de la consommation d'eau minérale. En moyenne, chaque Français (hommes, femmes et enfants) boit 85 litres d'eau minérale par an.

Les eaux minérales sont les eaux naturelles qui contiennent des éléments chimiques (calcium, potassium, sodium, magnésium, etc. . . .) considérés bons pour la santé. Il y a une très grande variété d'eaux minérales. On compte en effet plus de 1.200 sources différentes en France. Ces sources sont généralement situées dans les zones de montagne: Vosges (Vittel, Contrexéville), Alpes (Évian), Massif Central (Vichy). Beaucoup de ces sources ont été découvertes par les Romains et sont utilisées depuis 2.000 ans.

La plus célèbre source d'eau naturelle est probablement la source Perrier située à Vergèze dans le Sud de la France. L'eau et le gaz carbonique sont extraits séparément de cette source, puis recombinés et mis en bouteille. Aujourd'hui, l'eau Perrier est exportée dans tous les pays du monde.

1. En moyenne, les Français boivent . . .
   - ❏ une bouteille d'eau minérale par repas.
   - ❏ un litre d'eau minérale par jour.
   - ❏ sept litres d'eau minérale par mois.
   - ❏ moins *(less)* d'eau minérale que les Anglais.

2. Les eaux minérales sont bonnes pour la santé parce que (qu') . . .
   - ❏ c'est de l'eau pure.
   - ❏ elles contiennent des éléments nécessaires pour le corps *(body)*.
   - ❏ elles sont produites dans des régions montagneuses.
   - ❏ elles sont mises dans des bouteilles propres *(clean)*.

3. La consommation d'eau minérale en France est . . .
   - ❏ un phénomène récent.
   - ❏ une tradition ancienne.
   - ❏ réservée aux sportifs.
   - ❏ interdite aux jeunes enfants.

4. L'eau Perrier contient . . .
   - ❏ du phosphore.
   - ❏ des extraits de fruits.
   - ❏ du gaz carbonique naturel.
   - ❏ du gaz carbonique artificiel

EAU MINÉRALE
NATURELLE GAZEUSE
bassin de Vichy
Saint-
Yorre

Nom _____

Classe _____ Date _____

Discovering
FRENCH
Nouveau!

B L A N C

INTERLUDE 3: Quatre Surprises

Le jeu des 5 erreurs

Voici un résumé de l'histoire «Quatre Surprises». Dans ce résumé il y a cinq erreurs. D'abord relisez l'histoire (pages 198–202 de votre manuel de classe). Puis lisez attentivement le résumé de cette histoire. Découvrez les cinq erreurs et expliquez-les brièvement.

Paul et David sont deux étudiants américains qui sont en vacances en France. Malheureusement, ils ne connaissent pas beaucoup de monde ici. Un jour, Paul téléphone à Nathalie, une copine de sa cousine Christine. Nathalie invite Paul et David à déjeuner chez elle, et elle donne son adresse à Paul. Paul inscrit la date du 8 juillet dans son carnet.

Le 8 juillet, Paul et David sont allés chez Nathalie. Ils sont entrés dans l'immeuble où elle habite et ils ont pris l'ascenseur°. Ils ont sonné à une porte marquée «Descroix», mais personne n'a répondu. David a vu une enveloppe sous un tapis. Dans l'enveloppe, Paul a trouvé les clés de l'appartement. Alors, Paul et David sont entrés dans l'appartement.

Dans l'appartement, Paul et David ont trouvé un excellent repas. Ils ont mangé du saumon fumé, du poulet rôti, de la salade et toutes sortes de fromage. Comme dessert, ils ont mangé du gâteau. Après le repas, ils se sont assis sur le sofa et ils ont regardé la télévision.

À trois heures, une dame est entrée dans l'appartement et elle a demandé aux deux garçons ce qu'ils faisaient chez elle. Paul a dit qu'ils attendaient Nathalie. La dame a répondu qu'elle était la grand-mère de Nathalie et elle a expliqué aux garçons leur erreur.

Alors, Paul et David sont montés chez Nathalie. Nathalie a été très surprise de voir les deux garçons. Elle a offert aux garçons de la tarte aux pommes, mais ils n'ont pas accepté.

Les 5 erreurs (Si c'est nécessaire, utilisez une feuille de papier séparée.)

1ère erreur _____

2ème erreur _____

3ème erreur _____

4ème erreur _____

5ème erreur _____

Nom _____

Classe _____ Date _____

Unité 4. Loisirs et spectacles!

LEÇON 13   Le français pratique: Allons au spectacle

LISTENING/SPEAKING ACTIVITIES

Section 1. Culture

A. Aperçu culturel: Le monde des spectacles

 Allez à la page 206 de votre texte. Écoutez.

LE PASSEPORT
SPECTACLES

Théâtre • Opéra
Concert • Danse
Cinéma • Musique

MOINS CHER

S.O.S. SPECTACLES
7 rue Neuve - 69001 LYON
Tél. 04.78.28.83.50

	Partie A			**Partie B**	
	vrai	faux		vrai	faux
1.	☐	☐	7.	☐	☐
2.	☐	☐	8.	☐	☐
3.	☐	☐	9.	☐	☐
4.	☐	☐	10.	☐	☐
5.	☐	☐	11.	☐	☐
6.	☐	☐			

Section 2. Vocabulaire et communication

B. La réponse logique

▶ Quels films est-ce que tu préfères?

a. **Les pièces de théâtre.**   b. **Les chansons.**   ⓒ **Les westerns.**

1. a. Oui, je suis libre.

   b. Oui, il y a un ciné dans mon quartier.

   c. Oh non, une ou deux fois par an. C'est tout!

2. a. Oui, j'aime cette chanson.

   b. Non, je n'aime pas l'art moderne.

   c. Oui, c'est un bon musée.

3. a. Oui, je vais au concert.

   b. Non, j'ai perdu.

   c. Non, je vais le regarder à la télé.

4. a. Oui, c'est un très bon film.

   b. Oui, les acteurs sont très, très bons.

   c. Oui, j'aime cette chanson.

5. a. Les Red Sox.

   b. Ricky Martin.

   c. Shaquille O'Neal.

6. a. Une comédie américaine.

   b. Une exposition.

   c. Une pièce de théâtre.

Unité 4
Leçon 13

Workbook

Nom _____

Classe _____ Date _____

Discovering
FRENCH
Nouveau!

B L A N C

7. a. Oui, nous jouons
    dans un orchestre.

    b. Oui, nous avons
    acheté nos billets.

    c. Non, nous n'aimons
    pas les films policiers.

8. a. Il va au ciné.

    b. Il aime les dessins
    animés.

    c. Il regarde les
    expositions.

9. a. Non, je suis libre.
    Et toi?

    b. Oui, je te remercie.

    c. Je regrette, mais je
    n'ai pas le temps.

10. a. Enchanté.

    b. Oui, volontiers.

    c. Oui, j'ai aimé la pièce.

C. Le bon choix

▶ —Est-ce que Nicole va au ciné ou au concert?
  —**Elle va au ciné.**

Discovering
FRENCH
Nouveau!

BLANC

D. Dialogues

DIALOGUE A

Isabelle parle à son cousin Olivier.

ISABELLE: Dis, Olivier, est-ce que tu veux aller au _____ avec moi?

OLIVIER: Ben, ça dépend! Qu'est-ce qu' _____?

ISABELLE: *Le retour de Jo Lagachette.*

OLIVIER: C'est quel _____ de film?

ISABELLE: C'est un film _____.

OLIVIER: Bon, d'accord! Mais c'est toi qui paies _____!

ISABELLE: Non, mais dis donc, tu exagères! Je t'ai déjà invité _____ cette semaine!

DIALOGUE B

Thomas téléphone à sa copine Valérie.

THOMAS: Allô, Valérie! Ici Thomas. Dis, qu'est-ce que tu fais samedi soir?

VALÉRIE: Je suis _____.

THOMAS: Tu veux voir *Othello* avec moi?

VALÉRIE: Je suis _____, mais j'ai vu cette _____ la semaine dernière.

THOMAS: Ben alors, est-ce que tu veux aller voir Pascal Obispo au Zénith?

VALÉRIE: Ah oui, _____! J'adore ses _____.

Nom _____

Classe _____ Date _____

E. Répondez, s'il vous plaît!

▶ —Qu'est-ce que tu vas voir?
  —Je vais voir un film.

Questions personnelles

? 8	? 9	? 10	? 11	? 12

F. Situation: Une invitation au cinéma

nom du cinéma _____

nom du film _____

genre _____

acteur principal _____

prix des billets _____

heure du film _____

Nom _____

Classe _____ Date _____

WRITING ACTIVITIES

A/B 1. Au cinéma ce soir

Regardez l'illustration et répondez aux questions
suivantes avec des phrases complètes.

1. Qu'est-ce qu'on joue au Cinéma-Palace ce soir?

   _____

2. Quelle sorte de film est-ce? _____

   _____

3. Comment s'appelle l'acteur principal?

   _____

4. Comment s'appelle l'actrice principale?

   _____

5. À quelle heure commence la première séance?

   _____

6. À quelle heure approximative finit la

   dernière séance? _____

A 2. Opinions personnelles

Pour chaque catégorie suivante, choisissez une personne, un groupe ou une équipe et donnez
votre opinion personnelle.

▶ (a basketball player)   Grant Hill est un joueur de basketball très intelligent.

▶ (a baseball team)   Les Red Sox sont une très mauvaise équipe de baseball.

1. (an actor)   _____

2. (an actress)   _____

3. (a male singer)   _____

4. (a female singer)   _____

5. (a musical group)   _____

6. (a basketball team)   _____

7. (a baseball player)   _____

8. (a tennis player)   _____

Discovering
FRENCH
Nouveau!

B L A N C

A/B/C 3. Le bon mot

Complétez les phrases suivantes avec les mots qui conviennent *(fit)*.

1. Le mois dernier, je suis allé trois _____ au cinéma.

2. *Othello* est une _____ de Shakespeare.

3. Dans une _____ de football, il y a onze joueurs.

4. Frank Sinatra chante des _____ très romantiques.

5. Samedi dernier, nous avons vu une _____ d'art moderne.

6. *Aladdin* et *La Belle et la Bête* sont des _____ de Walt Disney.

7. Les _____ de cinéma coûtent 6 euros maintenant.

8. François est occupé ce soir. Il n'est pas _____.

B/C 4. Allô, Ciné-Forum

Vous voulez aller au cinéma ce soir. Vous téléphonez au Ciné-Forum pour obtenir des informations. Complétez votre conversation.

—Allô, Ciné-Forum. Bonjour.

—_____   *(Say hello and ask what movie is*
_____   *playing today.)*

—*L'Enquête du commissaire Polar.*

—_____   *(Ask what type of movie it is.)*

—C'est un film policier.

—_____   *(Ask at what time the first showing is.)*

—Elle est à 19 heures 10.

—_____   *(Ask how much the tickets cost.)*

—6 euros.

—_____   *(Say thank you.)*

—À votre service. Au revoir.

A/B/C 5. Deux invitations

Complétez les dialogues suivants avec des expressions de la leçon et l'information présentée dans les illustrations.

—Salut, Frédéric, est-ce que tu veux aller _____ avec moi?

—Oui, je _____. Qu'est-ce qu'on joue?

—_____

—Quand?

—_____

—Écoute, je suis _____ ce jour-là!

—Dommage!

La Leçon

samedi 11 mai à 20h30

Discovering French, Nouveau! Blanc

Discovering
FRENCH
Nouveau!

BLANC

Unité 4
Leçon 13
Workbook

—Dis, Christine, tu fais quelque chose de spécial dimanche après-midi?

—Non, je suis _____.

—Dans ce cas, est-ce que tu veux aller au _____ avec moi?

—Oui, avec _____!
Qu'est-ce qu'on va voir?

—Le _____ Toulon-Nice!

—Qui va gagner?

—_____ de Nice.
Elle a de meilleurs _____.

STADE MUNICIPAL
COUPE DE FRANCE

MATCH
Toulon - Nice

47

**dimanche, 24 mai
à 14h30**

6. Communication

A. Un film Décrivez un film que vous avez vu récemment. Si vous voulez, vous pouvez répondre aux questions suivantes.

- Quand êtes-vous allé(e) äu cinéma?
- Quel film avez-vous vu?
- C'est quel genre de film?
- Qui est l'acteur principal? Quel rôle joue-t-il?
- Qui est l'actrice principale? Quel rôle joue-t-elle?
- Où se passe l'action?
- Décrivez brièvement (briefly) l'action.
- Avez-vous aimé le film? Pourquoi ou pourquoi pas?

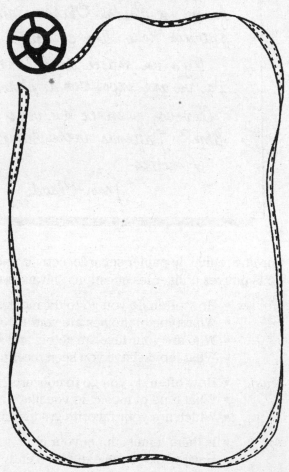

Unité 4
Leçon 13

Workbook

Discovering
FRENCH
Nouveau!

BLANC

Nom _____

Classe _____ Date _____

B. Spectacles Lisez la lettre de Jean-Claude où il parle de ses spectacles favoris.

le 18 janvier

Chers amis,

Je vais assez souvent au cinéma: deux ou trois fois par mois, généralement le samedi après-midi. Mes films préférés sont les comédies et les films d'aventures. Samedi dernier, j'ai vu Le père de la mariée. C'est une comédie américaine très amusante avec Steve Martin.

J'aime beaucoup la musique, en particulier le rock et le rap, mais je ne vais pas souvent au concert parce que je n'ai pas beaucoup d'argent. (L'année dernière je suis allé seulement deux ou trois fois au concert.) Mon groupe favori est Mano Negra, un groupe international très populaire en France. Mon chanteur favori est Pascal Obispo. Ma chanteuse favorite est Patricia Kaas, une chanteuse française.

Il y a un musée dans la ville où j'habite. Le mois dernier j'ai vu une exposition de photos assez intéressante.

Et vous, qu'est-ce que vous faites quand vous avez du temps libre? J'attends votre lettre!

Amitiés

Jean-Claude

Sur une feuille de papier séparée, écrivez une réponse à Jean-Claude—en français, bien sûr! Vous pouvez utiliser les questions suivantes comme guide.

Movies • How often do you go to the movies?
• What type of movies are your favorite?
• Who are your favorite actors and actresses?
• What movie have you seen recently?

Music • How often do you go to concerts?
• What type of music do you like?
• Which are your favorite groups and singers?

Art • Is there a museum in your city?
• Have you seen an exhibit recently?

Nom _____

Classe _____ Date _____

LEÇON 14 Un petit service

LISTENING/SPEAKING ACTIVITIES

Section 1. Vidéo-scène

A. Compréhension générale

Allez à la page 216 de votre texte. Écoutez.

B. Avez-vous compris?

	vrai	faux
1.	☐	☐
2.	☐	☐
3.	☐	☐
4.	☐	☐
5.	☐	☐
6.	☐	☐
7.	☐	☐
8.	☐	☐

Section 2. Langue et communication

C. Le contraire

▶ SYLVIE: Mon frère m'invite au cinéma.
CHARLOTTE: **Mon frère ne m'invite pas.**

Unité 4
Leçon 14

Workbook

Discovering
FRENCH
Nouveau!

B L A N C

Nom _____

Classe _____ Date _____

D. Le concert de Pascal Obispo

▶ CÉCILE: S'il te plaît, invite-moi dimanche.
BERNARD: **D'accord, je t'invite dimanche.**

E. Voyage en Italie

▶ Je peux vous donner . . .   mon dictionnaire d'italien

1. Je peux vous présenter . . .   une carte d'Italie

2. Je peux vous prêter . . .   l'adresse de mes cousins à Florence

3. Je peux vous donner . . .   des photos de Venise

4. Je peux vous montrer . . .   à mon oncle Luigi

5. Je peux vous apporter . . .   un livre sur Rome

▶ PIERRE: Je peux vous donner l'adresse de mes cousins à Florence.
ARMELLE: **Oui, donne-nous l'adresse de tes cousins.**

F. Dialogues

▶ A. demain soir   (B.) demain

1. A. après la classe   B. après l'examen

2. A. demain matin   B. demain soir

3. A. après la classe   B. après l'examen

4. A. à midi   B. à minuit

5. A. cet après-midi   B. ce soir

▶ —Ne me téléphone pas ce soir.
—**D'accord, je vais te téléphoner demain.**

Nom _____

Classe _____ Date _____ _____

Discovering
FRENCH
Nouveau!

B L A N C

Unité 4
Leçon 14
Workbook

WRITING ACTIVITIES

A 1. Dialogues

Complétez les dialogues à l'affirmatif (dialogues 1 à 3) ou au négatif (dialogues 4 à 6). Utilisez les verbes soulignés et les pronoms qui conviennent *(that fit)*.

▶ —Tu me <u>téléphones</u> ce soir?

—Oui, je te téléphone _____ à huit heures.

1. —Tu m'<u>invites</u> à ta boum?

—Bien sûr, _____. Tu es mon meilleur ami!

2. —Tu nous <u>apportes</u> quelque chose à boire?

—Oui, _____ de la limonade.

3. —Tu me <u>donnes</u> quelque chose à manger?

—Oui, _____ un sandwich.

4. —Tu me <u>rends visite</u> ce week-end?

—Non, _____ . Je vais à la campagne.

5. —Tu m'<u>entends</u>?

—Non, _____ . Il y a trop de bruit *(noise)*.

6. —Tu nous <u>attends</u> après la classe?

—Non, _____ . Je dois rentrer chez moi.

B 2. Petits services

Demandez à votre copain Alain de vous aider. Complétez les phrases suivantes avec la forme appropriée des verbes suggérés. Soyez logique!

▶ Je voudrais faire une promenade à vélo.

Prête-moi _____ ta bicyclette.

1. Je veux finir mes devoirs.

_____ mon livre de français.

2. Je voudrais rentrer à la maison avec toi.

_____ après la classe.

3. Je ne suis pas très bon(ne) en maths.

_____ avec le problème d'algèbre.

4. Je voudrais téléphoner à tes cousins.

_____ leur numéro de téléphone.

| aider |
| apporter |
| attendre |
| donner |
| inviter |
| montrer |
| présenter |
| prêter |
| rendre |

Nom _____

Classe _____ Date _____

5. Je viens d'arriver dans cette ville et je n'ai pas d'amis ici.

_____ à tes copains.

6. Je n'ai pas assez d'argent pour aller au cinéma.

_____ dix euros.

7. Je suis un(e) nouvel(le) élève.

_____ où est la bibliothèque *(library)*.

8. J'ai soif et je n'ai pas d'argent.

_____ au café.

B 3. Au Grand Turc

Vous visitez la ville de Tours. Il est midi et vous êtes un peu fatigué(e). Vous allez dans un café qui s'appelle Le Grand Turc pour manger quelque chose et pour écrire des cartes postales. Vous parlez au serveur (employez **vous**).

1. *Ask the waiter to show you the menu.*

_____

2. *Ask the waiter to bring you something to eat (decide what you want).*

_____

3. *Ask the waiter to bring you something to drink (a beverage of your choice).*

_____

4. *Ask the waiter to loan you a pen or pencil.*

_____

5. *Ask the waiter to show you where the toilets* **(les toilettes)** *are.*

_____

6. *Ask the waiter to give you the check.*

_____

7. *Ask the waiter to give you back five euros.*

_____

Nom _____

Classe _____ Date _____

Discovering
FRENCH *Nouveau!*

B L A N C

Unité 4
Leçon 14
Workbook

C 4. Oui ou non?

Votre ami Christophe vous demande quelques services. Vous allez accepter trois demandes et refuser deux demandes. C'est à vous de décider ce que vous allez accepter et ce que vous allez refuser. Pour les demandes que vous décidez de refuser, vous devez inventer une excuse.

▶ CHRISTOPHE: S'il te plaît, prête-moi ta bicyclette.

    VOUS: D'accord, je vais te prêter ma bicyclette.

    (Non, je ne vais pas te prêter ma bicyclette. Je veux faire une

    promenade cet après-midi avec mon copain. ou Elle ne marche pas.)

1. CHRISTOPHE: S'il te plaît, prête-moi ton portable.

    VOUS: _____

    _____

2. CHRISTOPHE: S'il te plaît, montre-moi tes photos.

    VOUS: _____

    _____

3. CHRISTOPHE: S'il te plaît, invite-moi chez toi samedi.

    VOUS: _____

    _____

4. CHRISTOPHE: S'il te plaît, présente-moi à ta nouvelle copine.

    VOUS: _____

    _____

5. CHRISTOPHE: S'il te plaît, attends-moi après la classe.

    VOUS: _____

    _____

Nom _____

Classe _____ Date _____

Discovering
FRENCH
Nouveau!

B L A N C

 5. Communication: Mon amie Cécile

Your friend Cécile from Nice is going to visit your city this summer. Write her a short letter of welcome.

Tell her some of the things you are going to do for her.

For example,

- where you are going to invite her (to your house? to a restaurant?)
- to whom you are going to introduce her (to your friends? to family members? to your French teacher?)
- what things you are going to lend her (your bicycle? your walkman? your cassettes?)
- what interesting places you are going to show her

> *Ma chère Cécile,*
> *Je suis très content(e) que tu viennes dans notre ville cet été.*
>
>
>
>
>
>
>
>
>
>
> *J'espère avoir l'occasion de te voir souvent.*
> *Ton ami(e),*

Nom _____

Classe _____ Date _____

LEÇON 15 Dans une boutique de disques

LISTENING/SPEAKING ACTIVITIES

Section 1. Vidéo-scène

A. Compréhension générale

Allez à la page 226 de votre texte. Écoutez.

B. Avez-vous compris?

	vrai	faux			vrai	faux
1.	☐	☐	5.		☐	☐
2.	☐	☐	6.		☐	☐
3.	☐	☐	7.		☐	☐
4.	☐	☐	8.		☐	☐

Section 2. Langue et communication

C. Tu connais Dominique?

▶   PIERRE: Tu connais Dominique?
     ARMELLE: **Mais oui, je la connais.**

Nom _____

Classe _____ Date _____

D. Préférences

A. ARMELLE: Tu aimes les films policiers?
    PIERRE: **Oui, je les aime.**

B. ARMELLE: Tu aimes la pièce de théâtre?
    PIERRE: **Non, je ne l'aime pas.**

▶A. ♡   1. ♡   3. ♥̸   5. ♥̸   7. ♥̸

▶B. ♥̸   2. ♥̸   4. ♡   6. ♡

E. Voyage organisé à Paris

▶ Est-ce que nous allons visiter la Tour Eiffel?   **Oui, nous allons la visiter.**

▶ Est-ce que nous allons visiter le Centre Pompidou?   **Non, nous n'allons pas le visiter.**

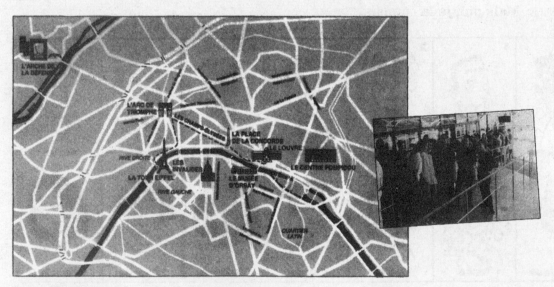

F. Paul Pertout

▶ SOPHIE: Tu as oublié la date du concert?
  PAUL: **Oui, je l'ai oubliée.**

▶ SOPHIE: Tu as trouvé ton argent?
  PAUL: **Non, je ne l'ai pas trouvé.**

Nom _____

Classe _____ Date _____

Discovering
FRENCH
Nouveau!

B L A N C

Unité 4
Leçon 15
Workbook

WRITING ACTIVITIES

A 1. Connaissances *(Acquaintances)*

Qui connaît qui? Complétez les phrases suivantes avec la forme appropriée du verb **connaître** dans des phrases *à l'affirmatif* ou *au négatif.*

1. Je _____ le président des États-Unis.

2. Mes copains _____ ma famille.

3. Le professeur _____ tous les élèves.

4. Ma famille et moi, nous _____ bien les voisins.

B 2. Relations personnelles

Décrivez vos relations avec les personnes suivantes dans des phrases affirmatives ou négatives. Utilisez des PRONOMS.

mon copain

▶ inviter?   Je _l'invite (ne l'invite pas)_ souvent chez moi.

1. voir?   Je _____ tous les week-ends.

2. aider?   Je _____ quand il a un problème.

ma copine

3. voir?   Je _____ souvent.

4. connaître?   Je _____ depuis longtemps *(a long time).*

5. inviter?   Je _____ au restaurant.

mes voisins

6. connaître?   Je _____ bien.

7. trouver?   Je _____ sympathiques.

mes profs

8. écouter?   Je _____.

9. admirer?   Je _____.

Nom _____

Classe _____ Date _____

Discovering
FRENCH
Nouveau!

B L A N C

B 3. La boum

Vous organisez une boum. Vos amis veulent vous aider. Dites-leur ce qu'ils doivent ou ne doivent pas faire. Regardez les modèles.

VOS COPAINS   **VOUS**

▶ Je décore le salon?   Oui, décore-le! _____

▶ Je lave les verres?   Non, ne les lave pas! _____

1. J'invite Catherine?   Oui, _____

2. J'invite le voisin?   Non, _____

3. J'envoie les invitations?   Oui, _____

4. Je range la cuisine?   Oui, _____

5. Je fais les sandwichs?   Non, _____

6. J'apporte la chaîne hi-fi?   Oui, _____

7. Je choisis les CD?   Oui, _____

8. J'achète la limonade?   Non, _____

B 4. Oui ou non?

Lisez les descriptions. Puis, dites ce que les personnes suivantes vont faire ou ne pas faire. Utilisez l'infinitif entre parenthèses et le pronom qui convient *(fits)*. Soyez logique!

▶ Ce film est vraiment stupide. (voir?)

   Nous n'allons pas le voir! _____

1. Ce CD est extraordinaire. (écouter?)

   Je _____.

2. Ces tee-shirts sont trop chers. (acheter?)

   Pauline _____.

3. Cette comédie est très drôle! (voir?)

   Vous _____ dimanche prochain.

4. Ce musée est très intéressant. (visiter?)

   Nous _____ samedi.

5. Ce garçon est très snob. (inviter?)

   Je _____ à la boum.

6. Ces filles sont très sympathiques. (inviter?)

   Jean-Claude _____ au pique-nique.

Nom _____

Classe _____ Date _____

Discovering FRENCH *Nouveau!*

B L A N C

Unité 4
Leçon 15
Workbook

C 5. Où?

Répondez aux questions suivantes. Pour cela, choisissez un des endroits suggérés. Soyez logique!

▶ Où est-ce que tu as acheté ces tee-shirts?

Je les ai achetés à Mod' Shop.

1. Où est-ce que tu as acheté ce CD?

_____

2. Où est-ce que tu as vu le dernier film de Brad Pitt?

_____

3. Où est-ce que tu as rencontré tes copines?

_____

4. Où est-ce que tu as mis ta bicyclette?

_____

5. Où est-ce que tu as oublié tes livres?

_____

6. Où est-ce que tu as trouvé ces vieux vêtements?

_____

7. Où est-ce que tu as pris ces photos de Paris?

_____

> ### *endroits*
>
> - *dans le bus*
> - *dans le garage*
> - *au Café des Arts*
> - *dans le grenier* (attic)
> - *à Mod' Shop*
> - *à la Boîte à Musique*
> - *devant la Tour Eiffel*
> - *au Ciné Gaumont*

C 6. Le week-end dernier

Armelle veut savoir si vous avez fait les choses suivantes le week-end dernier. Répondez à ses questions en utilisant des pronoms.

Armelle: **Vous:**

▶ As-tu fait les courses?   Oui, je les ai faites. (Non, je ne les ai pas faites.)

1. As-tu nettoyé ta chambre?   _____

2. As-tu rangé tes livres?   _____

3. As-tu fini tes devoirs?   _____

4. As-tu rencontré tes copains?   _____

5. As-tu invité ta copine?   _____

6. As-tu vu ta tante?   _____

7. As-tu aidé tes parents?   _____

7. 👥 Communication: Questions personnelles

Votre ami Christophe a quelques questions. Répondez-lui en utilisant des pronoms.

• Généralement, combien d'heures par jour est-ce que tu regardes la télé?

_____

Pendant combien de temps est-ce que tu l'as regardée hier?

_____

• En général, où est-ce que tu achètes tes vêtements?

_____

Où est-ce que tu as acheté tes chaussures?

_____

Combien est-ce que tu les a payés?

_____

• Généralement, où est-ce que tu retrouves tes copains le week-end?

_____

Quand est-ce que tu as vu ta meilleure amie la dernière fois?

_____

Quand est-ce que tu as vu tes cousins?

_____

Nom _____

Classe _____ Date _____

LEÇON 16 La voisine d'en bas

LISTENING/SPEAKING ACTIVITIES

Section 1. Vidéo-scène

A. Compréhension générale

 Allez à la page 236 de votre texte. Écoutez.

B. Avez-vous compris?

	vrai	faux		vrai	faux
1.	☐	☐	5.	☐	☐
2.	☐	☐	6.	☐	☐
3.	☐	☐	7.	☐	☐
4.	☐	☐	8.	☐	☐

Section 2. Langue et communication

C. Lecture

▶Armelle

1. Pierre
2. Nous
3. Toi
4. Moi
5. Mes soeurs
6. Vous

▶ Armelle lit.
  Armelle lit une lettre.

D. Communications

▶ Est-ce que Corinne téléphone à Armelle?   **Oui, elle lui téléphone.**

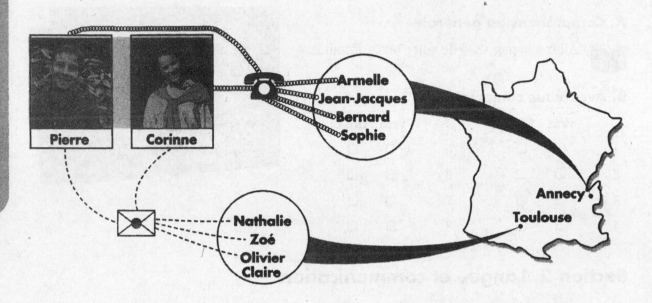

▶ Est-ce que Pierre et Corinne écrivent à Sophie?   **Non, ils ne lui écrivent pas.**

E. En famille

▶   ARMELLE: D'abord, parlons de Jérôme.
                Est-ce que tu lui prêtes ton portable?
        PIERRE: **Oui, je le lui prête.**

▶   ARMELLE: Maintenant parlons de tes parents.
                Est-ce que tu leur montres tes examens?
        PIERRE: **Oui, je les leur montre.**

F. Madame Martin

▶   je sais   (je connais)   5. je sais   je connais

1. je sais   je connais   6. je sais   je connais

2. je sais   je connais   7. je sais   je connais

3. je sais   je connais   8. je sais   je connais

4. je sais   je connais

Discovering French, Nouveau! Blanc

Nom _____

Classe _____ Date _____

Discovering
FRENCH
Nouveau!

B L A N C

Unité 4
Leçon 16
Workbook

WRITING ACTIVITIES

A 1. Que font-ils?

Complétez les phrases suivantes avec les verbes suggérés par l'illustration. Notez que la dernière phrase de chaque groupe est au passé composé.

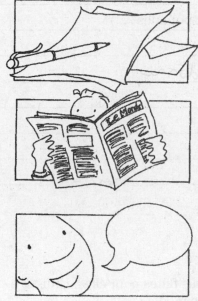

1. François ___écrit___ à Catherine.

   Nous ___écrivons___ des cartes postales.

   Mes copains ___écrivent___ à leur oncle.

   Hier, vous ___avez écrit___ une lettre à vos grands-parents

2. Nous ___lisons___ le journal.

   Je ___lis___ un magazine.

   Le dimanche, mes amis ___lisent___ des bandes dessinées.

   La semaine dernière, tu ___as lu___ un bon roman.

3. Vous ___dites___ des choses intéressantes.

   Isabelle ___dit___ des choses bizarres.

   Je ___dis___ toujours la vérité.

   Hier, Jean-Paul ___a dit___ un mensonge à son frère.

B 2. Les amis de Sandrine

Dites ce que Sandrine fait pour ses amis. Complétez les phrases avec les noms entre parenthèses. Utilisez **à** si c'est nécessaire.

▶ (Jean-Pierre)   Sandrine téléphone à Jean-Pierre _____.

▶ (Stéphanie)   Elle invite Stéphanie _____.

1. (Marc)   Sandrine aide ___Marc___ _____.

2. (Élise)   Elle écrit ___à Élise___ _____.

3. (Olivier)   Elle prête ses compacts ___à Olivier___ _____.

4. (Valérie)   Elle écoute ___Valérie___ _____.

5. (Thomas)   Elle rend visite ___à Thomas___ _____.

6. (Vincent)   Elle donne des conseils (advice) ___à Vincent___ _____.

7. (Caroline)   Elle voit souvent ___Caroline___ _____.

8. (Jean-Luc)   Elle aime bien ___Jean-Luc___ _____.

9. (Hélène)   Elle attend ___Hélène___ après la classe _____.

10. (Philippe)   Elle parle souvent ___à Philippe___ _____.

Nom _____

Classe _____ Date _____

B 3. Joyeuses fêtes! (*Happy Holidays!*)

Vous avez acheté les cadeaux (*gifts*) présentés dans l'illustration pour votre famille et vos amis. Dites ce que vous donnez aux personnes suivantes. Suivez le modèle et utilisez des pronoms. (Si vous voulez, vous pouvez choisir d'autres cadeaux!)

▶ (à mon oncle)

Je lui donne une cravate
_____
(une tarte aux pommes . . .)

1. (à ma mère)   Je lui donne un gâteau

2. (à mon copain)   Je lui donne un livre

3. (à mes grands-parents) Je leur donne un câdeau

4. (à mes cousins)   Je leur donne la nourriture

5. (au professeur)   Je lui donne un livre

6. (à Jennifer)   Je lui donne lis ours
   [name]

B 4. Entre amis

Les personnes suivantes ont besoin de votre aide. Dites ce que vous faites pour elles. Utilisez un des verbes suggérés et le pronom qui convient (*fits*). Etudiez le modèle.

donner	écrire	montrer	prêter	rendre visite	téléphoner

▶ Nicolas organise une boum.
   Je lui prête _____ mes CD.

1. Catherine veut prendre des photos.
   Je lui donne _____ mon appareil-photo.

2. Paul et Vincent sont malades.
   Je leur rendre visite _____ à l'hôpital.

3. Isabelle veut téléphoner à ton cousin.
   Je lui téléphone _____ son numéro de téléphone.

4. Marc et Stéphanie veulent connaître ma famille.
   Je leur monts _____ mon album de photos.

5. Tes grands parents célèbrent leur anniversaire de mariage.
   Je leur écris _____ une lettre de félicitations (*congratulations*).

6. Thomas est seul (*alone*) chez lui.
   Je lui prête _____.

Nom _____

Classe _____ Date _____

Discovering FRENCH *Nouveau!*

B L A N C

Unité 4
Leçon 16
Workbook

B 5. Et toi?

Pierre a quelques questions pour vous. Répondez-lui *à l'affirmatif* ou *au négatif* en utilisant le pronom approprié: **le, la, l', les; lui, leur**.

Pierre:

Vous:

1. Tu vois souvent ton copain? — Oui, je le vois souvent.
2. Tu téléphones souvent à ta copine? — Oui, je lui téléphone souvent.
3. Tu invites tes copains chez toi? — Oui, je les invite chez toi.
4. Tu écris souvent à ta tante favorite? — Non, je ne lui écris pas souvent.
5. Tu comprends bien ton/ta prof de français? — Oui, je la comprends bien.
6. Tu aides tes camarades de classe? — Oui, je les aide.
7. Tu écoutes tes professeurs? — Oui, je les écoute.
8. Tu rends visite à tes grands-parents? — Oui, je leur rends visite.

C 6. Oui ou non?

Lisez les descriptions des personnes suivantes. Puis répondez à l'affirmatif ou au négatif aux questions. Soyez logique! Utilisez deux pronoms dans votre réponse.

▶ Vincent est égoïste. Est-ce qu'il prête son vélo à sa soeur?
Non, il ne le lui prête pas.

1. Philippe est généreux. Est-ce qu'il prête ses CD à sa copine?
Oui, il les lui prête.

2. Catherine est honnête. Est-ce qu'elle dit la vérité à ses amis?
Oui, elle la leur dit.

3. Marthe est très réservée. Est-ce qu'elle montre son journal (*diary*) à son frère?
Non, elle le lui montre pas

4. Madame Labonté est très philanthrope. Est-ce qu'elle donne son argent aux pauvres (*the poor*)?
Oui, elle le leur donne

D 7. Connaître ou savoir?

Complétez les phrases suivantes avec la forme appropriée de **connaître** ou **savoir**.

1. Catherine ___connaît___ Jean-Marc, mais elle ne ___sait___ pas où il habite.

2. Je ___connais___ tes cousins. Je ___sais___ qu'ils sont très sympathiques.

3. Nous ___savons___ où il y a un bon restaurant, mais nous ne ___connaissons___ pas le chef.

4. Vous ___connaissez___ Paris. Vous ___savez___ que c'est une belle ville.

Discovering FRENCH *Nouveau!*

B L A N C

8. Communication

L'anniversaire de ___Jennifer___

• Oui, je vais lui téléphoner

• Non, je vais ne lui écrire pas.

• Non, je vais lui écrire pas.

• Oui, je vais lui acheter

• Oui, je vais l'inviter

A. Joyeux anniversaire C'est bientôt *(soon)* l'anniversaire de votre meilleur(e) ami(e). Faites une liste où vous indiquez ce que vous allez faire. Répondez aux questions suivantes.

• Are you going to call him/her?
• Are you going to write him/her?
• Are you going to send him/her a card or a letter?
• Are you going to buy him/her a present? If so, what?
• Are you going to invite him/her to go somewhere with you? Where?

B. La colonie de vacances *(Summer camp)* Vous voulez travailler cet été comme moniteur/monitrice *(counselor)* dans une colonie de vacances française.

Write an application letter, telling the director...

• what languages you know how to speak
• what musical instruments you know how to play
• what sports you know how to play
• any other things you know how to do

Madame la directrice,

J'aimerais travailler cet été comme moniteur/monitrice dans votre colonie de vacances. Voici ce que je sais faire:

Je parle anglais, français et "Korean".
Je joue la piano et le cello.
Je joue badminton, taekwondo et je nage.

Je vous remercie de l'attention que vous donnerez à ma lettre.

Sincèrement vôtre,

(signature) ___Ellie___

C. Amitié Lisez la lettre de Jean-Paul où il parle de son amie Stéphanie qui habite dans une autre ville. Puis pensez à quelqu'un que vous connaissez qui habite dans une autre ville. Écrivez une lettre où vous décrivez vos relations avec cette personne. Utilisez une feuille de papier séparée.

de temps en temps *from time to time*

J'ai une copine. Elle s'appelle Stéphanie et elle habite à Strasbourg. Je ne la vois pas très souvent. Je l'ai vue l'année dernière pendant les vacances.

Je lui téléphone deux ou trois fois par mois. Je lui ai téléphoné samedi dernier. Je lui ai parlé de mon nouveau professeur d'anglais.

Je lui écris de temps en temps.° Je lui ai écrit pour son anniversaire. Je lui ai envoyé une carte et un livre. (Elle aime beaucoup lire!)

Discovering French, Nouveau! Blanc

Discovering
FRENCH *Nouveau!*

B L A N C

Unité 4

Workbook
Reading and Culture Activities

UNITÉ 4

Aperçu culturel

Prenez votre manuel de classe et relisez les pages 192 et 193.
Ensuite, complétez les paragraphes avec les mots suggérés.

actrice	**billets**	**chansons**	**chanteuse**	**film**
match	**queue**	**rôle**	**stade**	

1. Philippe et Pauline font la _____ devant le cinéma Rex. Ils vont voir *Chocolat*,
   un _____ avec Juliette Binoche, leur _____ favorite qui joue
   le _____ principal.

2. Catherine et Thomas vont du _____ de France, mais ils ne viennent pas ici pour
   voir un _____ de foot. Ils viennent écouter la princesse Erika, leur _____
   préférée et ses dernières _____.

Musée d'Orsay
1, rue de Bellechasse
75007 PARIS
Tél. 01.45.49.48.14

10 h à 18 h (jeudi jusqu'à 21 h 45)
dimanche de 9 h - 18 h
fermé le lundi
Métro: Solférino,
R.E.R. Musée d'Orsay

Musée
d'Orsay
petit
guide

FLASH **culturel**

À Paris, on va au Musée d'Orsay admirer les oeuvres
des grands artistes français du 19ᵉ siècle, en particulier
les impressionnistes (Monet, Manet, Cézanne, Renoir, Van Gogh).

• Le Musée d'Orsay, très populaire aujourd'hui, n'a pas
  toujours été un musée. Qu'est-ce que c'était *(was)* avant?
  A. Une résidence royale.   C. Une gare *(train station)*.
  B. Un théâtre.   D. Un jardin couvert *(covered)*.

Pour vérifier votre réponse, allez à la page 152. ▐▐▐⟹

Nom _____

Classe _____ Date _____

Discovering
FRENCH
Nouveau!

B L A N C

Unité 4

Workbook

Reading and Culture Activities

DOCUMENTS

Read the following documents and select the correct completion for each of the accompanying statements. Place a check in the corresponding box.

1. On téléphone à cette agence si on veut voir . . .
   - ❑ un film.
   - ❑ une pièce.
   - ❑ une exposition.

2. Si on aime le cinéma, on peut voir un film à la télé à . . .
   - ❑ 2 heures 30.
   - ❑ 3 heures 05.
   - ❑ 6 heures 10.

ALLO !
AGENCE
CHEQUE
THEATRE

33, rue Le Peletier
75009 PARIS
01.42.46.72.40

Réservez les meilleures
places de spectacle :

THEATRE, VARIETES,
CONCERTS, BALLETS,
ZENITH, BERCY

PAR ABONNEMENT
sans aucun déplacement
téléphonez à l'Agence
et allez directement
au spectacle

JEUDI 6 JUIN

12.30	**TÉLÉVISION RÉGIONALE** Voir lundi.
12.45	JOURNAL
13.00	**SPORTS 3 IMAGES** **Spécial Roland-Garros**
14.30	**REGARDS DE FEMME** *Magazine féminin.* *Présentation: Aline Pailler.* **Invitée: Régine Dhoquois**, qui a dirigé la rédaction de l'ouvrage «La Politesse» dans la collection «Morales» (éd. Autrement).
15.00	FLASH
15.05	**LES DIAMANTS DE L'OUBLI** *Film TV américain de Walter E. Graumann.*
17.25	**AMUSE 3** **Bonjour les bébés - 17.35 Boull -** **17.40 Huckleberry Finn.**
18.10	**C'EST PAS JUSTE** *Émission proposée par Agnès Vincent.* *Présentation: Vincent Perrot.* **Invité: Jean-Pierre Coffe.**
18.28	FLASH
18.30	**QUESTIONS POUR UN CHAMPION**

3. On va à l'endroit indiqué pour . . .
   - ❑ assister à un concert.
   - ❑ rencontrer des chanteurs.
   - ❑ voir une exposition sur le rock.

Nom _____

Classe _____ Date _____

Discovering FRENCH *Nouveau!*

BLANC

Unité 4

Workbook
Reading and Culture Activities

**SELECTION DES RADIOS FM
A PARIS**

Musique classique
• France Musique 91.7 mHz
Variétés et informations
• NRJ   100.3 mHz
• Europe 2   103.5 mHz
• RFM   103.9 mHz
Chansons années 60
• Radio Nostalgie   105.1 mHz
Informations
• France Info   105.5 mHz

4. Cette liste présente l
   stations de radio françaises.

• Quand on veut écouter un opéra, on
  met . . .
  ❏ France Musique.
  ❏ Radio Nostalgie.
  ❏ France Info.

• Sur NRJ, les jeunes Français peuvent
  écouter . . .
  ❏ des sonates de Chopin.
  ❏ leurs chanteurs préférés.
  ❏ les matchs de foot.

5. Les personnes qui ont vu cet événement
   ont assisté à . . .
   ❏ un débat politique.
   ❏ une revue musicale.
   ❏ un match international.

LES ÉQUIPES
(Ce soir à Milan, à 17 heures)

ALLEMAGNE
(Maillot blanc)

Illgner (1)

Berthold (14) Augenthaler (5) Buchwald (6) Reuter (2)
Haessler (8) Matthäus (10) Bein (15) Pfluegler (19)
Voeller (9)   Klinsmann (18)

●

Estrada (7)   Rincon (19)
Fajardo (20) Valderrama (10) Ga. Gomez (8) Alvarez (14)
Gi. Gomez (3) Escobar (2) Perea (15) Herrera (4)
Higuita (1)

COLOMBIE
(Maillot rouge)

Arbitre : Alan Snoddy (Irlande du Nord)

6. *Le Salaire de la Peur* est un classique du
   cinéma français. Selon la description,
   c'est . . .
   ❏ un western.
   ❏ un film d'action.
   ❏ une comédie musicale.

■■ **FRANCE**

Henri-Georges Clouzot _____

**LE SALAIRE
DE LA PEUR**

Avec Charles Vanel, Yves Mon-
tand, Folco Lulli, Véra Clouzot
(1953) 130 mn. N et B.

Cinq hommes convoient un
chargement de nitroglycé-
rine sur des routes acciden-
tées d'Amérique centrale...
Un suspense habilement
entretenu par une mise en
scène d'exception. Palme
d'or à Cannes en 1953.

THÉÂTRE HÉBERTOT 01 43 87 23 23

**L'ECOLE
DES FEMMES
MOLIERE**

JEAN-LUC BOUTTE
JACQUES WEBER

BAR, PETIT REPAS A PARTIR DE 19 H

7. L'École des Femmes est le nom d' . . .
   ❏ une pièce.
   ❏ un film féministe.
   ❏ une école à Paris.

Nom

Classe _____ Date _____

Discovering
FRENCH
Nouveau!

BLANC

Unité 4

Workbook
Reading and Culture Activities

C'est La Vie

1. Le ciné à la télé

Les chaînes françaises de télévision présentent un très grand nombre de films français ou étrangers.

■ Voici une sélection des films de la semaine. Regardez la sélection des films et choisissez un film que vous voudriez voir.

• Comment s'appelle ce film?

_____

• Quel genre de film est-ce?

_____

• Qui joue dans ce film?

_____

• À quelle heure est le film?

_____

• Sur quelle chaîne de télévision?

_____

• Pourquoi avez-vous choisi ce film?

_____

_____

TOUS LES FILMS DE LA SEMAINE

A VOIR ★   A ENREGISTRER ★★   A CONSERVER ★★★

Cette nouvelle présentation a été conçue pour vous permettre de découper et de coller sur vos cassettes vidéo fiches techniques de chaque film.

DIM — **CROCODILE DUNDEE II ★** De John Cornell
Aventures (1988). Le premier film de l'épopée australienne avait battu tous les records de recette et ce second volet avait fait encore mieux, avec exactement la même équipe mais également **Paul Hogan**, qui est une vraie star en Australie, et **Linda Koslowski**. *Durée: 1 h 47.*

LUN — **LA SOUPE AUX CHOUX ★** De Jean Girault
Comédie (1981). Dans un hameau du Bourbonnais, deux paysans rencontrent un «envahisseur», La caricature du monde rural est appuyée, mais le spectacle de **Louis de Funès** dégustant une soupe aux choux avec un extraterrestre interprété par Jacques Villeret ne manque pas de saveur. *Durée: 1 h 35.*

MAR — **LE JUSTICIER SOLITAIRE** De William A. Fraker
Western (1981). Dans le Far-West de 1876, un homme seul, John Reid dit le «Lone Ranger», personnage devenu mythique aux U.S.A., décide de se dresser contre des bandits. A noter, la musique de John Barry, l'inventeur du thème de James Bond et de «Mission Impossible». Avec **Klinton Spilsbury**. *Durée: 1 h 34.*

JEU — **L'ARME FATALE ★★** De Richard Donner
Policier (1987). Un policier noir au bord de la retraite doit faire équipe avec une jeune tête brûlée. Ex-vétérans du Vietnam, ils vont démanteler un réseau de trafiquants de drogue composé d'anciens agents des forces spéciales de l'armée. Avec **Mel Gibson, Danny Glover, Gary Busey**. *Durée: 1 h 45.*

VEN — **JEAN GALMOT, AVENTURIER ★★** d'Alain Maline
Aventures (1990). Un homme débarque à Cayenne en 1906 pour y faire fortune. Il sera amené à combattre le racisme et défendre les Droits de l'Homme en Guyanne. Avec **Christophe Malavoy**. *Durée: 2 h 45.*

Nom _____

Classe _____ Date _____

Discovering
FRENCH
Nouveau!

B L A N C

Unité 4

Workbook
Reading and Culture Activities

2. Les jeunes Français et la télévision

Comme les jeunes Américains, les jeunes Français adorent regarder la télévision. Les jeunes de 10 à 14 ans sont les téléspectateurs les plus assidus. Ils passent en moyenne 2 heures 30 par jour devant la télévision. Selon un sondage, 80% d'entre eux déclarent l'aimer passionnément.

Après 15 ans, les jeunes Français sont moins enthousiastes. À 17 ans, 35% seulement déclarent s'intéresser à la télévision. À cet âge, ils préfèrent écouter de la musique dans leur chambre ou sortir avec leurs copains.

Le choix des émissions varie aussi avec l'âge. Voici ce qu'ils regardent par ordre de préférence:

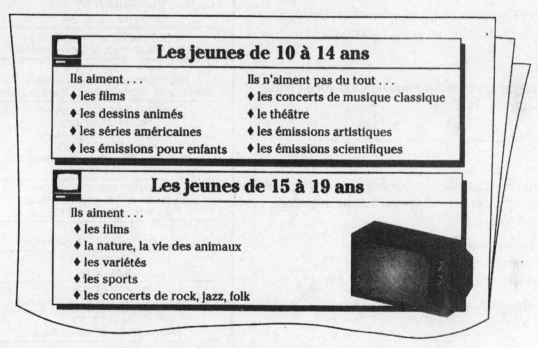

Les jeunes de 10 à 14 ans

Ils aiment . . .
- les films
- les dessins animés
- les séries américaines
- les émissions pour enfants

Ils n'aiment pas du tout . . .
- les concerts de musique classique
- le théâtre
- les émissions artistiques
- les émissions scientifiques

Les jeunes de 15 à 19 ans

Ils aiment . . .
- les films
- la nature, la vie des animaux
- les variétés
- les sports
- les concerts de rock, jazz, folk

■ Interviewez trois ami(e)s d'âge différent et demandez à chacun(e) quels types d'émissions il/elle préfère. Chacun(e) va donner trois choix.

	Personne 1	Personne 2	Personne 3
Nom			
Âge			
1er choix			
2e choix			
3e choix			

Nom _____

Classe _____ Date _____

Discovering
FRENCH
Nouveau!

BLANC

Unité 4

Workbook
Reading and Culture Activities

C'est La Vie

3. À Bercy

Paris a un palais des sports très moderne qui s'appelle Bercy. À Bercy, on peut assister à un grand nombre de matchs nationaux ou internationaux, et aussi à toutes sortes d'événements musicaux et culturels. C'est ici que les jeunes Parisiens viennent écouter les grandes stars de la chanson française et étrangère.

• À quel numéro téléphonez-vous si vous voulez des renseignements sur un spectacle?

_____

• À quel numéro téléphonez-vous si vous voulez reserver des billets?

_____

Regardez le programme des activités de Bercy et choisissez trois spectacles différents que vous aimeriez voir:

• un événement sportif
• un événement musical
• un autre événement

Pour chaque événement, donnez la raison de votre choix à la page suivante.

PALAIS OMNISPORTS
PARIS BERCY
8, boulevard de Bercy, 75012 Paris Télex 212 824 POBP
LOCATIONS
01 43 46 12 21
RENSEIGNEMENTS
01 43 42 01 23

19 NOVEMBRE à 15 h 30 et 20 h
Grand Prix de Paris de Danse Sportive

26 NOVEMBRE à 21 h
Football Américain (arena football):
Los Angeles Cobras contre Chicago Brulsers

5 NOVEMBRE au 8 JANVIER
CIRQUE DE MOSCOU
Le célèbre «Clown aux chats»
Iouri KOUKLATCHEV
avec ses quarante chats savants
animera le programme.

24 JANVIER au 12 FÉVRIER
Le BALLET NATIONAL d'ESPAGNE
Pour la première fois en France

7–8 FÉVRIER
Tournoi de Paris de Football Indoor

12 FÉVRIER à 15 h
Mega Free

25 et 26 FÉVRIER
Championnat du Monde de Hand-Ball

14 au 16 AVRIL
Internationaux de Gymnastique

16 MAI au 3 JUIN
«CARMEN»
Opéra de Georges BIZET
(17 séances - Relâche le lundi)
Mis en scène de Pier Luigi Pizzi

14 JUIN à 20 h
Récital Luciano PAVAROTTI

Début JUILLET
FESTIVAL DE JAZZ

F*LASH* **culturel: Réponse**

→ **C.** L'ancienne gare d'Orsay a été rénovée et transformée en musée. Ce musée a été ouvert au public en 1987. Il reçoit 3 millions de visiteurs par an.

Nom _____

Classe _____ Date _____

Discovering
FRENCH
Nouveau!

BLANC

Unité 4

Workbook
Reading and Culture Activities

Événement sportif	
Nom de l'événement	_____
Date	_____
Pourquoi?	_____
Événement musical	
Nom de l'événement	_____
Date	_____
Pourquoi?	_____
Autre événement	
Nom de l'événement	_____
Date	_____
Pourquoi?	_____

Textes

Read the following selections and select the correct completion for each of the accompanying statements. Place a check in the corresponding box.

Christine écrit à Jean-Jacques pour . . .
❑ l'inviter à un concert.
❑ accepter son invitation.
❑ refuser poliment son invitation.

le 18 janvier
Mon cher Jean-Jacques,
  Merci de ton invitation.
Malheureusement je ne peux pas aller à ta boum samedi. C'est l'anniversaire de mon cousin Christophe et je vais dîner chez lui. Après, nous allons aller à un concert à Bercy.
  Je vais te téléphoner dimanche après-midi.
      Amitiés,
      Christine

Nom _____

Classe _____ Date _____

Discovering
FRENCH
Nouveau!

BLANC

Textes

La chanson en France

Comme les jeunes Américains, les jeunes Français sont passionnés par la musique. Chaque année, Ils achètent des millions de CD qu'ils écoutent sur leurs radio-cassettes, leurs mini-chaînes et leurs baladeurs. Et quand leurs finances le leur permettent, ils vont au concert écouter leurs groupes favoris.

Le rock reste la musique préférée des jeunes de 15 à 19 ans. Les grands succès de la chanson française et étrangère s'appellent les «tubes».

La chanson française d'aujourd'hui a une inspiration à la fois traditionnelle et internationale. Par exemple la chanson rock el le «rap» (chantés en français, bien sûr) viennent des Etats-Unis. Le «zouk», chanté en créole, exprime la joie, l'humour et la fierté des Martiniquais. Le «raï», popularisé par Cheb Khaleb, est algérien. Chanté en français ou en arabe et accompagué d'instruments traditionnels d'Afrique du Nord, le raï traduit la mélancolic mais aussi la joie et l'espoir de la jeunesse algérienne immigrée. El quand Manu Chao chante, c'est non seulement en français, mais aussi en arabe, en espagnol et même en anglais. Tous ces nouveaux courants enrichissent la chanson française qui aujourd'hui est devenue multiculturelle, comme la France elle-même.

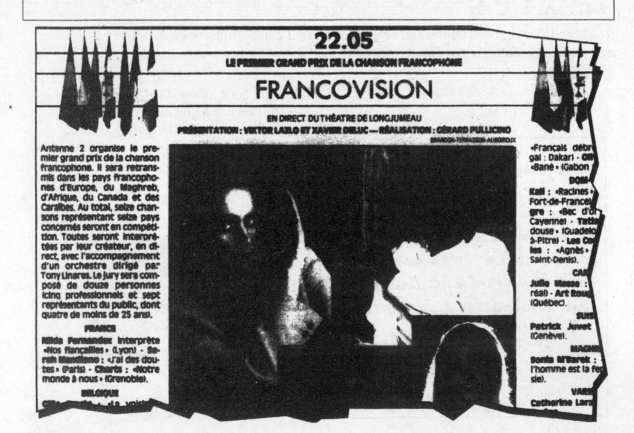

Nom _____

Classe _____ Date _____

Discovering
FRENCH
Nouveau!

BLANC

Unité 4

Workbook
Reading and Culture Activities

1. Ce texte décrit l'aspect . . . de la chanson en France aujourd'hui.
   ❑ commercial
   ❑ politique
   ❑ multiculturel

2. Les jeunes Français d'aujourd'hui préfèrent
   écouter . . .
   ❑ du jazz.
   ❑ du rock.
   ❑ de la musique classique.

3. Un «tube» est . . .
   ❑ un instrument de musique.
   ❑ une chanson très populaire.
   ❑ un style de musique.

4. Le «rai» et le «zouk» sont des exemples de . . .
   ❑ danses folkloriques.
   ❑ musique traditionnelle.
   ❑ la diversité de la chanson française
     d'aujourd'hui.

INTERLUDE 4: Un Américain à Paris

Le jeu des 5 erreurs

Voici un résumé de l'histoire «Un Américain à Paris». Dans ce résumé il y a cinq erreurs. D'abord relisez l'histoire (pages 252–257 de votre manuel de classe). Puis lisez attentivement le résumé de cette histoire. Découvrez les cinq erreurs et expliquez-les brièvement.

Harry Hapless est un touriste américain qui aime beaucoup la France, mais qui ne connaît pas bien les habitudes françaises. Pendant son dernier voyage, il a commis un certain nombre d'erreurs.

Quand il est arrivé, par exemple, il voulait aller dans une banque pour changer des dollars, mais il ne savait pas que ce jour-là les banques étaient fermées. Un autre jour, il est allé au restaurant et il a donné un pourboire de deux euros au serveur qui était furieux.

Un soir, Jacques Lachance, un ami de collège, l'a invité à dîner. Harry Hapless a acheté un énorme bouquet de roses pour Madame Lachance qui a trouvé ce cadeau un peu trop personnel.

Un autre jour, Harry Hapless a pris rendez-vous chez un dentiste, mais il a fait une erreur dans la date du rendez-vous et quand il est allé chez le dentiste, celui-ci (= le dentiste) était en train de peindre son appartement.

Finalement, le jour du départ est arrivé. Harry Hapless a déjeuné dans un bon restaurant et, après, il est allé dans les magasins pour acheter des souvenirs. Puis, il est retourné à l'hôtel et il a pris un bus pour aller à l'aéroport. Là, il a pris l'avion, très content d'avoir fait un si beau voyage!

PARIS-NEW YORK 18h.05

Les 5 erreurs (Si c'est nécessaire, utilisez une feuille de papier séparée.)

1ère erreur _____

2ème erreur _____

3ème erreur _____

4ème erreur _____

5ème erreur _____

Nom _____

Classe _____ Date _____

Discovering FRENCH *Nouveau!*

BLANC

Unité 5. Vive le sport!

LECON 17   Le français pratique: Le sport, c'est la santé

LISTENING/SPEAKING ACTIVITIES

Section 1. Culture

A. Aperçu culturel: Le sport en France

 Allez à la page 272 de votre texte. Écoutez.

	Partie A			Partie B	
	vrai	faux		vrai	faux
1.	☐	☐	7.	☐	☐
2.	☐	☐	8.	☐	☐
3.	☐	☐	9.	☐	☐
4.	☐	☐	10.	☐	☐
5.	☐	☐	11.	☐	☐
6.	☐	☐	12.	☐	☐

Section 2. Vocabulaire et communication

B. La réponse logique

▶ Quel sport est-ce que tu pratiques?

   (a.) **Je fais du jogging.**   b. **Je vais bien.**   c. **Oui, c'est pratique.**

1. a. Je fais de l'équitation.   b. J'aime marcher.   c. Je suis en retard à mon rendez-vous.

2. a. Dans la rue.   b. À la plage.   c. Sur le lac.

3. a. Oui, j'adore courir.   b. Oui, j'ai un VTT.   c. Oui, mais je préfère le ski nautique.

4. a. De la marche à pied.   b. Du patinage.   c. De la voile.

5. a. Un crayon.   b. Un rhume.   c. Je plie les jambes.

6. a. Je vais au ciné.   b. J'ai fini.   c. Oui, je suis en forme.

Nom _____

Classe _____   Date _____

7. a. Oui, il a la grippe.   b. Oui, il est en bonne santé.   c. Oui, il est en forme.

8. a. Oui, ça va mieux.   b. Oui, il a mangé trop   c. Oui, il va chez le dentiste.
                                      de chocolat.

9. a. J'ai joué de la guitare.   b. J'ai regardé la télé.   c. J'ai fait du jogging ce matin.

10. a. Je ne me sens pas bien.   b. Je plie les jambes.   c. Je suis en bonne santé.

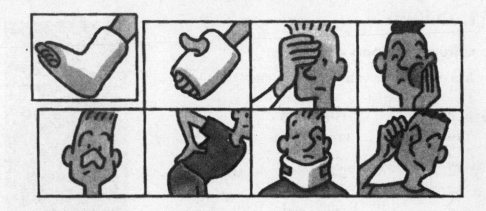

C. Le bon choix

▶ —Est-ce que Sandrine fait du vélo ou du jogging?
  —**Elle fait du vélo.**

Discovering
FRENCH
Nouveau!

B L A N C

Unité 5
Leçon 17
Workbook

D. Dialogues

DIALOGUE A

Juliette rencontre Christophe à la plage.

JULIETTE: Dis, Christophe, tu es _____?

CHRISTOPHE: Ben oui, je fais _____.

JULIETTE: Ben, alors, est-ce que tu veux faire de la _____ avec moi?

CHRISTOPHE: Oh là là, non, je suis trop _____!

JULIETTE: Qu'est-ce que tu as fait?

CHRISTOPHE: J' _____ dix kilomètres ce matin.

JULIETTE: Alors, je comprends. Tu dois avoir _____!

DIALOGUE A

Mélanie veut savoir pourquoi son petit frère n'est pas bien.

MÉLANIE: Et Marc, ça va?

MARC: Euh non, je ne me _____ pas bien.

MÉLANIE: Qu'est-ce que tu _____?

MARC: Je suis _____.

MÉLANIE: Où est-ce que tu as mal?

MARC: J'ai mal _____.

MÉLANIE: Tu as _____!

MARC: Non . . . j'ai mangé un kilo de chocolats!

Nom _____

Classe _____ Date _____

E. Répondez, s'il vous plaît!

▶ —Que fait Cécile?
—Elle fait du ski.

Questions personnelles

? **9**	**?** **10**	**?** **11**	**?** **12**

F. Situation: Chez le médecin

FICHE PERSONNELLE

NOM DU PATIENT _____

ÂGE _____

RAISON DE LA VISITE _____

ÉTAT DE SANTÉ GÉNÉRAL _____

SPORTS PRATIQUÉS _____

Nom _____

Classe _____ Date _____

WRITING ACTIVITIES

A 1. Photos de vacances

Dites ce que les amis ont fait pendant les vacances. Utilisez le passé composé.

Oliver

Véronique

Valerie

Jean-Michel   François

1. Olivier ___a fait le ski alpin___.
   Valérie ___a fait du patinage___.

2. Jean-Michel ___a fait du randonée___
   François ___a fait un bicyclette___.
   Véronique ___a fait l'équiptation___

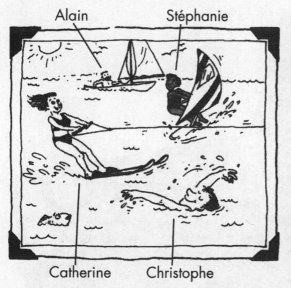

Alain   Stéphanie

Catherine   Christophe

Mélanie

Nathalie

Jean-Pierre

3. Catherine ___a fait la ski nautique___
   Stéphanie ___a fait la planche à voile___
   Alain ___a fait___.
   Christophe ___a fait la natation___

4. Mélanie ___a fait___.
   Jean-Pierre ___a fait du skateboard___
   Nathalie ___a fait du roller___.

Nom _____

Classe _____ Date _____

B/C 2. Oh là là!

Lisez ce que les personnes suivantes ont fait et dites où elles ont mal maintenant. Choisissez une partie du corps différente pour chaque personne.

▶ Jacques est tombé de bicyclette.

Maintenant, il a mal au genou (à l'épaule, . . .)

1. Philippe a trop mangé.

Maintenant, _il a mal au stomach_____.

2. Nous avons écouté trop de musique de rock.

Maintenant, _nous avons mal au oreille_____.

3. J'ai couru dans un marathon.

Maintenant, _j'ai mal au gambe_____.

4. Mon petit frère a mangé trop de bonbons (candy).

Maintenant, _il a mal au stomach_____.

5. M. Moreau est tombé dans la rue.

Maintenant, _il a mal au gambe_____.

6. Tu as joué de la guitare pendant quatre heures.

Maintenant, _tu as mal au doigt_____.

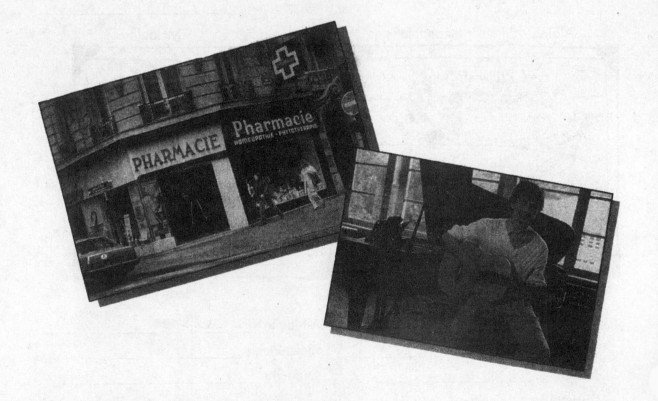

Discovering French, Nouveau! Blanc

Nom _____

Classe _____ Date _____

Discovering
FRENCH
Nouveau!

BLANC

Unité 5
Leçon 17
Workbook

C 3. La grippe

Il y a une épidémie de grippe à l'école. Ce matin vous avez les premiers symptômes. Vous allez chez le docteur. Expliquez ce que vous avez.

LE DOCTEUR: En général, comment ça va?

VOUS: *Je suis en bonne forme*

_____

(Tell the doctor that you are in good health.)

LE DOCTEUR: Et ce matin?

VOUS: *Je ne me sens pas bien*

_____

(Say that you do not feel well.)

LE DOCTEUR: Qu'est-ce que vous avez?

VOUS: *Je suis très fatigué*

_____

(Say that you are very tired.)

LE DOCTEUR: Où avez-vous mal?

VOUS: *J'ai mal à l'estomac*

_____

(Tell the doctor what is hurting: head, ears, stomach . . .)

LE DOCTEUR: Ce n'est pas très grave. Rentrez chez vous. Prenez deux aspirines et buvez beaucoup de liquides chauds.

MÉDECINS
DE NUIT

URGENCES MEDICALES
URGENCES DENTAIRES
NUITS, WEEK-END
ET JOURS FERIES

41 r Villiers de l'Ile Adam ------ 01 46 36 46 38
75020 Paris

SAMU (service d'aide
médicale d'urgence)   **01 45 67 50 50**

Nom _____

Classe _____ Date _____

4. 👥 Communication: Correspondance

Your French pen pal loves sports and also wonders if you share his interests. He would like to know what sports one can practice in your region.

Tell him . . .

- if you do a lot of sports
- if you jog (if so, how many miles you run per week)
- what individual sports you practice in winter
- what sports you practice in summer
- what sports you do in fall and spring
- what other sports one can do in your region

Mon cher Victor,

Je joue beaucoup de sport. Je n'aime pas
du jogging mais je marche tous les jours.
Pendant l'hiver, j'ai fait du ski alpin en
Blue Mountain, Ontario. Pendant l'été, j'ai
fait du ski nautique, la planche à voile et la
natation en Corée. Pendant le printemps je joue
le football, le badminton et la taekwondo.

Dans la région où j'habite, on peut aussi... du rugby, du
hockey et du roller.

Amicalement,

Ellie.

Nom _____

Classe _____ Date _____

Discovering
FRENCH *Nouveau!*
B L A N C

LEÇON 18 Un vrai sportif

LISTENING/SPEAKING ACTIVITIES

Section 1. Vidéo-scène

A. Compréhension générale

  Allez à la page 280. Écoutez.

B. Avez-vous compris?

	vrai	faux			vrai	faux
1.	☐	☐		5.	☐	☐
2.	☐	☐		6.	☐	☐
3.	☐	☐		7.	☐	☐
4.	☐	☐		8.	☐	☐

Section 2. Langue et communication

C. Les activités de Jérôme

	souvent	quelquefois	de temps en temps	parfois	rarement
▶ swimming			✓		
1. weightlifting					
2.					
3.					
4.					
5.					

▶ ARMELLE: Est-ce que Jérôme va à la piscine?
   PIERRE: **Oui, il y va de temps en temps.**

Nom _____

Classe _____ Date _____

D. Les activités d'Armelle

▶ A. JÉRÔME: Est-ce qu'Armelle fait du ski?
   PIERRE: **Bien sûr, elle en fait.**

▶ B. JÉRÔME: Est-ce qu'elle fait du ski nautique?
   PIERRE: **Non, elle n'en fait pas.**

E. Oui et non

▶ ARMELLE: Jérôme, est-ce que tu fais du parapente?
   JÉRÔME: **Oui, j'en fais.**

▶ ARMELLE: Jérôme, est-ce que tu fais du ski nautique?
   JÉRÔME: **Non, je n'en fais pas.**

F. Le parapente

▶ Armelle   a. amusant

1. Jérôme   b. beau à regarder

2. Nous   c. dangereux

3. Toi   d. difficile

4. Vous   e. facile

5. Les Français   f. intéressant

6. Moi   g. passionnant
                                (exciting)

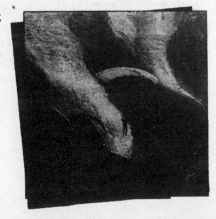

Nom _____

Classe _____ Date _____

Discovering FRENCH *Nouveau!*

B L A N C

Unité 5
Leçon 18
Workbook

WRITING ACTIVITIES

A 1. Quand?

Répondez aux questions suivantes en utilisant y et les expressions de temps suggérées.

souvent	quelquefois	de temps en temps	parfois	ne . . . jamais

1. Tu vas au théâtre? — *Je vais au théâtre souvent*
2. Tu vas à la bibliothèque? — *Je vais à la bibliothèque quelquefois*
3. Tu déjeunes à la cantine? — *Je ne déjeunes jamais à la cantine*
4. Tes copains viennent chez toi? — *Mes copains viennent chez moi parfois*
5. Tes copains et toi, vous allez au ciné? — *Nous allons au ciné de temps en temps*
6. Tes parents dînent au restaurant? — *Mes parents dînent au restaurant souvent*

B 2. Oui ou non?

Informez-vous sur les personnes suivantes et répondez *à l'affirmatif* ou *au négatif* aux questions suivantes. Utilisez **en** dans vos réponses.

▶ Véronique est végétarienne. Est-ce qu'elle mange de la viande?
Non, elle n'en mange pas!

1. Marc et Éric sont végétariens aussi. Est-ce qu'ils mangent des légumes?
   Oui, ils en mangent

2. Monsieur Legros veut maigrir. Est-ce qu'il fait du sport?
   Oui, il en fait

3. Catherine est honnête. Est-ce qu'elle dit des mensonges?
   Non, elle n'en dit pas

4. Paul est allergique aux produits laitiers *(dairy foods)*. Est-ce qu'il boit du lait?
   Non, il n'en boit pas!

5. Le weekend dernier il a fait très beau. Mélanie est allée à la plage.
   Est-ce qu'elle a fait de la natation?
   Oui, elle en fait

6. Christophe a perdu son appareil-photo. Est-ce qu'il a pris des photos?
   Non, il n'en pris pas.

Nom _____

Classe _____ Date _____

B 3. Inventaire personnel

Répondez *à l'affirmatif ou au négatif* aux questions suivantes.
Utilisez en dans vos réponses.

1. Tu as une radio? _Oui, j'ai un radio._

2. Tu as un VTT? _Non, je n'ai pas un VTT_

3. Tu as un chat? _Non, je n'ai pas un chat._

4. Tu as des CD? _Oui, j'ai des CD._

5. Tu as beaucoup d'amis? _Oui, j'ai beaucoup d'amis._

6. Tu as trop de travail *(work)*? _Non, je n'ai pas trop de travail_

7. Tu as des frères? (Si oui, combien?) _Non, je n'ai pas des frères_

8. Tu as des soeurs? (Si oui, combien?) _Non, je n'ai pas des soeurs._

4. Communication: Une enquête

Je suis journaliste pour «Jeunesse Magazine» et je fais une enquête sur les loisirs des jeunes
Américains. Peux-tu répondre à mes questions (avec des phrases complètes, où tu vas utiliser
y et **en**)?

⬥ Es-tu allé(e) au cinéma la semaine dernière?
Non, je n'y allé pas.

⬥ Combien de fois par mois vas-tu au cinéma?
J'y vais deux fois par mois.

⬥ Fais-tu du jogging régulièrement?
Non, je n'en fait pas.

⬥ Combien d'heures par semaine fais-tu du sport?
J'en fais cinq heures.

⬥ As-tu un vélo?
Non, je n'en ai pas.

⬥ En quelles saisons fais-tu des promenades à vélo?
J'en fais en printemps.

⬥ As-tu beaucoup de CD? Combien?
Non, je n'en ai pas beaucoup.

⬥ Es-tu allé(e) au concert récemment?
Non, je n'y allé pas.

Merci beaucoup!

Discovering French, Nouveau! Blanc

Nom _____

Classe _____ Date _____

Discovering
FRENCH
Nouveau!

B L A N C

LEÇON 19 Jérôme se lève?

LISTENING/SPEAKING ACTIVITIES

Section 1. Vidéo-scène

A. Compréhension générale

 Allez à la page 290 de votre texte, Écoutez.

B. Avez-vous compris?

	vrai	faux		vrai	faux
1.	☐	☐	5.	☐	☐
2.	☐	☐	6.	☐	☐
3.	☐	☐	7.	☐	☐
4.	☐	☐	8.	☐	☐

Section 2. Langue et communication

C. Le matin

Nom _____

Classe _____ Date _____

D. Qui se couche à minuit?

▶ —Qui se couche à sept heures?
—Pierre se couche à sept heures.

▶ Pierre

1. les enfants   2. toi   3. Marie   4. nous   5. vous   6. moi

E. Logique ou illogique?

	▶	▶	1	2	3	4	5	6
logique		✓						
pas logique	✓							

F. Promenade en VTT

▶ —Qui se lave la figure?
—Marc se lave la figure.

▶ Marc

1. nous   2. vous   3. moi

4. toi   5. Éric et Olivier   6. Catherine et Alice

G. La routine quotidienne

Armelle veut savoir quand Pierre fait certaines choses. Écoutez bien et écrivez les réponses de Pierre dans le tableau.

Nom _____

Classe _____ Date _____

WRITING ACTIVITIES

A 1. Portraits

Lisez les descriptions des trois personnes suivantes. Identifiez chacune de ces personnes et écrivez son nom. Ensuite, faites une description similaire de la quatrième personne.

Thomas	**Jeanne-Marie**	**Valérie**	**Victor**

1. Elle a la figure ronde.
   Elle a les cheveux blonds et longs.
   Elle a les yeux bleus.

   Elle s'appelle . . .

   _____

2. Il a la figure rectangulaire.
   Il a les cheveux blonds et courts.
   Il a les yeux bleus.

   Il s'appelle . . .

   _____

3. Il a la figure ovale.
   Il a les cheveux noirs et assez longs.
   Il a les yeux noirs.

   Il s'appelle . . .

   _____

4. _____
   _____
   _____

   _____ . . .
   _____

B 2. Qu'est-ce qu'ils font?

Dites ce que font les personnes suivantes.

1. M. Leblanc _____*se lève*_____ à sept heures.

2. Armelle _____*dort*_____.

3. Catherine _____*se lave*_____ dans la salle de bains.

4. Mes amis ____*se promènent*____ en ville.

5. Tu _____*t'habille*_____.

6. Je _____*dort*_____ à dix heures et demie.

Nom _____

Classe _____ Date _____

B 3. Oui ou non?

Informez-vous sur les personnes suivantes et dites si oui ou non elles font les choses entre parenthèses.

▶ Nous avons la grippe. (se lever?)

Nous ne nous levons pas.

1. J'entends un bruit *(noise)* étrange dans ma chambre. (se réveiller?)

Je ne me réveille pas.

2. Vous dormez très bien. (se réveiller?)

Je me réveille.

3. Tu visites Paris. (se promener?)

Je me promene.

4. Les élèves ont beaucoup de devoirs aujourd'hui. (se coucher?)

Ils n'ont se couchent pas.

5. Nous sommes très fatigués. (se reposer?)

Nous nous reposons.

6. Vous avez fait un match de foot. (se laver?)

Vous vous lavez.

C 4. Dans la salle de bains

Regardez les illustrations et dites ce que chaque personne fait et quel objet ou quel produit cette personne utilise.

1. M. Duval _se rase._

   Il utilise _une raser._

2. François _se brosse les dents._

   Il _utilise un dent brosson_

Nom _____

Classe _____ Date _____

Discovering FRENCH *Nouveau!*

B L A N C

Unité 5
Leçon 19
Workbook

3. Mme Suchet _met les lipstick_.
   Elle _utilise le lipstick_

4. Zoé _se brosse les cheveux_.
   Elle _utilise le brush_

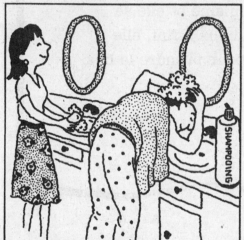

5. Jean-Paul _se lave les cheveux_.
   Il _utilise les shampoo_.

6. Sa soeur _se lave_.
   Elle _utilise le soap_.

5. Communication

A. La trousse de toilette *(Toiletry bag)* Vous êtes invité(e) à passer un week-end chez un ami français. Vous faites vos valises *(are packing)*. Ecrivez le nom de cinq choses que vous allez mettre dans votre trousse de toilette.

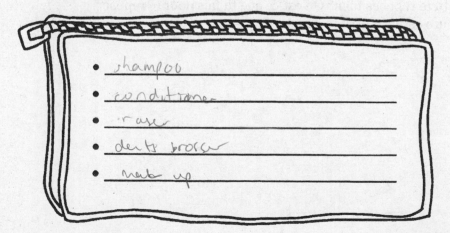

- _shampoo_
- _conditioner_
- _raser_
- _dent brosser_
- _make up_

Nom _____

Classe _____ Date _____

B. La routine du matin Véronique habite à Annecy et va au Lycée Berthollet. Lisez la description de sa routine du matin. Ensuite, sur une feuille de papier séparée, décrivez votre routine.

○ Véronique se réveille à sept heures. Elle ne se lève pas immédiatement. Elle attend dix minutes et puis elle se lève. Elle passe dans la salle de bains. Là, elle se brosse les dents et elle se lave. Ensuite, elle s'habille. En général, elle s'habille simplement: elle met un jean, un tee-shirt et une chemise. Elle se brosse les cheveux et elle se maquille légèrement°. Après, elle va dans la cuisine et elle se prépare un bon petit déjeuner. Quand elle a fini, elle prend ses livres et elle se dépêche° pour prendre le bus.

○ **légèrement** *lightly*   **se dépêche** *hurries*

▶ En semaine, je me réveille . . .

C. Le dimanche Sur une feuille de papier séparée, décrivez votre routine du dimanche. Si vous voulez, vous pouvez répondre aux questions suivantes.

- En général, à quelle heure est-ce que tu te réveilles le dimanche?
- Est-ce que tu te lèves immédiatement?
- Qu'est-ce que tu fais après?
- Comment est-ce que tu t'habilles? (élégamment? comme tous les jours?)
- Est-ce que tu te promènes? Où? Avec qui?
- Est-ce que tu te reposes bien? Qu'est-ce que tu fais pour te reposer?
- À quelle heure est-ce que tu te couches?

Copyright © by McDougal Littell, a division of Houghton Mifflin Company.

Nom _____

Classe _____ Date _____

Discovering FRENCH *Nouveau!*

B L A N C

LEÇON 20   J'ai voulu me dépêcher

LISTENING/SPEAKING ACTIVITIES

Section 1. Vidéo-scène

A. Compréhension générale

 Allez à la page 300 de votre texte. Écoutez.

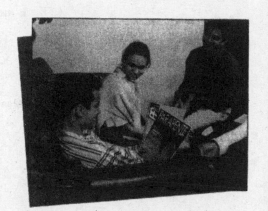

B. Avez-vous compris?

	vrai	faux			vrai	faux
1.	☐	☐		5.	☐	☐
2.	☐	☐		6.	☐	☐
3.	☐	☐		7.	☐	☐
4.	☐	☐		8.	☐	☐

Section 2. Langue et communication

C. Chez les Duval

	Pierre	Pierre et Jérôme
▶		✓
1		
2		
3		
4		
5		
6		

D. Corinne et ses cousins

▶ Marc, tu dois te reposer après le déjeuner.
   Repose-toi après le déjeuner.

1. Olivier
2. Marie
3. Nicolas
4. Christine
5. Julien
6. Sandrine

Nom _____

Classe _____ Date _____

E. À la réunion de famille

▶ A. Corinne

1. moi

2. la grand-mère
de Corinne

3. vous

▶ B. Pierre et Paul

4. toi

5. les enfants

6. nous

F. L'heure de se lever

▶   Qui s'est leve a six heures?
   Nicolas s'est levé à six heures.

▶ **Nicolas**

1. les enfants   2. Babette   3. toi   4. moi   5. nous   6. vous

G. Dimanche après-midi

▶   A. Les enfants sortent.
   Ils vont se promener.

▶   B. La grand-mère de Corinne va se reposer.
   Elle ne va pas se promener.

H. Un sondage

Corinne veut savoir à quelle heure ses
amis se sont couchés hier soir et à
quelle heure ils se sont levés ce matin.
Écoutez ses questions et marquez les
réponses dans votre cahier.

	☀	☾
Armelle		
Jérôme		
Bernard		

Nom _____

Classe _____ Date _____

Discovering
FRENCH
Nouveau!

B L A N C

Unité 5
Leçon 20
Workbook

WRITING ACTIVITIES

A 1. Que dire?

Écrivez ce que vous allez dire à vos copains français dans les circonstances suivantes.
Utilisez la forme **tu** ou **vous** des verbes de la liste. Soyez logique dans votre choix!

s'amuser	se coucher	se dépêcher	s'excuser
	s'habiller bien	se reposer	se taire	

▶ Sophie et Valérie sont fatiguées.　　Reposez-vous!

1. Patrick est en retard.　　*dépêche-toi!*

2. Isabelle et François vont à un concert.　　*Amusez-vous!*

3. Alain est impoli.　　*excuse-toi!*

4. Éric et Marc parlent pendant le film.　　*taisez-vous!*

5. Nicolas a besoin de dormir.　　*couche-toi!*

6. Alice va dans un restaurant très élégant.　　*habille-toi!*
　　　　　　　　　　　　　　　　　　　　　　　　bien

A 2. L'agence de publicité *(The ad agency)*

Vous travaillez pour une agence de publicité française. Préparez des slogans publicitaires
pour les produits suivants. Utilisez des constructions réfléchies.

▶ Lavez-vous les cheveux avec le shampooing DOP.

1. *Rasez-vous avec le clip rasoir.*

2. *Lavez-vous les mains avec le nature savon*

3. *Brossez-vous les dents avec le sourire dentifrice*

Discovering French, Nouveau! Blanc

Nom _____

Classe _____ Date _____

B 3. La journée d'Isabelle

Isabelle est en vacances à Paris. Dites ce qu'elle a fait hier. Utilisez le PASSÉ COMPOSÉ des verbes suggérés. Soyez logique!

s'arrêter	se coucher	se dépêcher	s'habiller
se lever	se promener	se reposer	

1. Isabelle _s'est levée_ à huit heures du matin.

2. Après le petit déjeuner, elle _s'est dépêchée_ ~~promenée~~ dans le Quartier latin.

3. À midi, elle _s'est arrêtée_ dans un café pour déjeuner.

4. Vers six heures, elle est rentrée à son hôtel et elle _s'est reposée_ un peu.

5. Après le dîner, elle _s'est habillée_ pour aller au concert.

6. Elle _s'est promenée_ ~~dépêchée~~ pour être à l'heure.

7. Elle _s'est couchée_ à minuit.

B 4. L'ordre chronologique

Décrivez ce que les personnes suivantes ont fait. D'abord, indiquez dans quel ordre elles ont fait les choses suivantes. Ensuite, écrivez votre description en utilisant le PASSÉ COMPOSÉ.

▶ 2 prendre le petit déjeuner 1 s'habiller 3 partir pour l'école

Marc s'est habillé. Il a pris le petit déjeuner. Il est parti pour l'école.

1. 3 se laver 1 se lever 2 aller dans la salle de bains

Nous _nous sommes levés. Nous nous sommes allés dans la salle_
de bains. Nous nous sommes lavés.

2. 1 dîner 3 se coucher 2 se brosser les dents

Vous _êtes dîné. Vous vous êtes brossé les dents._
Vous vous êtes couché.

3. 2 se maquiller 3 sortir de la salle de bains 1 se laver les cheveux

Sophie _s'est lavée les cheveux. Elle s'est maquillée. Elle_
est sortie de la salle de bains.

4. 2 sortir de l'hôtel 1 s'habiller 3 se promener en ville

Les touristes _se sont habillés. Ils sont sorti de l'hôtel._
Ils se sont promenés en ville.

5. 2 manger un sandwich 1 s'arrêter dans un café 3 payer l'addition

Je _me suis arrêtée dans un café. Je suis mangé un_
sandwich. Je suis payé l'addition.

Nom _____

Classe _____ Date _____

Discovering
FRENCH
Nouveau!

B L A N C

Unité 5
Leçon 20
Workbook

C 5. Qu'est-ce qu'ils vont faire?

Dites ce que les personnes suivantes vont faire. Utilisez la construction **aller** + L'INFINITIF avec les verbes de la liste. Soyez logique!

s'amuser	s'arrêter	se dépêcher
se lever	se promener	se reposer

▶ J'ai soif. <u>Je vais m'arrêter</u> dans un café.

1. Vous êtes fatigués. <u>Vous allez vous reposer</u>

2. Nous allons à la campagne. <u>Nous allons nous dépêcher</u> dans les champs *(fields)*.

3. Tu veux être à l'heure à ton rendez-vous. <u>Tu vais te promener</u>

4. M. Duval a un avion *(plane)* à 7 heures du matin.
   Demain <u>il va se lever</u> tôt *(early)*.

5. Tu vas à une boum. J'espère que <u>je vais m'amuser</u>

6. Communication

A. Une invitation Ce soir votre copain français vous a invité(e) à dîner dans un restaurant élégant. Décrivez comment vous allez vous préparer pour cette occasion. Utilisez quatre verbes réfléchis.

▶ Je vais me laver les cheveux.

- <u>Je vais me brosser les cheveux.</u>
- <u>Je vais me brosser les dents.</u>
- <u>Je vais me regarder.</u>
- <u>Je vais me habiller</u>

B. Une enquête Pour trois membres de votre famille, y compris vous-même *(including yourself)*, dites:

- à quelle heure cette personne s'est couchée hier soir

- à quelle heure elle s'est levée ce matin

- combien d'heures elle a dormi

▶ Mon père s'est couché à 11 heures. Il s'est levé à 6 heures. Il a dormi sept heures.

<u>Ma mère s'est couché à 11 heures. Elle s'est levé à 7 heures. Elle a dormi huit heures.</u>

<u>Je me suis couché à 10 heures. Je me suis levé à 7 heures. J'ai dormi neuf heures.</u>

Nom _____

Classe _____ Date _____

C. Samedi dernier Décrivez ce que vous avez fait samedi dernier. Dans cette description, utilisez cinq verbes réfléchis, par exemple:

> **se réveiller   se lever   s'habiller   se promener**
>
> **se reposer   s'amuser   se coucher**

Vous pouvez utiliser le journal de Stéphanie à la page 306 de votre texte comme modèle.

Samedi dernier, je me suis réveillée à 9 heures, mais je me suis levée à 10 heures. Après, je me suis lavé et brossé les cheveux et je me suis brossé les dents. J'ai mangé la nourriture et je me suis habillé. Je me suis promenée à la boum et je me suis amusé. Après, je me suis couché à 11 heures.

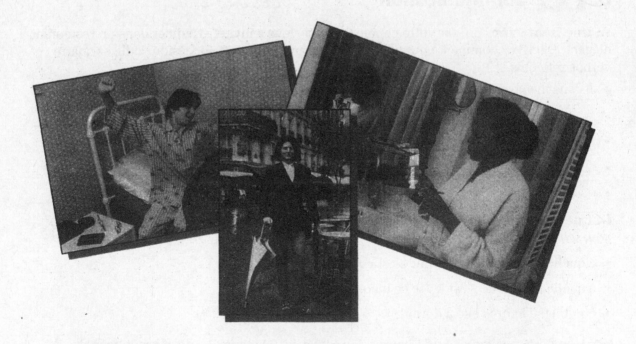

Nom _____

Classe _____ Date _____

Discovering
FRENCH
Nouveau!

BLANC

Unité 5

Workbook
Reading and Culture Activities

UNITÉ 5

Aperçu culturel

Prenez votre manuel de classe et relisez les pages 272 et 273.

Ensuite, complétez les paragraphes avec les mots suggérés.

club	escalade	gymnastique
planche à voile	roller	VTT

Caroline habite à Paris. Elle pratique toutes sortes de sports. Le vendredi soir, elle participe souvent à la traversée de la ville en _____ avec sa bande de copines. Elle est aussie inscrite à un _____ sportif où elle fait de la _____ rythmique sportive.

Pendant les vacances d'été, elle va généralement à la montagne où elle fait du _____ et de l' _____. L'été prochain, elle va aller à la Martinique pour faire de la _____.

FLASH culturel:

Pierre de Coubertin est un Français très célèbre dans l'histoire du sport.

- **Pourquoi?**

    A. Il a inventé le parapente.
    B. Il a défini les règles *(rules)* du football.
    C. Il a créé les Jeux Olympiques modernes.
    D. Il a gagné dix marathons.

Pour vérifier votre réponse, allez à la page 183.

Nom ______________________________

Classe ____________________ Date ____________________

Discovering FRENCH *Nouveau!*

BLANC

DOCUMENTS

Read the following documents and select the correct completion for each of the accompanying statements. Place a check in the corresponding box.

1. Les jeunes qui vont à cette école apprennent à...
   - ❑ skier.
   - ❑ nager.
   - ❑ faire du ski nautique.

centre sportif des Vernets

Ville de Genève, Service des Sports

ÉCOLE DE NATATION DU JEUDI

pour jeunes gens et jeunes filles nés entre 1990 et 2000

1) Natation: initiés et moyens (pas d'adaptation à l'eau)

2) Natation: perfectionnement.

Début 3 et 10 mai

Inscription à la caisse de la piscine; 2 mois; 200€ (entrées comprises).

✆ 02 43 25 50.

Nombre de places limitées.

Direction des cours: M.N.Wildhaber

2. La personne qui a mis cette annonce veut vendre...
   - ❑ une chaîne hi-fi.
   - ❑ une bicyclette.
   - ❑ des skis de compétition.

À VENDRE
VTT
21 vitesses
excellente condition
prix à débattre
téléphoner à David Lévy
entre 16h et 19h
03 88 22 61 32

3. Lisez ce panneau *(sign)* qui se trouve à l'entrée du Parc de Grammont.
   - Dans le Parc de Grammont, on peut faire...
     - ❑ du patin à roulettes.
     - ❑ de la marche à pied.
     - ❑ de la planche à voile.
   - On ne peut <u>pas</u> faire...
     - ❑ de vélo.
     - ❑ d'équitation.
     - ❑ de promenades.

PARC DE GRAMMONT
Règlement

- **L'accès du parc est strictement réservé aux promeneurs et aux cyclistes.**

- **Il est interdit aux motos et aux chevaux.**

Nom _____

Classe _____ Date _____

Discovering
FRENCH
Nouveau!

B L A N C

Unité 5

Workbook
Reading and Culture Activities

Dr. Véronique Azéma

oculiste

consultations
sur rendez-vous

45, avenue du Général Leclerc
75013 Paris
Tél. 01.45.22.31.65

---

4. On va chez le docteu
   - ❏ on a la grippe.
   - ❏ on a mal au ventre.
   - ❏ on a mal aux yeux.

---

5. Avec ce produit, on peut...
   - ❏ se laver les mains.
   - ❏ se laver les cheveux.
   - ❏ se brosser les cheveux.

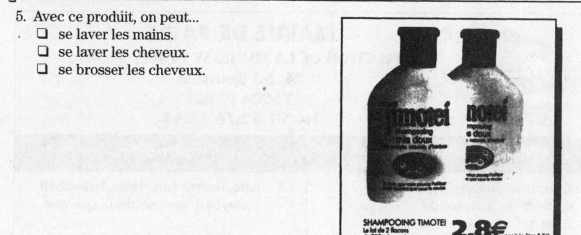

SHAMPOOING TIMOTEI
Le lot de 2 flacons
de 200 ml .... **2,8€** soit le litre 6,7€

GALAXY VOUS PROPOSE SA BOUTIQUE:

(vêtements, produits diététiques, ses solariums)

SES ACTIVITÉS:

GYM
MUSCULATION
ASSOUPLISSEMENT
PRÉPARATION
AUX SPORTS
tennis, golf, etc.
AÉROBIC
STRETCHING
BANDES LESTÉES

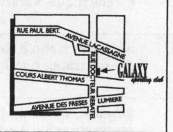

FORME **GALAXY** *sporting club*

27 bis, Rue D°-Rebatel, Lyon-3. Tél. 04.78.54.09.46

---

6. On va au Galaxy si on veut...
   - ❏ jouer au tennis.
   - ❏ faire de la natation.
   - ❏ rester en forme.

---

*F*LASH culturel: Réponse

→ **C.** Pierre de Coubertin (1863–1937) a dédié sa vie
(dedicated his life) au développement des sports. C'est lui
qui a rétabli les Jeux Olympiques modernes. Les premiers
jeux ont eu lieu à Athènes en 1896. De 1896 à 1925,
Pierre de Coubertin a été le Président du Comité
international des Jeux Olympiques.

Nom _____

Classe _____ Date _____

Discovering
FRENCH
Nouveau!

B L A N C

Unité 5

Workbook
Reading and Culture Activities

C'est La Vie

1. En été à Paris

En été, la mairie *(city hall)* de Paris organise des programmes d'activités sportives et culturelles pour les jeunes qui passent les vacances dans la capitale. Ces activités ont lieu dans les divers centres sportifs de la ville.

Voici certains de ces centres et les activités qu'on peut y pratiquer.

DIRECTION DE LA JEUNESSE
ET DES SPORTS

MAIRIE DE PARIS
DIRECTION DE LA JEUNESSE ET DES SPORTS
24, bd Bourdon
75004 PARIS
Tél. 01.42.76.54.54

CENTRE D'ACTIVITÉ	ACTIVITÉS
✪ **Gymnase Suzanne Berlioux** 4, place de la Rotonde Paris 1er	**Judo, badminton, danse, basketball, volleyball, gymnastique sportive**
✪ **Centre Saint-Michel** 9, place Saint-Michel Paris 6e	**Danse africaine, danse rock, théâtre, poterie, photo, vidéo**
✪ **Centre La Grange-aux-Belles** 55, rue de la Grange-aux-Belles Paris 10e	**Aquagym, danse modern/jazz, gymnastique, karaté, stretching**
✪ **Centre Saint-Eloi** 25, passage Stinville Paris 12e	**Natation, patin à roulettes, vélo, danse contemporaine**
✪ **Stade Elisabeth** 7-15, avenue Paul Appel Paris 14e	**Baseball, natation, judo, tennis, tennis de table, badminton**
✪ **Centre d'Animation Point du Jour** 1, rue du Général Malleterre Paris 16e	**Piano, danse-jazz, guitare, photo, peinture, yoga**
✪ **Base nautique du Parc des sports** Choisy-le-roi 94	**Voile, planche à voile, canoë-kayak**

Pour tous renseignements:
Allo-Sports 01.42.76.54.54

Nom _____

Classe _____ Date _____

Discovering FRENCH *Nouveau!*

B L A N C

Imaginez que vous passez les vacances d'été à Paris.

■ Vous voulez des renseignements *(information)* sur les programmes d'activités organisés par la ville.

• À quel numéro allez-vous téléphoner?

_____

■ Vous voulez participer à six activités différentes.

• Choisissez ces activités et inscrivez-les dans le tableau.
• Indiquez votre niveau *(level)* personnel pour chaque activité.
  (Note: débutant = *beginner*; moyen = *average*)
• Choisissez le centre où vous allez aller.

ACTIVITÉS	NIVEAU				CENTRE
	débutant	moyen	bon	supérieur	
1.					
2.					
3.					
4.					
5.					
6.					

Nom _____

Classe _____ Date _____

(continued)

2. Vacances au Canada

Avec ses forêts, ses plages, ses parcs et ses montagnes, le Canada est un endroit idéal pour passer les vacances.

La région de Lanaudière, située au nord de Montréal, offre toutes sortes de possibilités aux personnes qui pratiquent les sports d'été ou d'hiver. C'est dans cette région que se trouve le centre «L'Engoulevent».

CENTRE
L'Engoulevent

Situé au coeur de Lanaudière, à 45 minutes de Montréal, le Centre L'Engoulevent constitue une destination idéale pour les amants de la nature et de plein air...

Region touristique
de Lanaudiere

L'ÉTÉ
- Île privée sur le lac Pontbriand pour la baignade, la planche à voile, le canot, le pédalo, la pêche, la plongée ou le bain de soleil
- Sentiers pour randonnée pédestre, vélo de montagne, observation de la nature, pique-niques
- Refuge pour camping sauvage
- Tennis
- Randonnée en carriole

L'HIVER
- Ski de fond et raquette
- Ski alpin
- Luge scandinave
- Randonnée en traîneau
- Patinage

Réservation et Information:
(514) 834-5481 ou le 1-800-363-8652

4000, rue des Neiges, Rawdon, J0K 1S0

Cabane
Chez Pépère
→ 5

...LA VRAIE NATURE DE LANAUDIÈRE

Nom _____

Classe _____ Date _____

Discovering
FRENCH
Nouveau!

B L A N C

Unité 5

Workbook
Reading and Culture Activities

■ Votre famille a décidé de passer une semaine de vacances au centre «L'Engoulevent».
Choisissez la saison (été ou hiver) sur la base des sports que vous aimez pratiquer.
Choisissez aussi un mois de cette saison et une semaine de ce mois. Complétez la lettre de
réservation.

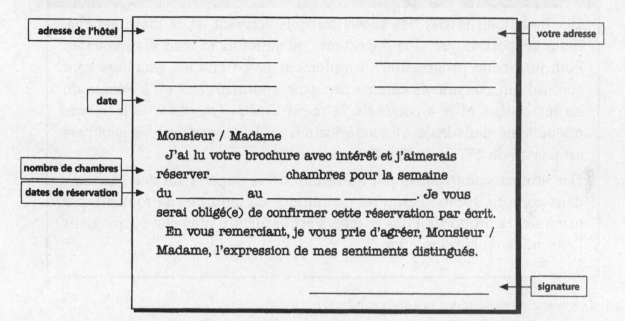

adresse de l'hôtel ▸

votre adresse ◂

date ▸

Monsieur / Madame
    J'ai lu votre brochure avec intérêt et j'aimerais

nombre de chambres ▸ réserver _____ chambres pour la semaine

dates de réservation ▸ du _____ au _____. Je vous
serai obligé(e) de confirmer cette réservation par écrit.
    En vous remerciant, je vous prie d'agréer, Monsieur /
Madame, l'expression de mes sentiments distingués.

signature ◂

■ Vous êtes maintenant au centre «L'Engoulevent». Écrivez une lettre à votre meilleur(e)
ami(e) où vous décrivez vos activités et les activités des personnes de votre famille.

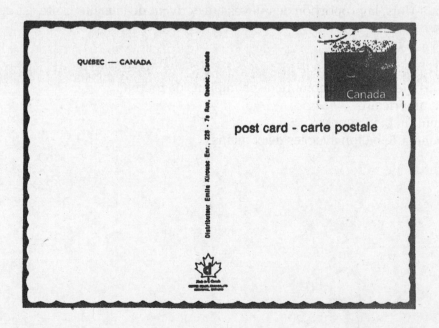

QUÉBEC — CANADA

Canada

post card - carte postale

Distributeur Emile Kirouac Enr., 228 - 7e Rue, Québec, Canada

Nom _____

Classe _____ Date _____

Textes

■ Read the following selections and select the correct completion for each of the accompanying statements. Place a check in the corresponding box.

Main gauche ou main droite?

Dix pour cent (10%) des élèves français écrivent de la main gauche. Cette proportion est plus importante qu'autrefois et tend à augmenter. Pourquoi cette progression? Simplement parce que les gauchers sont aujourd'hui considérés comme des gens «normaux» et qu'à l'école on ne les oblige plus à écrire de la main droite. On observe le même phénomène dans les écoles américaines où la proportion des gauchers est passée de 2% en 1900 à 13% aujourd'hui.

Des études scientifiques ont aussi montré la supériorité des gauchers dans certains sports. Parmi les champions de tennis et de football, par exemple, la proportion des gauchers est beaucoup plus élevée que dans l'ensemble de la population.

1. Les «gauchers» sont des personnes qui...
   ❑ ne savent pas écrire.
   ❑ utilisent de préférence la main gauche.
   ❑ sont très maladroites *(clumsy)*.

2. Aux États-Unis, la proportion des élèves qui écrivent de la main droite est de...
   ❑ 60%.
   ❑ 87%.
   ❑ 98%.

3. Selon l'article, un grand nombre de champions de football...
   ❑ sont américains.
   ❑ jouent du pied gauche.
   ❑ touchent le ballon avec les deux mains.

Nom _____

Classe _____ Date _____

Discovering
FRENCH
Nouveau!

B L A N C

Unité 5

Workbook
Reading and Culture Activities

Le marathon

Le marathon est une très grande course d'endurance. Cette course, longue de 42,2 kilomètres, se dispute généralement sur une route et non pas dans un stade. Pour courir un marathon, il faut avoir une résistance exceptionnelle, beaucoup d'énergie . . . et beaucoup d'entraînement!

L'origine du marathon remonte à l'Antiquité. La course doit son nom à une bataille qui a eu lieu en 490 avant Jésus-Christ dans la plaine de Marathon en Grèce. Au cours de cette célèbre bataille, les Grecs ont arrêté une très grande armée d'invasion venue de Perse. Le général grec a envoyé un soldat pour annoncer cette grande victoire au peuple d'Athènes. Ce soldat a couru sans s'arrêter la distance de 42 kilomètres séparant Marathon et Athènes. Arrivé à Athènes, il a annoncé la victoire, puis il est tombé sur le sol, mort d'épuisement. C'est pour commémorer l'exploit de ce courageux soldat que le marathon a été créé.

le marathon de Paris

BOIS
DE BOULOGNE
DÉPART
ARRIVÉE: 42,195 km

15 km

BOIS
DE VINCENNES

25 km

35 km   20 km

km

30
km

Samedi 14 mai
Organisé par l'Association Marathon de Paris
sous le patronage de la Mairie de Paris.
Départ: 18 heures, avenue Foch, arrivée avenue Foch.
Fin des contrôles d'arrivée: 23 heures.
Renseignements et Inscription:
Marathon de Paris,
10, boulevard Murat, 75016 Paris.
Tél.: 01-46-51-74-82.

Aujourd'hui le marathon est un grand événement international. Chaque année, des milliers d'athlètes venus d'Afrique, d'Asie, d'Europe et d'Amérique disputent cette course organisée dans les grandes villes du monde. Il y a un marathon à New York, à Paris, à Montréal, à Tokyo . . .

Le marathon le plus spectaculaire est évidemment le marathon olympique qui a lieu tous les quatre ans. C'est le dernier événement des Jeux Olympiques. Ce jour-là, des milliers de spectateurs et des centaines de millions de téléspectateurs attendent avec émotion l'entrée de l'athlète victorieux dans le stade olympique.

1. Le marathon doit son nom à...
   ❑ un héros mythologique.
   ❑ un événement militaire.
   ❑ un général grec.

2. Le soldat décrit dans le second paragraphe était *(was)*...
   ❑ un messanger.
   ❑ un athlète professionnel.
   ❑ un soldat de l'armée perse.

3. Aujourd'hui, le marathon est une course...
   ❑ réservée aux athlètes grecs.
   ❑ populaire dans le monde *(world)* entier.
   ❑ pratiquée uniquement *(only)* aux Jeux Olympiques.

Discovering
FRENCH
Nouveau!

B L A N C

INTERLUDE 5: Le véritoscope

Le jeu des 5 erreurs

Voici un résumé de l'histoire «Le véritoscope». Dans ce résumé il y a cinq erreurs. D'abord relisez l'histoire (pages 312–317 de votre manuel de classe). Puis lisez attentivement le résumé de cette histoire. Découvrez les cinq erreurs et expliquez-les brievement.

> Monsieur Dumas est le directeur d'une agence de publicité. Un jour, Julien, le comptable de l'agence, lui a annoncé une mauvaise nouvelle. Quelqu'un a pris 500 euros dans la caisse. Monsieur Dumas a décidé de découvrir qui est responsable de ce vol. Pour cela, il a demandé à un copain ingénieur de fabriquer une machine spéciale. Le copain de Monsieur Dumas est resté chez lui le week-end et il a fabriqué une machine appelée «véritoscope».
>
> Lundi matin, Monsieur Dumas a apporté cette machine à son bureau et il a convoqué tous ses employés. Il leur a expliqué la situation et il a demandé si quelqu'un a pris de l'argent dans la caisse. Personne n'a répondu. Alors, Monsieur Dumas leur a montré sa machine et il a expliqué son fonctionnement. Il a ensuite demandé à ses employés s'ils voulaient se soumettre au test de vérité. Tout le monde a accepté à l'exception de Madeleine qui n'est pas venue au bureau ce jour-là.
>
> Monsieur Dumas est resté dans la salle de réunion. Tour à tour, les employés ont mis la main dans l'eau et ils ont dit: «Ce n'est pas moi qui ai pris l'argent!» Quand le tour de Julien est arrivé, une lampe s'est allumée. Alors, tout le monde a compris qui était le voleur!

Les 5 erreurs (Si c'est nécessaire, utilisez une feuille de papier séparée.)

1ère erreur _____

2ème erreur _____

3ème erreur _____

4ème erreur _____

5ème erreur _____

Nom _____

Classe _____ Date _____

Discovering
FRENCH
Nouveau!

B L A N C

**Unité 6
Leçon 21**
Workbook

Unité 6. Chez nous

LEÇON 21   Le français pratique: La maison

LISTENING/SPEAKING ACTIVITIES

Section 1. Culture

A. Aperçu culturel: Chez nous

 Allez à la page 320 de votre texte. Écoutez.

	Partie A			**Partie B**	
	vrai	faux		vrai	faux
1.	☐	☐	6.	☐	☐
2.	☐	☐	7.	☐	☐
3.	☐	☐	8.	☐	☐
4.	☐	☐	9.	☐	☐
5.	☐	☐	10.	☐	☐

Nom _____

Classe _____ Date _____

Discovering
FRENCH
Nouveau!

B L A N C

Section 2. Vocabulaire et communication

B. La réponse logique

▶ Tu aimes Paris?

  (a.) **Oui, c'est une belle ville.**   b. **Non, je n'habite pas là.**   c. **Oui, j'adore la campagne.**

1. a. Dans la salle à manger.   b. Sur le toit.   c. Dans la banlieue de Paris.

2. a. Dans un beau quartier.   b. Au rez-de-chaussée.   c. Dans la cave.

3. a. Oui, il y a cinq chambres à coucher.   b. Oui, il y a une cuisine moderne.   c. Oui, c'est un grand immeuble.

4. a. Oui, il fait la vaisselle.   b. Oui, il dort.   c. Oui, il y a une cuisinière.

5. a. Sur le lavabo.   b. Sur les étagères.   c. Sous le tapis.

6. a. Dans ce placard.   b. Dans la baignoire.   c. Dans le grille-pain.

C. Le bon choix

▶ —Est-ce que Pierre habite dans une ville ou à la campagne?
    —**Il habite dans une ville.**

Discovering French, Nouveau! Blanc

Nom _____

Classe _____ Date _____

Discovering FRENCH *Nouveau!*

BLANC

Unité 6
Leçon 21
Workbook

D. Dialogues

DIALOGUE A

Claire veut savoir où habite Jean-Claude.

CLAIRE: Où habites-tu, Jean-Claude?

JEAN-CLAUDE: À Nanterre. C'est dans la _____ de Paris.

CLAIRE: Vous avez une maison individuelle?

JEAN-CLAUDE: Non, nous avons un appartement dans un _____.

CLAIRE: À quel _____ habitez-vous?

JEAN-CLAUDE: Au dixième.

CLAIRE: Est-ce que votre appartement est grand?

JEAN-CLAUDE: Non, il a quatre _____ seulement *(only)*, mais il est moderne et la _____ est bien équipée.

DIALOGUE B

Jean-Michel est chez sa cousine Stéphanie. Il est venu emprunter son livre de français.

JEAN-MICHEL: Dis donc, Stéphanie, où est ton livre de français?

STÉPHANIE: Il est dans le _____.

JEAN-MICHEL: Je ne le trouve pas!

STÉPHANIE: Mais si, regarde sur l'_____.

JEAN-MICHEL: Ah oui, d'accord! Je l'ai trouvé. Dis donc, il y a un nouveau _____!

STÉPHANIE: Oui, Maman a acheté des _____ le mois dernier.

JEAN-MICHEL: Et le _____, qu'est-ce qu'il représente?

STÉPHANIE: Oh, je ne sais pas. C'est de l'art moderne!

Nom _____

Classe _____ Date _____

B L A N C

E. Répondez, s'il vous plaît!

▶ —Où habite Stéphanie?
—Elle habite dans une maison individuelle.

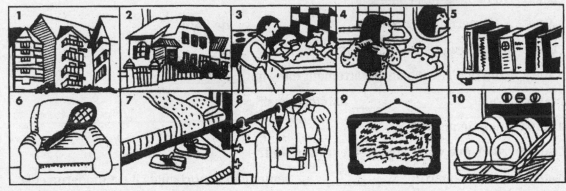

?	?	?	?	?
11	12	13	14	15

F. Situation: Les petites annonces *(classified ads)*

FICHE DE RENSEIGNEMENTS

VILLE: ❑ TOURS   ❑ ST. SYMPHORIEN   ❑ JOUÉ-LES-TOURS

ADRESSE: _____

TYPE DE LOGEMENT: ❑ APPARTEMENT   ❑ MAISON INDIVIDUELLE

NOMBRE DE CHAMBRES: ❑ 1   ❑ 2   ❑ 3   ❑ 4   ❑ 5

NOMBRE DE SALLES DE BAINS: ❑ 1   ❑ 2   ❑ 3

AUTRES PIÈCES: _____   _____

ÉQUIPEMENT DE LA CUISINE:

❑ RÉFRIGÉRATEUR   ❑ CUISINIÈRE À GAZ

❑ LAVE-VAISSELLE   ❑ FOUR À MICRO-ONDES

❑ CUISINIÈRE ÉLECTRIQUE

AUTRES INFORMATIONS: _____

_____

Discovering French, Nouveau! Blanc

Nom _____

Classe _____ Date _____

Discovering
FRENCH
Nouveau!

B L A N C

Unité 6
Leçon 21
Workbook

WRITING ACTIVITIES

A/B 1. L'intrus

Dans chaque groupe il y a un élément qui n'appartient pas *(does not belong)* à cette catégorie C'est l'intrus! Trouvez l'intrus et rayez-le *(cross it out)*.

▶ voiture   bicyclette   ~~maison~~   autobus

1. sofa	fauteuil	évier	chaise
2. baignoire	tapis	lavabo	douche
3. four	lave-vaisselle	réfrigérateur	glace
4. tableau	bureau	lit	table
5. mur	plafond	clé	sol
6. toit	chambre	cuisine	salon
7. maison	meuble	immeuble	appartement
8. salle à manger	sous-sol	rez-de-chaussée	premier étage

A/B 2. Le déménagement *(Moving)*

Imaginez que vous allez déménager *(to move)* pour habiter dans une autre ville. Préparez pour la compagnie de déménagement une liste des meubles et des appareils ménagers qui sont dans votre appartement. Établissez cette liste par étage et par pièce.

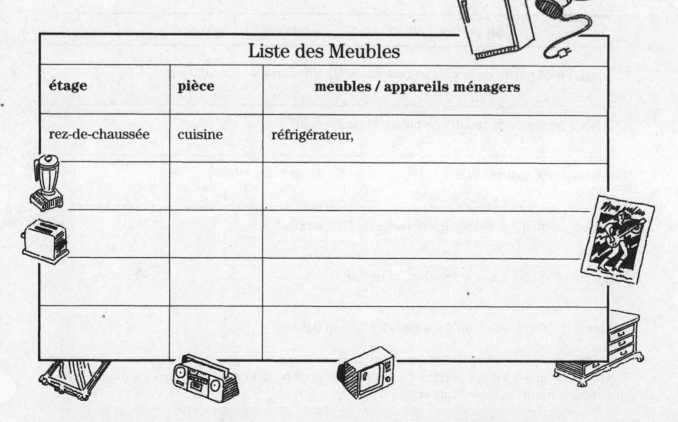

Liste des Meubles		
étage	**pièce**	**meubles / appareils ménagers**
rez-de-chaussée	cuisine	réfrigérateur,

Unité 6
Leçon 21

Workbook

Nom _____

Classe _____ Date _____

Discovering
FRENCH
Nouveau!

B L A N C

A/B **3. Dans la rue**

Décrivez la scène. Pour cela, répondez aux questions suivantes. Faites des phrases complètes.

en panne *out of order*	**l'ascenseur** *elevator*

1. Dans quelle partie de la ville se passe la scène *(does the scene take place)*?

   _____

2. Dans quel genre de résidence habite Mme Moreau?

   _____

3. À quel étage habite-t-elle?

   _____

4. Qu'est-ce qu'il y a au rez-de-chaussée de l'immeuble?

   _____

5. Qu'est-ce qu'il y a sur le trottoir *(sidewalk)*?

   _____

6. Quels meubles est-ce qu'il y a dans le camion (truck)?

   _____

7. Qu'est-ce que les deux hommes doivent faire pour monter *(to bring up)* les meubles à l'appartement de Mme Moreau?

   _____

Nom _____

Classe _____ Date _____

Discovering
FRENCH *Nouveau!*

B L A N C

Unité 6
Leçon 21
Workbook

C 4. Départ en vacances

Vous allez partir en vacances avec votre famille. Demandez à votre camarade français qui habite avec vous de faire certaines choses pour vous aider. Vous lui parlez en français, bien sûr!

1. _____

   Close the window of your room.

2. _____

   Turn off the TV.

3. _____

   Turn on the radio and listen to the weather forecast (la météo).

4. _____

   Open the door of the garage and put your suitcase (la valise) in the car.

5. _____

   Put on the alarm (le système d'alarme).

5. Communication

A. Situations

Choisissez l'une des situations suivantes. Écrivez un paragraphe de 6 à 10 lignes correspondant à la situation que vous avez choisie. Si c'est nécessaire, utilisez une feuille de papier séparée.

1. Vous allez passer un an à Montréal avec votre famille. Vous allez dans une agence immobilière (*real estate agency*). Expliquez le type de résidence que vous voulez louer (*to rent*).

2. Vos parents ont décidé de changer de compagnie d'assurance (*insurance*). Décrivez les meubles de votre chambre à l'employé(e) de la nouvelle compagnie d'assurance. (Quels meubles avez-vous? De quelle couleur sont-ils? En quelle condition?)

3. Vous avez un riche oncle qui vous a donné de l'argent pour redécorer votre chambre. Écrivez-lui une lettre où vous lui expliquez ce que vous allez faire. (De quelle couleur allez-vous peindre (*to paint*) les murs? Comment allez-vous décorer votre chambre? Quels nouveaux meubles est-ce que vous allez acheter? Quels meubles est-ce que vous allez garder?)

Situation # 1

○ _____
   _____
   _____
○ _____
   _____
   _____
○ _____

Discovering
FRENCH
Nouveau!

BLANC

Nom _____

Classe _____ Date _____

B. La maison de Stéphanie.

Lisez la lettre de Stéphanie où elle décrit l'endroit où elle habite.

Chers amis,

Je m'appelle Stéphanie Beaumont et j'habite avec ma famille à Veyrier. C'est un petit village dans la banlieue d'Annecy, une très jolie ville dans les Alpes françaises.

Nous habitons une maison individuelle de deux étages. Elle n'est pas très grande mais elle est assez moderne. Au rez-de-chaussée, il y a le living, la salle à manger, la cuisine et un WC. Au premier étage, il y a trois chambres: ma chambre, la chambre de mon frère et la chambre de mes parents. Il y a aussi un WC et une seule (*only one*) salle de bains avec baignoire et douche.

Ma chambre est assez petite, mais elle a un balcon. J'ai décoré les murs, qui sont bleus, avec des posters et des photos de chanteurs français et américains.

Notre maison n'a pas de grenier, mais au sous-sol il y a une cave où nous rangeons toutes sortes de choses. Autour de (*around*) la maison, il y a un jardin où nous faisons des pique-niques en été.

Et maintenant, pouvez-vous me parler de l'endroit où vous habitez?

Amitiés,

Stéphanie

Répondez à Stéphanie en écrivant une lettre où vous allez décrire . . .

- l'endroit où vous habitez
- votre maison ou appartement
- votre chambre
- quelques caractéristiques particulières de votre maison ou appartement

Utilisez une feuille de papier séparée.

Nom _____

Classe _____ Date _____

LEÇON 22 C'est quelqu'un que tu connais

LISTENING/SPEAKING ACTIVITIES

Section 1. Vidéo-scène

A. Compréhension générale

 Allez à la page 328 de votre texte. Écoutez.

B. Avez-vous compris?

	vrai	faux			vrai	faux
1.	☐	☐		5.	☐	☐
2.	☐	☐		6.	☐	☐
3.	☐	☐		7.	☐	☐
4.	☐	☐		8.	☐	☐

Section 2. Langue et communication

C. Où vivent-ils?

▶ Yasmina _____

1. nous

2. moi

3. vous

4. Amadou

5. toi

6. Ousmane et ses parents

▶ — Qui vit à Alger?
— **Yasmina vit à Alger.**

A. Casablanca
le Maroc

B. Alger
l'Algérie

C. Tunis
la Tunisie

D. Dakar
le Sénégal

E. Abidjan
la Côte
d'Ivoire

F. Lomé
le Togo

G. Kinshasa

la République
démocratique
du Congo

Nom _____

Classe _____ Date _____

D. Visite à Grenoble

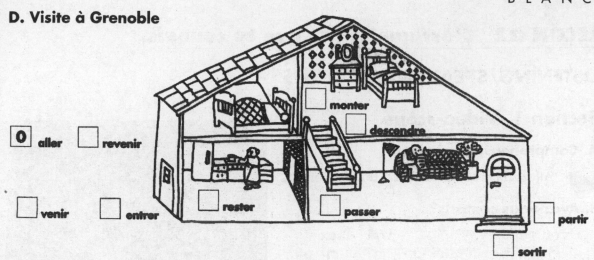

0 aller ☐ revenir ☐ monter ☐ descendre

☐ venir ☐ entrer ☐ rester ☐ passer ☐ partir

☐ sortir

▶ Le week-end dernier, je suis allé à Grenoble.

E. Visite à Dakar

▶ FRANÇOIS: Je suis allé à Dakar en avion.
MME DIOP: **Nous aussi, nous sommes allés à Dakar en avion.**

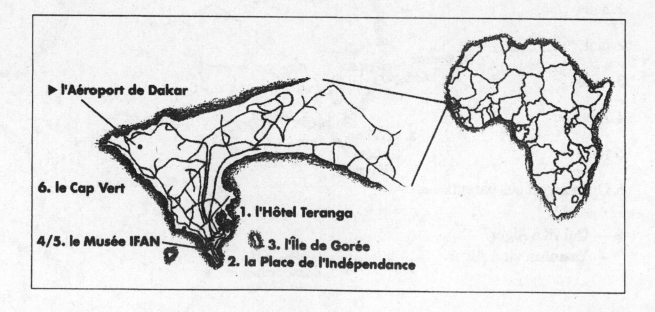

▶ l'Aéroport de Dakar

6. le Cap Vert

4/5. le Musée IFAN

1. l'Hôtel Teranga

3. l'Île de Gorée

2. la Place de l'Indépendance

Nom _____

Classe _____ Date _____

Discovering
FRENCH
Nouveau!

BLANC

Unité 6
Leçon 22
Workbook

WRITING ACTIVITIES

A 1. Comment vivent-ils?

Informez-vous sur les personnes suivantes et dites si oui ou non elles vivent bien. Utilisez l'expression **vivre bien** dans des phrases *à l'affirmatif* ou au *négatif*.

1. Madame Dufric est millionnaire.

   Elle _____.

2. Les Dupont ont cinq enfants mais ils habitent dans une petite maison.

   Ils _____.

3. Nous habitons dans un beau quartier.

   Nous _____.

4. Vous mangez trop et vous ne faites pas d'exercice.

   Vous _____.

5. Tu es trop pessimiste.

   Tu _____.

6. Je suis heureux et j'ai beaucoup d'amis.

   Je _____.

B 2. Le week-end dernier

Dites où sont allées les personnes suivantes le week-end dernier. Puis, dites ce qu'elles ont fait: pour cela, choisissez l'une des expressions suggérées. Soyez logique.

danser	▶ Charlotte est allée en ville _____.
nager	Elle a fait des achats
faire des achats	1. Nous _____ au cinéma. _____
assister à un match de foot	_____.
monter à la Tour Eiffel	2. Vous _____ à la plage. _____
se promener dans la forêt	_____.
voir un western	3. Valérie et Sylvie _____ dans une discothèque.

3. Valérie et Sylvie _____ dans une discothèque.

   _____.

4. Je _____ à la campagne. _____

   _____.

5. Tu _____ au stade. _____

   _____.

6. Les touristes anglais _____ à Paris. _____

   _____.

Nom _____

Classe _____ Date _____

Discovering FRENCH *Nouveau!*

B L A N C

C 3. Qui est-ce?

Des amis sont à la plage. Identifiez-les d'après ce qu'ils font. Suivez le modèle.

► Virginie et Hélène <u>sont les filles qui font un pique-nique</u>.

1. Catherine et Alice _____.

2. Pierre est _____.

3. Stéphanie est _____.

4. Vincent et Éric sont _____.

C 4. Jean-Pierre

Votre ami Jean-Pierre parle de certains aspects de sa vie. Faites une description de Jean-Pierre d'après ce qu'il dit. Suivez le modèle. (Utilisez **qui.**)

> *Mon quartier a beaucoup de magasins intéressants.*
>
> *Ma maison a deux étages.*
>
> *Mon école est située dans la banlieue.*
>
> *Mes cousins habitent à Bruxelles.*
>
> *Ma tante travaille dans une banque.*

► Jean-Pierre habite dans un quartier <u>qui a beaucoup de magasins intéressants</u>.

1. Il habite dans une maison _____.

2. Il va à une école _____.

3. Il a des cousins _____.

4. Il a une tante _____.

Nom _____

Classe _____ Date _____ _____

Discovering
FRENCH *Nouveau!*

B L A N C

Unité 6
Leçon 22
Workbook

D 5. Et toi?

Répondez aux questions suivantes *à l' affirmatif* ou *au négatif*, d'après le modèle.
(Utilisez **que.**)

▶ Tu lis *Sports Illustrated?*

Oui , c'est un magazine que je lis _____.

ou: Non , c'est un magazine que je ne lis pas _____.

1. Tu regardes la «Roue de la Fortune» *(Wheel of Fortune)?*

_____ , c'est une émission *(TV program)* _____.

2. Tu connais Boston?

_____ , c'est une ville _____.

3. Tu aimes Michael Jackson?

_____ , c'est un chanteur _____.

4. Tu trouves Whoopi Goldberg intéressante?

_____ , c'est une actrice _____.

5. Tu admires le président?

_____ , c'est une personne _____.

6. Tu écoutes le groupe «U2»?

_____ , ce sont des musiciens _____.

D 6. Qui ou que?

Complétez les phrases suivantes avec **qui** ou **que.**

1. La fille _____ Paul regarde est très sympathique. C'est une Américaine _____ vient passer une année à Paris.

2. J'organise une boum pour les personnes _____ aiment danser et _____ j'aime bien.

3. J'ai un copain _____ tu connais et _____ connaît ta soeur.

4. La personne _____ vous cherchez n'est pas là.

   Demandez son adresse à la dame _____ est là-bas.

5. La voiture _____ est devant le café est la voiture _____ je viens d'acheter.

6. Voici le journal _____ je lis. C'est un journal _____ a toujours des articles intéressants.

Nom _____

Classe _____ Date _____

Discovering
FRENCH
Nouveau!

B L A N C

7. Communication

A. Expression personnelle

Parlez de vous-même en complétant les phrases suivantes. Vous pouvez ajouter *(add)* d'autres phrases si vous voulez.

▶ J'ai un copain qui <u>a un cousin français (a visité Casablanca, etc.)</u>

- J'ai une copine qui _____

  _____.

- J'ai des parents qui _____

  _____.

- J'habite dans une ville qui _____

  _____.

- Nous habitons dans une maison (un appartement) qui _____

  _____.

- J'ai une chambre qui _____

  _____.

- Dans ma chambre, il y a beaucoup de choses qui _____

B. Vos préférences

Décrivez vos préférences. Pour cela, complétez les phrases avec **qui** ou **que** et des expressions de votre choix.

1. J'aime les gens _____

   _____.

2. Je n'aime pas les gens _____

   _____.

3. J'aime les livres _____

   _____.

4. J'aime les magazines _____

5. Je n'aime pas les films _____

   _____.

Copyright © by McDougal Littell, a division of Houghton Mifflin Company.

Discovering French, Nouveau! Blanc

Nom _____

Classe _____ Date _____

Discovering
FRENCH
Nouveau!

BLANC

Unité 6
Leçon 23
Workbook

LEÇON 23   À Menthon-Saint-Bernard

LISTENING/SPEAKING ACTIVITIES

Section 1. Vidéo-scène

A. Compréhension générale

 Allez à la page 336 de votre texte. Écoutez.

B. Avez-vous compris?

	vrai	faux			vrai	faux
1.	☐	☐		5.	☐	☐
2.	☐	☐		6.	☐	☐
3.	☐	☐		7.	☐	☐
4.	☐	☐		8.	☐	☐

Section 2. Langue et communication

C. Hier soir à sept heures

▶ Philippe

1 Mme Baptiste

2 nous

3 toi

4 les enfants

5 moi

6 vous

▶ —Qui mettait la table?
  —**Philippe mettait la table.**

Nom _____

Classe _____ Date _____

D. Événements spécifiques ou événements habituels?

	▶	▶	1	2	3	4	5	6	7	8	9	10
A. événements spécifiques		✓										
B. événements habituels	✓											

E. Samedi matin

Partie A

Partie B

▶ Samedi matin, quand *[je faisais/j'ai fait]* du jogging, *[je voyais/j'ai vu]* Pierre et Armelle.

▶ | ~ |
| × |

1. *[Je rencontrais/J'ai rencontré]* Corinne qui *[se promenait/s'est promenée]* dans le parc.

1. [ ]
   [ ]

2. *[Je m'arrêtais/Je me suis arrêté]* près du lac où des enfants *[jouaient/ont joué]* dans l'eau.

2. [ ]
   [ ]

3. Plus loin, *[je voyais/j'ai vu]* une fille qui *[prenait/a pris]* des photos.

3. [ ]
   [ ]

4. *[Je passais/Je suis passé]* près du port quand *[je voyais/j'ai vu]* mon amie Cécile.

4. [ ]
   [ ]

5. Devant un café *[j'entendais/j'ai entendu]* des touristes qui *[parlaient/ont parlé]* espagnol.

5. [ ]
   [ ]

6. Quand *[je rentrais/je suis rentré]* chez moi, Bernard *[dormait/a dormi]* encore.

6. [ ]
   [ ]

Nom _____

Classe _____ Date _____

Discovering
FRENCH
Nouveau!

BLANC

Unité 6
Leçon 23
Workbook

WRITING ACTIVITIES

A 1. Pendant les vacances

Dites ce que les personnes suivantes faisaient tous les jours après le déjeuner pendant les vacances.

1. Marthe _faisait le foot_ .
2. Nous _faisions au tennis_ .
3. Vous _faisiez au gâteau_ .
4. Tu _faisais la natation_ .

5. Éric et Juliette _faisaient le soccer_
6. M. Rimbaud _faisait la planche à voile_
7. Je _faisais le rafting_

A/B/D 2. Hier à deux heures

Dites où étaient les personnes suivantes hier et ce que chacune faisait. Choisissez de la liste les expressions qui conviennent logiquement.

étudier	**faire les courses**	**choisir un livre**	**attendre le bus**
travailler	**se reposer**	**boire un soda**	

▶ Tu étais _____ au supermarché. Tu faisais les courses _____.

1. Nous _étions_ dans la rue. Nous _attendions le bus_ .
2. Vous _étiez_ au café. Vous _buviez un soda_ .
3. J' _étais_ dans ma chambre. Je _étudiais_ .
4. Mlle Lasalle _était_ au bureau (*office*). Elle _travaillait_ .
5. Tu _étais_ à la bibliothèque. Tu _choisissais un livre_ .
6. Les élèves _étaient_ en classe. Ils _se reposaient_ .

A/B/D 3. En 1900

La vie (*life*) a beaucoup changé depuis 1900. Dites si oui ou non on faisait les choses suivantes en 1900.

▶ (travailler)   On travaillait _____ beaucoup.

▶ (habiter)   Les gens n'habitaient pas _____ dans de grands immeubles.

1. (habiter)   Beaucoup de gens _habitaient_ à la campagne.
2. (aller)   Les jeunes _n'allaient pas_ au cinéma.
3. (regarder)   Le soir, on _ne regardait pas_ la télé.
4. (voyager)   On _voyageait_ en train.

Nom _____

Classe _____ Date _____

5. (être)	Les maisons _n'étaient pas_ très modernes.	
6. (pouvoir)	Les femmes _ne pouvaient pas_ voter.	
7. (étudier)	Dans les écoles, les élèves _étudiant_ le latin.	
8. (être)	On _n'était pas_ plus heureux (happier) qu'aujourd'hui.	

A/C 4. L'interview de Bella Labelle

Un journaliste interviewe Bella Labelle, une célèbre (famous) chanteuse de rock, sur sa vie (life) maintenant et avant. Complétez le dialogue d'après le modèle.

▶ —Où habitez-vous maintenant?
—J'habite à Paris.
—Et avant, où habitiez-vous?
—J'habitais dans un petit village.

1. —Quelle voiture avez-vous maintenant?
—J'ai une Rolls Royce.
—Et avant, _quelle voiture aviez-vous_?
—_J'avais_ une petite Renault.

2. —Comment voyagez-vous maintenant?
—_Je voyage_ en avion.
—Et avant, _comment voyagiez-vous_?
—_Je voyageais_ en autobus.

3. —Où allez-vous pendant les vacances maintenant?
—_Je vais_ à Acapulco.
—Et avant, _où alliez-vous_?
—_J'allais_ à la campagne chez mon oncle.

4. —Quels sports faites-vous maintenant?
—_Je fais_ de la voile.
—Et avant, _quels sports faisiez-vous_?
—_Je faisais_ de la marche à pied.

C 5. Le 14 juillet

Le 14 juillet est le jour de la fête nationale française. C'est une occasion de faire beaucoup de choses intéressantes. Décrivez ce que les personnes faisaient d'habitude et ce qu'elles ont fait le 14 juillet.

	D'HABITUDE:	LE 14 JUILLET:
(dîner)	Olivier _dînait_ chez lui.	Il a dîné au restaurant.
1. (aller)	Alice _allait_ au cinéma.	_elle est allée_ au concert.
2. (boire)	M. Renoir _buvait_ de l'eau minérale.	_il a bu_ du champagne.
3. (regarder)	Julie _regardait_ la télé.	_elle a regardé_ les feux d'artifice (fireworks).
4. (se coucher)	Éric _se couchait_ tôt (early).	_il s'est couché_ très tard (late).
5. (dormir)	Alain _dormait_ huit heures.	_Alain a dormi_ seulement trois heures.

Nom _____

Classe _____ Date _____

C 6. Sports et loisirs

Pendant les vacances on peut faire beaucoup de choses. Décrivez les loisirs des personnes suivantes. Utilisez L'IMPARFAIT de **faire** pour les activités habituelles, et le PASSÉ COMPOSÉ pour les activités qui arrivent de temps en temps.

1. D'habitude, Mélanie ____faisait____ une promenade sur la plage.

2. Un jour, nous ____faisions____ *avons fait* une promenade en bateau (boat).

3. Tous les matins, je ____faisais____ du jogging.

4. Le 10 juillet, Éric et Stéphanie ____faisaient____ *ont fait* un pique-nique dans la campagne.

5. L'après-midi, vous ____faisiez____ de la planche à voile.

6. Un après-midi, Thomas ____faisait____ *a fait* de l'équitation.

7. Chaque jour, Juliette et Marc ____faisaient____ un match de tennis.

8. Pour son anniversaire, Marthe ____faisait____ *a fait* un tour en avion.

D 7. La panne (*The power failure*)

Il y a eu une panne d'électricité hier. Dites ce que chacun faisait à ce moment-là.

▶ Charles lisait un livre (regardait les bandes dessinées . . .)

1. Les Durand _mangaient la nourriture_.

2. Les Dupont _regardaient la télé._.

3. M. Robert _levait le plât_ _____.

4. Mme Mercier _regardait un papier._.

5. M. Thomas _lavait._ _____.

6. Paul _lavart._ _____.

7. Hélène _____ _____.

8. M. Imbert _dormait._ _____.

8. Communication

A. Hier soir

Hier, vers *(toward)* six heures, votre copain vous a téléphoné, mais il n'y avait personne *(nobody)* à la maison. Expliquez à votre copain où vous et les autres membres de votre famille étiez et ce que chaque personne faisait. Utilisez votre imagination! (Si nécessaire, utilisez une feuille de papier séparée.)

> Hier vers six heures, j'étais _____
>
> _____
>
> _____
>
> _____
>
> _____
>
> _____
>
> _____
>
> _____
>
> _____

B. Quand j'étais petit(e)

Votre amie Valérie veut savoir ce que vous faisiez quand vous étiez petit(e)—quand vous aviez dix ans, par exemple. Répondez à ses questions.

- Où habitais-tu?
- À quelle école allais-tu?
- Regardais-tu souvent la télé?
  Quelle était ton émission *(program)* favorite?
  Qui était ton acteur favori?
  Qui était ton actrice favorite?
- Quels magazines lisais-tu?
- Qui était ton meilleur ami (ta meilleure amie)?
  Qu'est-ce que vous faisiez ensemble?
- Qu'est-ce que tu faisais le week-end?
- Qu'est-ce que tu faisais pendant les vacances?

> Chère Valérie,
> Quand j'avais dix ans...
> J'habitais à Toronto, Canada
> J'allais à UTS.
> Non, je ne regardais pas la télé
> et je n'ai pas un acteur ou
> actrice favorite.
> Je lisais le magazine de
> fashion.
> Mon meilleur amie est Taraya,
> Rachel, Jennifer, Jumin estie.
> J'allais au cinéma le weekend.
> Je voyageais au Corée.
> pendant les vacances.

LEÇON 24 Montrez-moi vos papiers!

LISTENING/SPEAKING ACTIVITIES

Section 1. Vidéo-scène

A. Compréhension générale

 Allez à la page 348 de votre texte. Écoutez.

B. Avez-vous compris?

	vrai	faux			vrai	faux
1.	☐	☐		5.	☐	☐
2.	☐	☐		6.	☐	☐
3.	☐	☐		7.	☐	☐
4.	☐	☐		8.	☐	☐

Section 2. Langue et communication

C. Un accident

	▶	1	2	3	4	5	6	7	8	9	10
vrai											
faux											

Nom _____

Classe _____ Date _____

D. Visite à Paris

1. *[J'arrivais / Je suis arrivée]* à Paris le 14 juillet.

2. Ma cousine Sophie *[m'attendait / m'a attendu]* à l'aéroport.

3. *[Je voyais / J'ai vu]* qu' *[il y avait / il y a eu]* beaucoup de gens dans les rues.

4. *[Je demandais / J'ai demandé]* à Sophie pourquoi.

5. Elle *[me répondait / m'a répondu]* que c'était le jour de la fête nationale.

6. L'après-midi *[je dormais / j'ai dormi]* un peu parce que *[j'étais / j'ai été]* fatiguée.

7. Le soir, je *[sortais / suis sortie]* avec Sophie.

8. Sur une place, *[il y avait / il y a eu]* un orchestre qui *[jouait / a joué]* du rock.

9. Beaucoup de jeunes *[dansaient / ont dansé]* dans la rue.

10. Après, nous *[allions / sommes allées]* à la Tour Eiffel pour voir les feux d'artifice.

▶ **Je suis arrivée à Paris le 14 juillet.**

E. J'ai trouvé un portefeuille

▶ C'était quel jour?   **C'était samedi dernier.**

▶

▶ Qu'est-ce que l'homme a acheté?   **Il a acheté deux billets.**

▶

Nom _____

Classe _____ Date _____

Discovering
FRENCH
Nouveau!

B L A N C

Unité 6
Leçon 24
Workbook

WRITING ACTIVITIES

A 1. Photo de vacances

Pendant vos vacances en France, vous avez pris cette photo. Décrivez la scène.

1. C'était quel mois?

   C'était juin ou juillet.

2. Quelle heure était-il approximativement?

   Il était l'après midi.

3. Quel temps faisait-il?

   Il faisait l'été.

4. Combien de gens est-ce qu'il y avait dans le café?

   Il y avait 4 de gens.

5. Qu'est-ce qu'ils faisaient?

   Ils parlaient.

6. Que faisait l'homme devant le café?

   Il faisait la guitare.

7. Quels vêtements portait-il?

   Il portait pantalon.

A/B 2. Pourquoi?

Expliquez pourquoi les personnes suivantes ont fait certaines choses.

▶ Thomas / rester à la maison (il est malade)
   Thomas est resté à la maison parce qu'il était malade.

1. nous / faire une promenade (il fait beau)

   nous avons fait une promenade parce qu'il faisait beau.

2. je / rentrer à la maison (il est 7 heures)

   Je suis rentré à la maison parce qu'il était 7 heures.

3. tu / aller au café (tu as soif)

   Tu es allé au café parce que tu avais soif.

4. Marc et Jérôme / acheter des sandwichs (ils ont faim)

   Ils ont acheté des sandwichs parce qu'ils ont faimaient.

5. vous / vous reposer (c'est dimanche)

   Vous vous reposé pour que c'était dimanche

Nom _____

Classe _____ Date _____

A/B 3. Un cambriolage

Décrivez le cambriolage en répondant aux questions suivantes.

1. Est-ce que c'était le jour ou la nuit?

   C'était la nuit.

2. Quelle heure était-il?

   Il était 3 heures.

3. Où étaient M. et Mme Loiseau?

   M. et Mme Loiseau dans lit.

4. Qu'est-ce qu'ils faisaient?

   Ils dormaient.

5. Qu'est-ce qu'il y avait sur la table?

   Il y avait des bijoux sur la table.

6. Est-ce que la fenêtre était ouverte ou fermée?

   La fenêtre était fermée.

MOTS UTILES

des bijoux	*jewels*	**une échelle**	*ladder*	**aboyer**	*to bark*
un cambrioleur	*burglar*	**une voiture**	*police car*	**arrêter**	*to arrest*
un sac	*bag, sack*	**de police**		**crier**	*to shout*
un voleur	*thief*				

Discovering French, Nouveau! Blanc

Nom _____

Classe _____ Date _____

Discovering FRENCH *Nouveau!*

B L A N C

Unité 6
Leçon 24
Workbook

7. Par où est entré le cambrioleur?

   Il est entré par fenêtre.

8. Qu'est-ce qu'il avait à la main?

   Il avait un sac.

9. Qu'est-ce qu'il a vu?

   Il a vu des bijoux.

10. Est-ce que M. et Mme Loiseau se sont
    réveillés?

    Ils se sont réveillés.

    _____

11. Comment est descendu le cambrioleur?

    Il est descendu utilisé
    une échelle.

12. Quel animal est-ce qu'il y avait dans la rue?

    Il y avait le chien.

13. Qu'est-ce que le chien a fait?

    Le chien a aboyé.

14. Qu'est-ce que Mme Loiseau a fait?

    Mme Loiseau a crié.

15. Qu'est-ce que M. Loiseau a fait?

    M. Loiseau a téléphoné les
    policiers.

16. Qui est-ce qui est venu?

    Les policiers sont venus.

    _____

17. Qu'est-ce que les policiers ont fait?

    Les policiers ont arrêté
    un cambrideur.

Nom _____

Classe _____ Date _____

A/B 4. Faits divers *(Happenings)*

Choisissez un des faits suivants et décrivez-le. D'abord décrivez la scène, puis imaginez la suite *(what happened next)*. Si c'est nécessaire, utilisez une feuille de papier séparée.

A. Football

MOTS UTILES

un ballon	*ball*
la vitre	*window pane*
casser	*to break*
taper dans le ballon	*to kick the ball*

- Décrivez la scène.
  (Quelle heure était-il? Où étaient M. et Mme Calvet? Qu'est-ce qu'ils faisaient? Où était Pierre? Qu'est-ce qu'il faisait? Qu'est-ce qui est arrivé?)

  _____

  _____

  _____

  _____

- Imaginez la suite.
  (Qu'est-ce que M. Calvet a fait? Qu'est-ce que Mme Calvet a fait? Qu'est-ce que Pierre a fait?)

  _____

  _____

  _____

  _____

Nom _____

Classe _____ Date _____

Discovering
FRENCH
Nouveau!

BLANC

Unité 6
Leçon 24   Workbook

B. Pique-nique

- Décrivez la scène.
  (Quelle saison est-ce que c'était? Quel temps faisait-il? Quelle heure était-il approximativement? Où étaient les gens? Qu'est-ce qu'ils faisaient? Qui est arrivé sur la scène du pique-nique?)

  _____

  _____

  _____

  _____

  _____

- Imaginez la suite.
  (Qu'est-ce que le taureau a fait? Qu'est-ce que les gens ont fait?)

  _____

  _____

  _____

  _____

MOTS UTILES	
un taureau	*bull*
se précipiter vers	*to rush toward*
chasser	*to chase*

C. OVNI

- Décrivez la scène.
  (Est-ce que c'était le jour ou la nuit? Quelle heure était-il approximativement? Où était-ce? Combien d'extraterrestres sont sortis de l'OVNI? Qu'est-ce qu'ils avaient avec eux? Qu'a fait la fille? Qu'a fait le garçon?)

  _____

  _____

  _____

  _____

  _____

MOTS UTILES	
un OVNI	*UFO*
un extraterrestre	*extraterrestrial*
un drapeau	*flag*

- Imaginez la suite.
  (Qu'est-ce que les extraterrestres ont fait ensuite? Qu'a fait la fille? Qu'a fait le garçon?)

  _____

  _____

  _____

  _____

Nom _____

Classe _____ Date _____

Discovering
FRENCH
Nouveau!

BLANC

5. Communication

A. Un pique-nique

Décrivez le dernier *(last)* pique-nique où vous êtes allé(e). Vous pouvez baser votre description sur les questions suivantes. Si c'est nécessaire, utilisez une feuille de papier séparée.

- Quel jour était-ce?
- Quel temps faisait-il?
- Où était le pique-nique?
- Combien d'invités *(guests)* est-ce qu'il y avait?
- Combien de garçons?
- Combien de filles?
- Est-ce que vous connaissiez tout le monde?
- Quels vêtements portiez-vous ce jour-là?
- Qui a organisé le pique-nique?
- Est-ce que vous avez apporté quelque chose au pique-nique? Quoi?
- Qu'est-ce que vous avez fait avant le pique-nique?
- Qu'est-ce que vous avez mangé?
- Qu'est-ce que vous avez bu?
- Qu'est-ce que vous avez fait après le pique-nique?

B. Souvenirs

Décrivez un événement de votre vie *(life)*. Cet événement peut être heureux (une boum, un anniversaire, un mariage, une cérémonie religieuse, etc.) ou malheureux (un accident). Considérez les choses suivantes:

LES CIRCONSTANCES
- la date
- le temps
- l'endroit
- quel âge aviez-vous?
- les autres circonstances

Utilisez une feuille de papier séparée.

LES FAITS
- qu'est-ce que vous avez fait avant, pendant et après?
- qu'est-ce que les autres personnes ont fait avant, pendant et après?

Nom _____

Classe _____ Date _____ _____

Discovering
FRENCH
Nouveau!

B L A N C

Unité 6
Workbook
Reading and Culture Activities

UNITÉ 6 Reading and Cultural Activities

Aperçu culturel

Prenez votre manuel de classe et relisez les pages 320 et 321.
Ensuite, complétez les paragraphes avec les mots suggérés.

banlieue	chambre	cuisine	étages	immeuble
individuelle	jardin	privé	salle de bains	

1. Sylvie et sa famille habitent à Nanterre, dans la _____
   de Paris. Ils ont un appartement dans un grand _____
   de 15 _____. Le week-end, Sylvie va souvent chez ses
   grands-parents qui habitent à la campagne dans une maison
   _____ avec un petit _____ autour.

2. Il est sept heures. Thomas se lève. Il veut aller dans
   la _____ de bains, mais elle est occupée. Alors, il va dans
   la _____ pour prendre son petit déjeuner.

3. Après le dîner, Florence aide sa mère avec la vaisselle. Puis, elle
   va dans sa _____ écouter de la musique. C'est son
   domaine _____ où personne n'a le droit *(right)* d'entrer.

FLASH culturel

Les échanges culturels, artistiques et techniques entre la France
et les États-Unis sont nombreux. C'est, par exemple, un architecte américain, I. M. Pei, qui a récemment dessiné les plans
de la Pyramide du Louvre à Paris. À l'inverse, il y a 200 ans,
c'est un architecte français qui a dessiné les plans d'une
grande ville américaine.

- Quelle est cette ville?
  - A. Boston
  - B. San Francisco
  - C. La Nouvelle Orléans
  - D. Washington

Pour vérifier votre réponse, allez à la page 223. ➡

Nom _____

Classe _____ Date _____

DOCUMENTS

Read the following documents and select the correct completion for each of the accompanying statements. Place a check in the corresponding box.

CROZATIER
Meubles & Décoration

185, av. Jean Jaurès - 78800 HOUILLES
A côté d' Atac - **01 39 68 44 19**

Forum, en face de Castorama
78310 COIGNIERES
01 34 61 79 71

1. Chez Crozatier, on peut acheter . . .
   - ❏ une baignoire.
   - ❏ un grille-pain.
   - ❏ des étagères.

LE FOUR À MICRO-ONDES

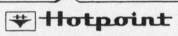

Hotpoint

- Système micro-ondes Dual Wave
- Capacité de 1.4 pi³.
- Dimensions de l'ère spatiale.
- Minuterie de 60 minutes à 2 vitesses.
- Niveau d'énergie variable.
- Garantie prolongée.

2. On utilise l'objet décrit dans l'annonce quand on : . .
   - ❏ fait la cuisine.
   - ❏ prend un bain.
   - ❏ fait des calculs rapides.

Laver
le linge
et la vaisselle
avec

Miele

Cuisinières - Frigos - Aspirateurs
André Maréchal
2, av. de Chamoix 1207 Genève

AGENCE   **Miele**

Prix, qualité, service IMBATTABLES

Eau chaude
Chauffage
électricité
gaz mazout
avec

cipag

3. On va chez André Maréchal si on veut . . .
   - ❏ redécorer le salon.
   - ❏ moderniser l'équipement de la cuisine.
   - ❏ acheter des meubles pour la salle à manger.

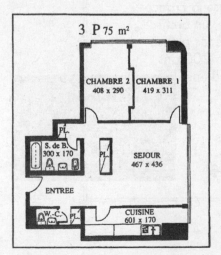

4. Dans cet appartement, il y a . . .
   - ❏ deux étages.
   - ❏ un salon–salle à manger.
   - ❏ une salle de bains pour chaque chambre.

Nom _____

Classe _____ Date _____

Discovering FRENCH *Nouveau!*

BLANC

Unité 6

Workbook
Reading and Culture Activities

PANTHÉON

dans immeuble ancien
STUDIO meublé
salle de bains/kitchenette

550€/mois
+ charges
Agence Immobilière LaFarge
tél: 01.44.31.65.12

5. Vous allez passer une année à Paris. Vous cherchez un appartement. Vous avez vu l'annonce suivante dans une agence immobilière *(real estate agency)*.

• Un studio est . . .
  ❏ un petit appartement.
  ❏ un grand appartement.
  ❏ une maison individuelle.

• «Panthéon» est le nom . . .
  ❏ de l'immeuble.
  ❏ d'un quartier de Paris.
  ❏ de l'agence immobilière.

6. Beaucoup de Français vont dans le magasin IKEA pour acheter des objets pour leur maison.

• Chez IKEA, on peut acheter . . .
  ❏ un réfrigérateur.
  ❏ un système d'air conditionné.
  ❏ un lit et un bureau.

• D'après l'annonce, les choses qu'on achète chez IKEA sont . . .
  ❏ assez chères.
  ❏ en matière synthétique.
  ❏ faciles à transporter.

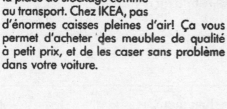

CHEZ IKEA, ON NE REMUE PAS D'AIR

En concevant des meubles prêts à monter qui peuvent être conditionnés dans des paquets plats, on gagne de la place au stockage comme au transport. Chez IKEA, pas d'énormes caisses pleines d'air! Ça vous permet d'acheter des meubles de qualité à petit prix, et de les caser sans problème dans votre voiture.

C'est La Vie

1. À Genève

Vous allez passer un an à Genève avec vos parents. Vous cherchez un logement. Dans le journal, il y a quatre annonces intéressantes. Quel logement allez-vous choisir?

CENTRE VILLE
BEL APPARTEMENT MEUBLÉ
4 pièces + garage
(2 chambres, grand salon,
cuisine avec lave-vaisselle
s.d.b. moderne)
Fr. 3500.—
☎ 734 65 12

banlieue ouest
DANS IMMEUBLE MODERNE
appt non meublé
2 chambres / 2 s.d.b.
salle
grande terrasse
tout confort
Fr. 2200.—
☎ 347 15 22

☎ 231 34 45
dans village
40 km de Genève
MAISON ANCIENNE
3 chambres
salle à manger + cheminée
1 salle de bains
cuisine à rénover
grand jardin
Fr. 2000. —
☎ 733 64 35

à 10 km de Genève
près du lac
charmante maison
2 ch, 2 s.d.b., cuisine,
salon, salle à manger,
petit jardin
Fr. 3000.—
☎ 731 42 01

Av. du 14-Avril 3
Renens
Tél. (021) 635.09.21

Quartier Cornavin,
charmant
6 pièces
en duplex, calme,
cheminée, cuisine
agencée, environ
105 m².
Fr. 2180.–
charges comprises.
Parking Fr. 120.–
Libre de suite.
☎ 732 33 04.

Zone industrielle
Meyrin-Satigny
surfaces
commerciales
dans un immeuble
avec monte-charge,
parkings, facile

- Où est situé le logement que vous avez choisi?

  _____

- Quel type de logement est-ce?

  _____

- Combien de chambres et combien de salles de bains est-ce qu'il y a?

  _____

- Quel est le loyer (rent)?

  _____

- Quelles sont les caractéristiques intéressantes de ce logement?

  _____

- Est-ce qu'il y a un problème? (Si oui, quel problème?)

  _____

Nom _____

Classe _____ Date _____

Discovering
FRENCH *Nouveau!*

B L A N C

Unité 6

Workbook
Reading and Culture Activities

• Pourquoi avez-vous choisi ce logement?

_____

_____

2. Achats

Vous avez loué cet appartement qui n'est pas meublé *(furnished)*. Pour chaque pièce, faites une liste des meubles et autres objets d'ameublement *(furnishings)* que vous allez acheter pour cet appartement.

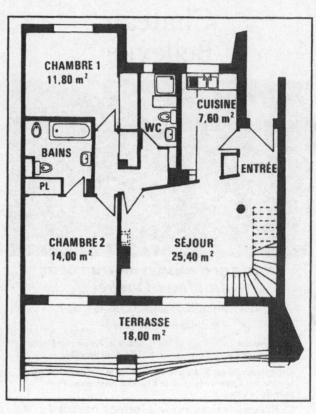

À Acheter
● chambre 1

chambre 2

● séjour

cuisine

●

FLASH **culturel:** *Réponse*

→ **D.** Pierre l'Enfant (1754–1825) était l'un des nombreux volontaires français qui ont combattu pendant la Révolution américaine. C'est lui qui a dessiné les plans de la ville de Washington en 1791.

Unité 6

Workbook
Reading and Culture Activities

Nom _____

Classe _____ Date _____

Discovering
FRENCH
Nouveau!

B L A N C

C'est La Vie (continued)

3. À l'hôtel

A. Au Canada

Quand on visite un pays *(country)*, on loge généralement dans un hôtel. Cet été, vous allez visiter le Canada avec votre famille. Regardez l'annonce suivante:

HÔTEL
Château
Bellevue

***Ambiance moderne au coeur
du vieux Québec***

Réservation sans frais: 1-800-463-2617

Stationnement gratuit

- Ascenseur
- Air climatisé
- Salles de bains complètes
- Télé-couleur/câble

Vue splendide sur le Fleuve St-Laurent, la terrasse Dufferin, le parc des Gouverneurs et le Château Frontenac. Tout près de la Citadelle.

Prix spéciaux pour groupes organisés

16, rue Laporte, Québec (Québec) Canada G1R 4M9
(418) 692-2573   Télécopieur: (418) 692-4876

- Dans quelle ville est situé l'Hôtel Château Bellevue?

  _____

- À quel numéro est-ce qu'on doit téléphoner pour réserver une chambre?

  _____

- Parmi les avantages offerts par l'Hôtel Château Bellevue, quel est le plus important pour vous personnellement?

  _____

- Quels sont les avantages importants pour les autres membres de votre famille?

  _____

  _____

  _____

  _____

  _____

Nom _____

Classe _____ Date _____

Discovering
FRENCH *Nouveau!*

BLANC

Unité 6

Workbook
Reading and Culture Activities

B. À Strasbourg

Strasbourg est la capitale de l'Alsace, une province située à l'est de la France. Siège *(seat)* du Parlement Européen, c'est un important centre international. C'est aussi une ville très touristique.

▌ Vous êtes invité(e) à un congrès international à Strasbourg. Vous avez décidé de réserver une chambre à l'Hôtel Arcade.

• À quel numéro est-ce que vous téléphonez?

_____

• Quelle est l'adresse de l'hôtel?

_____

Cherchez l'hôtel sur la carte et marquez cet hôtel avec un crayon rouge.

▐ Vous arrivez de Paris en train. Cherchez la gare *(train station)* sur la carte.

• Allez-vous aller à votre hôtel à pied ou en taxi?

_____

▐ Maintenant vous avez envie de visiter la ville.

• Quels endroits est-ce que vous allez visiter?

_____

_____

Marquez ces endroits en rouge.

Textes

■ Read the following selections and select the correct completion for each of the accompanying statements. Place a check in the corresponding box.

L'ascenseur

Selon la petite histoire, le premier ascenseur a été construit au château de Versailles en 1743. C'était une machine qui fonctionnait manuellement. Son usage était réservé au roi Louix XV qui pouvait aller du rez-de-chaussée au premier étage sans se fatiguer.

Le premier ascenseur destiné au public est l'invention d'un ingénieur américain Elisha Otis. Cet ascenseur fonctionnait à la vapeur et il était équipé d'un système de sécurité qui garantissait la protection des passagers en cas d'accident. Le premier ascenseur de ce type a été installé en 1857 dans un grand magasin de New York.

L'invention d'Otis a eu une influence considérable sur l'architecture urbaine moderne. Elle a permis, en particulier, la construction de gratte-ciel dans le centre des grandes villes et la construction d'immenses complexes résidentiels dans leurs banlieues.

1. Ce texte traite de l'invention de . . .
   - ❏ l'ascenseur.
   - ❏ la machine à vapeur.
   - ❏ la climatisation.

2. Une caractéristique importante de l'invention d'Elisha Otis était qu'elle . . .
   - ❏ ne polluait pas.
   - ❏ n'était pas dangereuse à utiliser.
   - ❏ fonctionnait grâce à *(thanks to)* un ordinateur.

3. Selon le texte, cette invention a mené à *(led to)* la construction de . . .
   - ❏ voitures électriques.
   - ❏ gratte-ciel *(skyscrapers)*.
   - ❏ trains à grande vitesse.

Nom _____

Classe _____ Date _____

Discovering
FRENCH
Nouveau!

BLANC

Unité 6

Workbook
Reading and Culture Activities

Le «gadget»

Qu'est-ce que c'est qu'un «gadget»? Pour les Américains, c'est un instrument mécanique ou électrique, généralement assez petit, qu'on utilise dans la vie courante. Un ouvre-boîte, par exemple, est un gadget.

Quelle est l'origine du mot «gadget»? Les linguistes ne sont pas d'accord. Certains pensent que ce mot américain est en réalité d'origine française et qu'il est lié à la construction de la Statue de la Liberté. Cette fameuse statue est un don du peuple français au peuple américain. Elle est l'oeuvre du sculpteur français Auguste Bartholdi. Sa construction a commencé à Paris en 1881. L'atelier où travaillait Bartholdi était la propriété d'un certain monsieur Gaget. Ce monsieur Gaget avait l'esprit d'entreprise. Il a eu l'idée de fabriquer des reproductions miniatures de la Statue de la Liberté et de les exporter aux États-Unis. Bien sûr, chaque petite statue portait son nom: «Gaget et Compagnie». Les Américains ont trouvé ce nom amusant. Ils l'ont adopté en le transformant en «gadget».

Dans les années 1950, le mot «gadget» est passé dans la langue française. Pour les Français, il désigne toutes sortes de petits objets nouveaux et amusants.

1. Le sujet principal du texte est . . .
   ❑ l'origine du mot «gadget».
   ❑ la production de gadgets en France.
   ❑ la construction de la Statue de la Liberté.

2. D'après le texte, le mot «gadget» est dérivé . . .
   ❑ du mot français «galette».
   ❑ du nom propre «Gaget».
   ❑ d'un mot français qui signifie «petit instrument».

3. Monsieur Gaget était . . .
   ❑ un sculpteur.
   ❑ un homme d'affaires.
   ❑ l'architecte de la Statue de la Liberté.

4. Dans le texte, on apprend que la Statue de la Liberté . . .
   ❑ a coûté beaucoup d'argent.
   ❑ a été construite en France.
   ❑ a été inaugurée en 1876.

Nom _____

Classe _____ Date _____

Discovering
FRENCH
Nouveau!

B L A N C

INTERLUDE 6: La maison hantée

Le jeu des 5 erreurs

Voici un résumé de l'histoire «La maison hantée». Dans ce résumé il y a cinq erreurs. D'abord relisez l'histoire (pages 362–367 de votre manuel de classe). Puis lisez attentivement le résumé de cette histoire. Découvrez les cinq erreurs et expliquez les brièvement.

Jean-François Dupré a 21 ans. Il habite à Paris où il est étudiant. Quand il était plus jeune, il habitait à Marcillac, un petit village où sa mère était sous-directrice de la banque locale. Jean-François allait à l'école du village où il avait un excellent copain qui s'appelait Benoît.

Un jour, Jean-François et Benoît ont décidé de visiter une vieille ferme abandonnée à deux kilomètres du village. Les habitants du village disaient qu'elle était hantée. La raison de cette légende est qu'un ancien fermier y avait été assassiné.

Les deux garçons sont arrivés à la ferme vers six heures et demie. À cette heure-là, il commençait à faire noir . . . Les garçons ont voulu ouvrir la porte mais elle était fermée. Heureusement, la fenêtre de la cuisine était ouverte et c'est par cette fenêtre qu'ils sont entrés. Jean-François a pris sa lampe de poche et les deux garçons ont exploré le salon et la salle à manger.

Jean-François est monté au premier étage, mais Benoît, qui avait un peu peur, est resté au rez-de-chaussée. Jean-François a entendu un bruit qui venait du grenier. Alors, il est monté dans le grenier. Là, il a vu une chouette. C'était le fameux fantôme. Il a ouvert la fenêtre et la chouette est partie dans la nature. Ensuite il est descendu et il a retrouvé Benoît qui attendait dans le jardin et les deux garçons sont rentrés au village.

Les 5 erreurs (Si c'est nécessaire, utilisez une feuille de papier séparée.)

1ère erreur _____

2ème erreur _____

3ème erreur _____

4ème erreur _____

5ème erreur _____

Nom _____

Classe _____ Date _____

Discovering
FRENCH
Nouveau!
B L A N C

Unité 7. Soyez à la mode!

LEÇON 25 Le français pratique:
Achetons des vêtements!

LISTENING/SPEAKING ACTIVITIES

Section 1. Culture

A. Aperçu culturel: Les jeunes Français et la mode

Allez à la page 370 de votre texte. Écoutez.

	Partie A			Partie B	
	vrai	faux		vrai	faux
1.	☐	☐	6.	☐	☐
2.	☐	☐	7.	☐	☐
3.	☐	☐	8.	☐	☐
4.	☐	☐	9.	☐	☐
5.	☐	☐	10.	☐	☐

Section 2. Vie pratique

B. La réponse logique

▶ Quelle est ta couleur préférée?

a. Le coton.   ⓑ Le rouge.   c. Un collier.

1. a. Oui, je suis à la mode.
   b. Dans une boutique de vieux livres.
   c. Dans un grand magasin.

2. a. Oui, il est en solde.
   b. Non, il est moche.
   c. Oui, il est joli.

3. a. Je fais du 38.
   b. C'est affreux.
   c. Oui, il me plaît.

4. a. Qui, elle est bleu foncé.
   b. Non, je voudrais un pantalon.
   c. Non, elle est trop étroite.

5. a. Non, elles sont en cuir.
   b. Non, elles sont noires.
   c. Non, elles sont en velours.

Nom _____

Classe _____ Date _____

6. a. Des collants.   b. Une cravate.   c. Une bague.

7. a. Il pleut.   b. Il fait chaud.   c. Je reste chez moi.

8. a. Un portefeuille.   b. Des tennis.   c. Des chaussettes.

9. a. Un maillot de bain.   b. Une ceinture.   c. Un manteau.

10. a. Un costume bleu foncé.   b. Un chemisier à rayures.   c. Un tailleur en laine.

C. Le bon choix

▶ —Est-ce que Julien porte un tee-shirt ou une chemise?
  —**Il porte une chemise.**

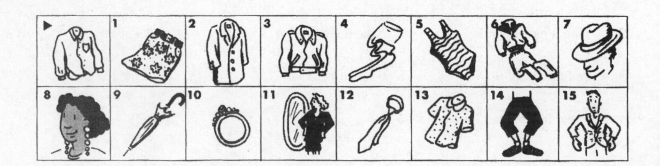

Discovering French, Nouveau! Blanc

Nom _____

Classe _____ Date _____

Discovering
FRENCH
Nouveau!
B L A N C

Unité 7
Leçon 25
Workbook

D. Dialogues

DIALOGUE A

Sophie demande à Philippe où il va.

SOPHIE: Dís, Philippe, où vas-tu?

PHILIPPE: Je vais au Mouton à 5 Pattes.

SOPHIE: Qu'est-ce que c'est?

PHILIPPE: C'est une _____.

SOPHIE: Qu'est-ce que tu vas acheter?

PHILIPPE: Un _____.

SOPHIE: Est-ce que je peux venir avec toi? J'ai besoin d'_____.

PHILIPPE: Oui, bien sûr!

DIALOGUE B

Dans une boutique de vêtements. Le vendeur parle à Bernard.

LE VENDEUR: Vous désirez?

BERNARD: Je cherche une veste.

LE VENDEUR: En _____ ou en coton?

BERNARD: En coton!

LE VENDEUR: Quelle est votre _____?

BERNARD: Je _____ du 36.

LE VENDEUR: Qu'est-ce que vous pensez de la veste _____?

BERNARD: Elle est jolie, mais elle est trop _____.

LE VENDEUR: Voulez-vous _____ cette veste bleue?

BERNARD: Elle _____ bien. Combien coûte-t-elle?

LE VENDEUR: 150 euros.

BERNARD: Hm, c'est un peu cher. Je vais _____.

LE VENDEUR: À votre service.

Nom _____

Classe _____ Date _____

E. Répondez, s'il vous plaît!

▶ —Qu'est-ce que Jérôme achète?
—Il achète une veste.

Questions personnelles

? 9	? 10	? 11	? 12	? 13

F. Situation: Le manteau de Sophie

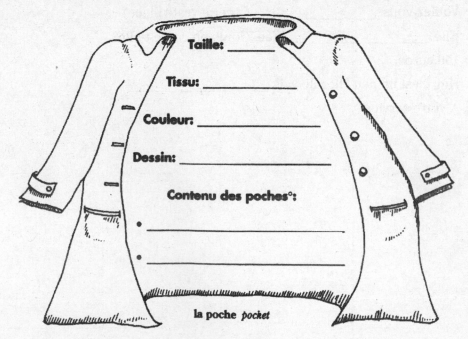

Taille: _____
Tissu: _____
Couleur: _____
Dessin: _____
Contenu des poches°:
• _____
• _____

la poche *pocket*

Nom _____

Classe _____ Date _____

Discovering
FRENCH
Nouveau!

BLANC

Unité 7
Leçon 25
Workbook

WRITING ACTIVITIES

A/B/C 1. L'intrus *(The intruder)*

Dans chaque groupe, il y a un élément qui n'appartient pas *(does not belong)* à cette catégorie. C'est l'intrus! Trouvez l'intrus et rayez-le *(cross it out)*.

▶ bleu	vert	~~joli~~	rouge
1. chemise	tennis	polo	tee-shirt
2. blouson	velours	imper	manteau
3. pantalon	veste	portefeuille	pull
4. jupe	robe	chemisier	parapluie
5. chaussures	chaussettes	bottes	sandales
6. bague	collier	fourrure	boucles d'oreilles
7. noir	violet	cuir	bleu foncé
8. jaune	blanc	rose	soie
9. carreaux	rayures	lunettes	fleurs
10. or	toile	argent	platine
11. laine	coton	chapeau	velours côtelé
12. rose	toile	velours	soie

A/B/C 2. Classements

Classez les objets de la liste suivant la partie du corps où on les porte. Puis ajoutez *(add)* un ou deux objets à chaque groupe.

bague		
boucles d'oreilles		
bracelet		
casquette	bague	
ceinture		
chapeau		
chaussettes		
collier		
foulard		
gants		
jupe		
pantalon		
tennis		
veste		

B L A N C

Nom _____

Classe _____ Date _____

A/B/C/D 3. Shopping

A. Articles de cuir

1. Dans quel rayon du grand magasin se passe la scène?

_____

2. Quels vêtements porte la cliente?

_____

_____

3. Quels bijoux porte la vendeuse?

_____

4. Que veut acheter la dame? Selon vous, pourquoi veut-elle acheter cet objet?

_____

5. Quels articles est-ce qu'il y a dans la vitrine *(display case)*?

_____

_____

Nom _____

Classe _____ Date _____

Discovering
FRENCH
Nouveau!

BLANC

Unité 7
Leçon 25
Workbook

B. Soldes

1. Où se passe la scène?

_____

2. Qu'est-ce que le client essaie?

_____

3. Quel est le dessin de la veste? et du pantalon?

_____

4. Quel est le problème avec la veste? et avec le pantalon?

_____

5. Combien coûte la veste? et le pantalon?

_____

6. Selon vous, qu'est-ce que le client va faire?

_____

Nom _____

Classe _____ Date _____

Discovering
FRENCH
Nouveau!

B L A N C

4. 👥 Communication

A. Joyeux anniversaire!

Pour votre anniversaire, votre oncle Paul, qui habite à Québec et qui est riche, vous a promis de vous acheter cinq vêtements ou accessoires de votre choix. Ecrivez-lui une lettre où vous faites une liste des cinq objets que vous voulez. Donnez des détails sur chaque objet (couleur? dessin? matière? . . .). Puis signez votre lettre.

> Cher oncle Paul,
> Merci de ton offre généreuse! Pour mon anniversaire je voudrais avoir ...
> •
> •
> •
> •
> •
>
> Je t'embrasse,

B. Invitations

Ce week-end vous êtes invité(e) à quatre événements différents:

- une boum
- un pique-nique
- un mariage *(wedding)*
- l'anniversaire de votre oncle

Choisissez l'événement où vous voulez aller et décrivez en détail les vêtements et les chaussures que vous allez porter pour l'occasion. Pour chaque type de vêtement, vous pouvez, par exemple, décrire la couleur, le tissu, le style. (Si c'est nécessaire, utilisez une feuille de papier séparée.)

> ○ Je vais aller _____
> Pour cette occasion, je vais mettre _____
> _____
> _____
> _____
> _____
> Je vais aussi porter _____
> _____
> ○ _____

Discovering French, Nouveau! Blanc

Nom _____

Classe _____ Date _____

Discovering
FRENCH
Nouveau!

B L A N C

LEÇON 26 Armelle compte son argent

LISTENING/SPEAKING ACTIVITIES

Section 1. Vidéo-scène

A. Compréhension générale

 Allez à la page 380 de votre texte. Écoutez.

B. Avez-vous compris?

	vrai	faux			vrai	faux
1.	☐	☐		5.	☐	☐
2.	☐	☐		6.	☐	☐
3.	☐	☐		7.	☐	☐
4.	☐	☐				

Section 2. Langue et communication

C. C'est combien?

35€

Nom _____

Classe _____ Date _____

D. Le 5 000 mètres

▶ —Marc est arrivé dixième. Et Cécile?
—**Cécile est arrivée troisième.**

Marc	Cécile	Barbara	Nicolas	Sophie	Jean-Paul	Michelle	Olivier
10	3	5	1	20	9	34	11

E. Vêtements

▶ Corinne a une robe.   **C'est une belle robe.**

▶ Jérôme porte un chapeau.   **C'est un vieux chapeau.**

▶ Lucie a mis une jupe.   **C'est une nouvelle jupe.**

F. Comment?

▶ Catherine est ponctuelle. Elle arrive à la gare.
Elle arrive à la gare ponctuellement.

Nom _____

Classe _____ Date _____

Discovering
FRENCH
Nouveau!

BLANC

Unité 7
Leçon 26
Workbook

WRITING ACTIVITIES

A 1. Aux Galeries Lafayette

Vous travaillez aux Galeries Lafayette, un grand magasin à Paris. Dites combien coûtent les choses suivantes. Écrivez chaque prix en lettres.

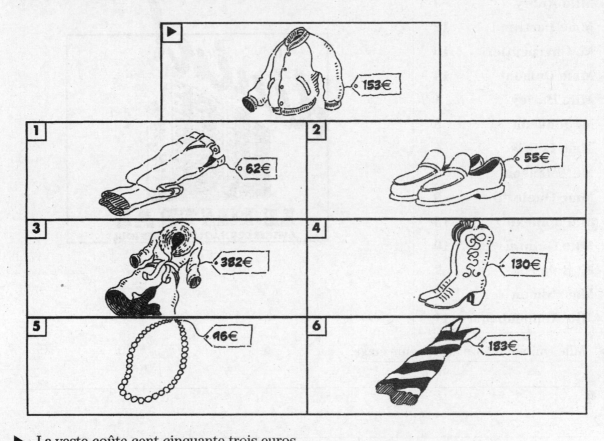

▶ La veste coûte cent cinquante-trois euros.

1. _____

2. _____

3. _____

4. _____

5. _____

6. _____

Nom _____

Classe _____ Date _____

B 2. Concierge

Vous habitez à Montréal. Pour gagner de l'argent vous travaillez à temps partiel comme concierge dans un immeuble. Choisissez cinq résidents de l'immeuble et dites à quel étage chacun habite.

Mlle Aubry	3
Mme Bertrand	12
M. Charpentier	16
Mme Dumont	14
Mlle Harley	1
M. Johnson	8
Mme Lebris	6
M. Mélanson	5
Mme Ouelette	9
M. Papineau	13
Mlle Quintal	10
M. Roberts	7
Mme Simon	15
Mlle Tennenbaum	11

LE MISTRAL
À VISITER DE 9 H À 21 H TOUS LES JOURS

▶ Mlle Quintal habite au dixième étage.

_____

_____

_____

_____

B 3. Chronologie

Complétez les phrases avec le NOMBRE ORDINAL qui convient (fits).

▶ Mars est le <u>troisième</u> mois de l'année.

1. Septembre est le _____ mois de l'année.

2. Janvier est le _____ mois de l'année.

3. Mardi est le _____ jour de la semaine.

4. Vendredi est le _____ jour de la semaine.

5. George Washington est le _____ président des États-Unis.

6. Abraham Lincoln est le _____ président.

Discovering
FRENCH
Nouveau!

B L A N C

C 4. Vive la différence!

Tout le monde n'a pas la même personnalité. Exprimez cela d'après le modèle.

▶ Philippe est bon en maths.   Catherine <u>n'est pas bonne en maths</u>

1. Marc est généreux.   Sa cousine _____ .

2. Hélène est sportive.   Jean-Claude _____ .

3. Olivier est musicien.   Stéphanie _____ .

4. Armelle est sérieuse.   Ses frères _____ .

5. Pierre est ponctuel.   Corinne _____ .

6. Isabelle est discrète.   Éric _____ .

7. Thomas est original.   Ses copains _____ .

D 5. Chacun à sa façon *(Each in his/her own way)*

Complétez les phrases suivantes avec la forme correcte des adjectifs entre parenthèses.

1. (beau) Mademoiselle Bellamy est toujours très élégante.
   Aujourd'hui elle porte une _____ robe bleue,
   des _____ chaussures italiennes et
   un _____ imperméable noir.

2. (nouveau) Madame Thomas aime les choses modernes.
   Elle va acheter une _____ voiture et
   des _____ meubles pour son
   _____ appartement.

3. (vieux) Monsieur Vieillecase préfère les choses anciennes.
   Il habite dans une _____ maison où il
   a beaucoup de _____ livres et d'autres
   _____ choses.

250 magasins d'art et d'antiquités.

LE LOUVRE
DES ANTIQUAIRES
2, place du Palais Royal 75001 PARIS
01 42 97 27 00

E 6. Une question de personnalité

Dites que les personnes suivantes agissent *(act)* suivant leur personnalité.

▶ Thomas est calme. Il parle <u>calmement</u> .

1. Catherine est énergique.   Elle joue au foot _____ .

2. Philippe est poli.   Il répond toujours _____ aux gens.

3. Éric est attentif.   Il écoute _____ le professeur.

4. Juliette est consciencieuse.   Elle fait ses devoirs _____ .

5. Marc est sérieux.   Il travaille _____ .

6. Jean-Pierre est ponctuel.   Le matin, il arrive _____ à l'école.

7. Christine est élégante.   Elle s'habille toujours _____ .

8. François est patient.   Il attend _____ ses amis.

7. Communication: Votre personnalité

Décrivez votre personnalité en disant comment vous faites certaines choses. Vous pouvez utiliser certaines des expressions suivantes et les adverbes dérivés des adjectifs suggérés.

- agir *(to act)*
- aider mes copains
- arriver à mes rendez-vous
- étudier
- faire mes devoirs
- m'habiller
- parler
- penser

calme	**consciencieux**
élégant	**généreux**
logique	**original**
patient	**ponctuel**
prudent *(cautious)*	**sérieux**
simple	

En général, j'agis (je n'agis pas) logiquement . . .

_____

_____

_____

_____

_____

_____

_____

_____

_____

_____

_____

Nom _____

Classe _____ Date _____

Discovering
FRENCH
Nouveau!

B L A N C

LEÇON 27 Corinne a une idée

LISTENING/SPEAKING ACTIVITIES

Section 1. Vidéo-scène

A. Compréhension générale

 Allez à la page 388 de votre texte.
Écoutez.

B. Avez-vous compris?

	vrai	faux		vrai	faux
1.	☐	☐	5.	☐	☐
2.	☐	☐	6.	☐	☐
3.	☐	☐	7.	☐	☐
4.	☐	☐			

Section 2. Langue et communication

C. Descriptions

▶ —Est-ce que ce problème est facile ou difficile?
—Ce problème est facile.

▶ $2+2=4$

D. Plus ou moins

▶A. —Est-ce que le blouson est plus cher que la veste?
—Oui, le blouson est plus cher que la veste.

▶B. —Est-ce que le bracelet est plus cher que le collier?
—Non, le bracelet est moins cher que le collier.

▶C. —Est-ce que les baskets sont moins chers que les tennis?
—Non, les baskets sont aussi chers que les tennis.

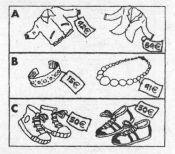

Nom _____

Classe _____ Date _____

Discovering
FRENCH
Nouveau!

B L A N C

E. Vrai ou faux?

▶ vrai faux

1 vrai faux

2 Marc Philippe vrai faux

3 Julie Alice vrai faux

4 Jacques Bernard vrai faux

5 Médor Fifi vrai faux

6 Christine Richard vrai faux

7 Sylvie Nathalie vrai faux

F. Comparaisons

▶ Quel est le problème le plus difficile?   **Le premier problème est le plus difficile.**

	1	2	3
▶	$2a - 3y = 28$	$25 + 39 = 64$	$2 + 2 = 4$
1	$300 - 150 = 150$	$36 - 12 = 24$	$3 - 2 = 1$
2	20 mph	60 mph	30 mph
3	460€	382€	290€
4			
5			
6	122€	610€	427€
7	C	B	A
8			

Discovering French, Nouveau! Blanc

Nom _____

Classe _____ Date _____

Discovering
FRENCH
Nouveau!

B L A N C

Unité 7
Leçon 27
Workbook

WRITING ACTIVITIES

A 1. Comparaisons

Comparez les choses ou les personnes suivantes en utilisant la forme COMPARATIVE appropriée de l'adjectif indiqué.

▶ le français / facile / l'espagnol? <u>Le français est moins (plus, aussi) facile que l'espagnol.</u>

1. l'argent / cher / l'or? _____

2. l'hydrogène / lourd / l'air? _____

3. les Jaguar / rapide / les Mercedes? _____

4. le basket / dangereux / le foot? _____

5. les chats / intelligent / les chiens? _____

6. les Lakers / bon / les Celtics? _____

7. la cuisine française / bon / la cuisine américaine? _____

   _____

8. les tee-shirts / bon marché / les chemises? _____

   _____

A 2. De bonnes raisons!

Vous habitez à Annecy. Votre copain (copine) français(e) vous demande pourquoi vous faites certaines choses. Répondez-lui logiquement en utilisant la forme COMPARATIVE appropriée des mots entre parenthèses.

▶ Pourquoi achètes-tu le tee-shirt? (cher) <u>Parce qu'il est moins cher que</u> le polo.

1. Pourquoi achètes-tu le blouson? (joli)

   _____ la veste.

2. Pourquoi choisis-tu la tarte? (bon)

   _____ le gâteau au chocolat.

3. Pourquoi achètes-tu les sandales? (bon marché)

   _____ les chaussures.

4. Pourquoi achètes-tu le sac? (lourd)

   _____ la valise *(suitcase)*.

5. Pourquoi mets-tu ton manteau? (chaud)

   _____ mon imper.

6. Pourquoi invites-tu Caroline? (snob)

   _____ sa cousine.

Nom _____

Classe _____ Date _____

B 3. Que dire?

Vous êtes avec votre ami(e) français(e). Qu'est-ce que vous allez dire dans les situations suivantes? Complétez les phrases avec plus + l'adverbe qui convient (fits).

| tôt | tard | vite | lentement | longtemps |

▶ Je ne comprends pas. Parle <u>plus lentement</u>!

1. Nous sommes pressés (in a hurry). Allons _____!

2. Tu es toujours en retard pour l'école. Lève-toi _____ demain!

3. J'ai mal aux pieds. Allons _____!

4. Il fait très beau aujourd'hui. Restons _____ à la plage!

5. Demain, c'est dimanche. Levons-nous _____!

C 4. Des touristes exigeants *(Demanding tourists)*

Des touristes français visitent votre ville. Ces touristes sont exigeants et veulent toujours faire les meilleures choses. Exprimez cela en complétant les phrases avec la forme plus du superlatif des expressions entre parenthèses.

▶ (un hôtel confortable)
Les touristes veulent rester dans <u>l'hôtel le plus confortable</u>.

1. (un musée intéressant)

   Les touristes veulent visiter _____.

2. (une comédie amusante)

   Ils veulent voir _____.

3. (un bon restaurant)

   Ils veulent dîner dans _____.

4. (des quartiers modernes)

   Ils veulent visiter _____.

5. (des boutiques bon marché)

   Ils veulent faire du shopping dans _____.

Discovering French, Nouveau! Blanc

C 5. À votre avis

Nommez les choses ou les personnes qui représentent le maximum indiqué.

▶ un hôtel moderne / ma ville
L'hôtel le plus moderne de ma ville est l'Excelsior Hotel.

1. une ville intéressante / ma région

   _____

2. une ville intéressante / les États-Unis

   _____

3. un bon restaurant / mon quartier

   _____

4. une bonne équipe / la Ligue Nationale

   _____

5. un bon jour / la semaine

   _____

6. un mois froid / l'année

   _____

7. une belle saison / l'année

   _____

6. Communication

A. Vos Oscars personnels Décernez *(name)* vos Oscars personnels dans quatre des catégories suivantes. Si c'est nécessaire, utilisez une feuille de papier séparée.

- **un bon acteur**
- **une bonne actrice**
- **un(e) bon(ne) athlète**
- **une équipe de basket**

- **une bonne chanson**
- **un film intéressant**
- **une comédie drôle**
- **une voiture rapide**

- **des bandes dessinées amusantes**
- **un livre passionnant (*exciting*)**
- **un magazine intéressant**
- **un bon groupe musical**

Selon moi, le meilleur acteur est

_____

_____

_____

_____

_____

_____

Nom _____

Classe _____ Date _____

B. Comparaisons personnelles Écrivez un petit paragraphe où vous vous comparez avec un(e) ami(e) ou un membre de votre famille. Vous pouvez utiliser les adjectifs suggérés ou d'autres adjectifs de votre choix. Si nécessaire, utilisez une feuille de papier séparée.

jeune ≠ âgé	sérieux ≠ paresseux	drôle	sportif
grand ≠ petit	généreux ≠ égoïste	gentil	spirituel
fort ≠ faible	consciencieux	bon en . . .	timide

J'ai une cousine qui s'appelle Béatrice.
Je suis plus jeune qu'elle mais elle est
plus petite que moi. Elle est plus
sportive que moi, mais je pense que
je suis plus sérieuse qu'elle. Je suis
meilleure en français qu'elle, mais
je ne suis pas aussi bonne qu'elle
en maths...

Discovering
FRENCH
Nouveau!

B L A N C

Unité 7
Leçon 28
Workbook

LEÇON 28 Les vieilles robes de Mamie

LISTENING/SPEAKING ACTIVITIES

Section 1. Vidéo-scène

A. Compréhension générale

 Allez à la page 398 de votre texte.
Écoutez.

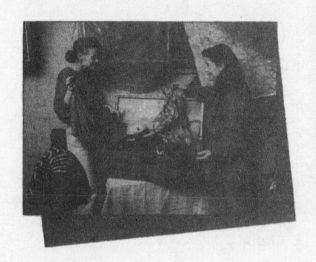

B. Avez-vous compris?

vrai   faux

1. ☐   ☐
2. ☐   ☐
3. ☐   ☐
4. ☐   ☐
5. ☐   ☐
6. ☐   ☐
7. ☐   ☐

Section 2. Langue et communication

C. Lequel?

▶ SOPHIE: Regarde cette nouvelle ceinture!
SANDRINE: **Laquelle?**

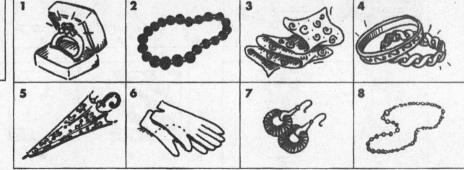

D. Achats

▶—Est-ce que tu vas acheter cette veste?
  —Non, je vais acheter celle-là.

Nom _____

Classe _____ Date _____

E. Préférences

▶ —Quelle veste est-ce que tu préfères? Moi, j'aime celle de Christine.
—Eh bien moi, je préfère celle de Sylvie.

Christine

Sylvie

F. Choix

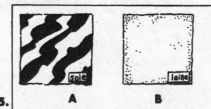

A   100€   B   75€

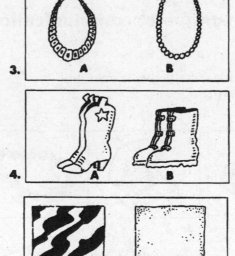

3.   A   B

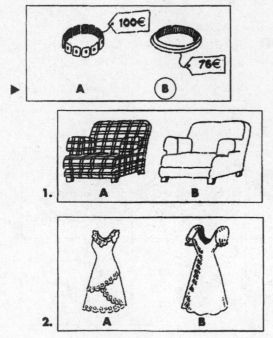

1.   A   B

2.   A   B

4.   A   B

5.   A (soie)   B (laine)

Nom _____

Classe _____ Date _____

Discovering FRENCH *Nouveau!*

B L A N C

Unité 7
Leçon 28
Workbook

WRITING ACTIVITIES

A/B 1. Pourquoi pas?

Vous faites du shopping avec un(e) ami(e) français(e). Complétez les dialogues d'après le modèle.

▶ —Tu as choisi une veste?

—Oui.

_Laquelle? _____

_Celle-ci! _____

—Pourquoi pas celle-là? _____

—Parce qu'elle est affreuse!

1. —Tu vas essayer des chaussures?

—Oui.

—_____?

—_____!

—Pourquoi pas _____?

—Parce qu'elles sont trop étroites!

2. —Tu as acheté un pull?

—Oui.

—_____?

—_____!

—Pourquoi pas _____?

—Parce qu'il est trop petit!

3. —Tu vas acheter des tee-shirts?

—Oui.

—_____?

—_____!

—Vraiment? Pourquoi pas _____?

—Parce qu'ils sont trop moches!

B 2. Rendez à César!

Répondez au négatif aux questions suivantes et identifiez le propriétaire *(owner)* de chaque objet.

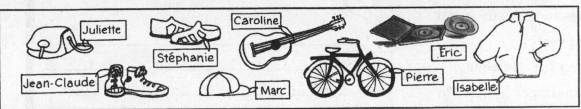

▶ C'est ton vélo? _____

Mais non, c'est celui de Pierre.

1. C'est ton blouson? _____

_____

2. Ce sont tes baskets? _____

3. C'est ta guitare? _____

_____

4. Ce sont tes CD? _____

_____

5. C'est ta casquette? _____

_____

6. C'est ton sac? _____

_____

7. Ce sont tes sandales? _____

_____

Nom _____

Classe _____ Date _____

B 3. Emprunts

Quand on n'a pas certaines choses, on les emprunte à des amis. Exprimez cela d'après le modèle.

▶ Philippe n'a pas sa raquette. (jouer / Thomas)

  Il joue avec celle de Thomas.

1. Catherine n'a pas ses CD. (écouter / Nathalie)

  _____

2. Marc n'a pas son appareil-photo. (prendre des photos / sa cousine)

  _____

3. Véronique n'a pas ses lunettes de soleil. (prendre / sa soeur)

  _____

4. Jérôme n'a pas sa veste. (mettre / son frère)

  _____

4. Communication: Quand on oublie . . .

Parfois nous oublions de prendre certaines choses. Choisissez cinq objets de la liste et dites à qui vous empruntez ces objets quand vous les avez oubliés.

> mon vélo
>
> mon appareil-photo
>
> mes livres de français
>
> mon baladeur
>
> mes lunettes de soleil
>
> ma veste
>
> mon survêtement
>
> mon imper
>
> ma raquette de tennis
>
> ma batte de baseball

▶ Quand j'oublie mon survêtement, j'emprunte celui de mon cousin (d'une copine, de ma soeur, de mon amie Caroline).

- _____
- _____
- _____
- _____
- _____

Nom _____

Classe _____ Date _____

Discovering
FRENCH
Nouveau!

B L A N C

Unité 7

Workbook
Reading and Culture Activities

UNITÉ 7 Reading and Culture Activities

Aperçu culturel

Prenez votre manuel de classe et relisez les pages 370 et 371. Ensuite, complétez les paragraphes avec les mots suggérés.

boutique	**couturiers**	**collier**	**mode**
pointure	**boucles d'oreilles**	**soldes**	**style**

1. Patrick est dans une _____ boutique de chaussures. Il aime beaucoup le _____ de ces chaussures-ci. Malheureusement *(unfortunately)*, elles ne sont pas à sa _____ .

2. Catherine est invitée à une soirée ce week-end. Elle va mettre les nouveaux accessoires qu'elle a achetés pendant les vacances: un _____ africain et des _____ en argent.

3. Caroline adore lire les magazines de _____ . Elle aime regarder les collections présentées par les grands _____ . Bien sûr, ces vêtements sont beaucoup trop chers pour elle! Comme *(Since)* elle n'a pas beaucoup d'argent, elle attend la période des _____ pour acheter ses vêtements.

FLASH **culturel**

La fameuse chemise Lacoste a été créé en France en 1932. Reconnaissable à son emblème de crocodile, cette chemise est aujourd'hui portée dans le monde entier.

• Qui était René Lacoste, son créateur?

   A. Un couturier.   C. Un musicien.

   B. Un joueur de polc.   D. Un champion de tennis.

Pour vérifier votre réponse, allez à la page 257.

DOCUMENTS

Read the following documents and select the correct completion for each of the accompanying statements. Place a check in the corresponding box.

1. On trouve ces choses au rayon des . . .
   ❑ raquettes de tennis.
   ❑ vêtements de sport.
   ❑ vêtements d'hiver.

TENNIS dessus synthétique, semelle caoutchouc cousue, blanc/vert, du 28 au 38 **12€**

PANTALON DE SURVETEMENT 100 % polyamide, vert/marine/violet/bleu, du 6 au 16 ans **9€**

SURVETEMENT 100 % polyamide, coloris assortis, du 6 au 14 ans **23€**

2. Dominique Aurientis est le nom d'une boutique parisienne.
   • Ici on peut acheter . . .
     ❑ une bague.
     ❑ un imper.
     ❑ un manteau.
   • On peut aussi acheter . . .
     ❑ des chaussures en cuir.
     ❑ un foulard en soie.
     ❑ une chemise en coton.

Dominique Aurientis PARIS

Bijoux Accessoires

3. Mod' Chic est une boutique de mode.
   • Cette boutique vend . . .
     ❑ des vêtements de sport.
     ❑ des vêtements d'hommes.
     ❑ des vêtements de femmes.
   • Mod' Chic annonce à sa clientèle . . .
     ❑ des soldes.
     ❑ sa collection de printemps.
     ❑ la fermeture *(closing)* de sa boutique.
   • Pour chaque type de vêtement, l'annonce indique . . .
     ❑ le style.
     ❑ le tissu.
     ❑ la couleur.
   • Le vêtement le moins cher est . . .
     ❑ la jupe.
     ❑ le chemisier.
     ❑ le tailleur.

Mod/Chic
120 Avenue de Strasbourg
du 1er au 15 avril seulement

Jupes laine	~~54€~~	38€
Chemisiers soie	~~61€~~	46€
Tailleurs velours	~~153€~~	107€

Détaxe à l'exportation   fermé le lundi

Nom _____

Classe _____ Date _____

Discovering
FRENCH
Nouveau!

B L A N C

Unité 7

Workbook
Reading and Culture Activities

4. Cette annonce décrit les caractéristiques
   d'un vêtement excepté . . .
   ❑ sa couleur.
   ❑ son prix.
   ❑ sa taille.

> **C O U N T R Y**
>
> MARQUE EXCLUSIVE MONOPRIX
>
> PANTALON FLANELLE,
> 70% LAINE, 30% polyester.
>
> Gris foncé ou gris moyen_____ **35€**

5. Voici une publicité pour un pantalon.
   • Ce pantalon est en . . .
   ❑ laine.
   ❑ velours côtelé.
   ❑ fibre synthétique.
   • Ce pantalon n'existe pas en . . .
   ❑ jaune.
   ❑ bleu.
   ❑ vert.

> PANTALON SUEDE CUP'S
> ADULTE
> 85% polyester, 15% polyamide
> 1 poche couture, 1 poche zippée,
> bas de Pantalon zippé, coloris noir,
> royal, vert, marine ou violet
> Toille 1 à 5
>
> **15€**

6. Lisez ces publicités. Puis indiquez si les phrases sont vraies ou fausses.

50€
mocassins homme à boucle
et franges en box.
Couleur: noir.
Du 39 au 45.
SERGIO VITTO.

• On trouve cet article au rayon   vrai   faux
  des chaussures homme.
• On peut choisir la pointure.   vrai   faux
• On peut choisir la couleur.   vrai   faux

45€
parka en chambray
matelassé, col châle,
manches raglan,
fermetures pression,
100% coton.
Existe en bleu
ciel, noir, gris, kaki,
taille unique.
CAROLE
LAURENT.

• Ce vêtement est en cuir.   vrai   faux
• On peut choisir la taille.   vrai   faux
• Ce vêtement existe en quatre   vrai   faux
  couleurs différentes.

70€
Blouson Teddy Stanford,
doublé écossais,
70% laine cardée,
15% polyamide,
10% polyester,
5% autres fibres.
Existe en marine et
vert. Tailles 1 à 4.

• Ce blouson est en cuir.   vrai   faux
• On peut choisir la taille.   vrai   faux
• Ce blouson existe en cinq   vrai   faux
  couleurs différentes.
• Il coûte soixante-dix euros.   vrai   faux

Nom _____

Classe _____ Date _____

Discovering
FRENCH
Nouveau!

B L A N C

Unité 7

Workbook
Reading and Culture Activities

C'est La Vie

1. Shopping

Les boutiques ci-dessous vendent des marchandises différentes.

Chaque boutique est identifiée par un numéro: 1, 2, 3, 4, 5, 6.

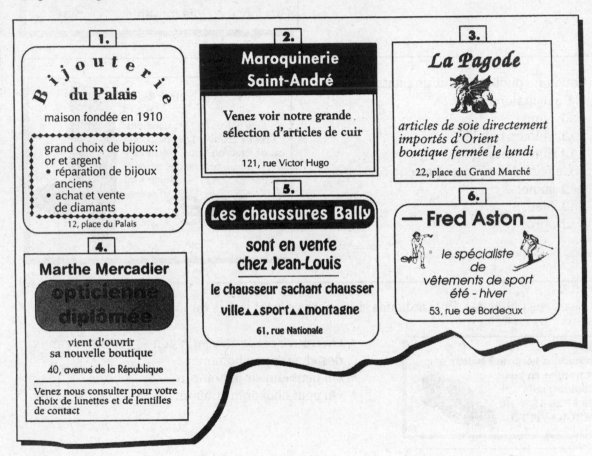

1.
Bijouterie du Palais
maison fondée en 1910
grand choix de bijoux:
or et argent
• réparation de bijoux
  anciens
• achat et vente
  de diamants
12, place du Palais

2.
Maroquinerie
Saint-André
Venez voir notre grande
sélection d'articles de cuir
121, rue Victor Hugo

3.
La Pagode
articles de soie directement
importés d'Orient
boutique fermée le lundi
22, place du Grand Marché

4.
Marthe Mercadier
opticienne
diplômée
vient d'ouvrir
sa nouvelle boutique
40, avenue de la République
Venez nous consulter pour votre
choix de lunettes et de lentilles
de contact

5.
Les chaussures Bally
sont en vente
chez Jean-Louis
le chausseur sachant chausser
ville▲▲sport▲▲montagne
61, rue Nationale

6.
— Fred Aston —
le spécialiste
de
vêtements de sport
été - hiver
53, rue de Bordeaux

Écrivez le numéro de la boutique où vous pouvez acheter les articles suivants.

ARTICLE	BOUTIQUE
• des lunettes de soleil	
• un portefeuille	
• des bottes en caoutchouc	
• un foulard en soie	
• des boucles d'oreilles	

ARTICLE	BOUTIQUE
• un survêtement	
• une ceinture	
• une bague	
• un maillot de bain	
• un sac en cuir	

Nom _____

Classe _____ Date _____

Discovering FRENCH *Nouveau!*

BLANC

Unité 7

Workbook
Reading and Culture Activities

2. Aux Galeries Modernes

Vous êtes aux Galeries Modernes. Dites à quel étage vous devez aller dans les circonstances suivantes:

a. Vous voulez acheter des boucles d'oreilles pour l'anniversaire de votre soeur.

   étage _____.

b. Vous avez besoin d'un dictionnaire français-anglais.

   étage _____.

c. Vous avez acheté une mini-chaîne qui ne marche pas. Vous voulez l'échanger.

   étage _____.

d. Vous voulez acheter une lampe pour votre bureau.

   étage _____.

e. Vous voulez voir les nouveaux modèles de lunettes de ski.

   étage _____.

f. Vous voulez acheter des gants pour l'anniversaire de votre oncle.

   étage _____.

g. Vous voulez acheter un service *(set)* de verres pour le mariage de votre cousin.

   étage _____.

h. Vous voulez acheter un collier pour l'anniversaire d'une copine.

   étage _____.

❖ Les Galeries Modernes ❖	
6ᵉ	cafétéria - restaurant self service
5ᵉ	meubles - literie
4ᵉ	tv - hi-fi - électronique photo - optique
3ᵉ	chaussures vêtements de sport
2ᵉ	mode homme bagagerie
1ᵉ	mode femme - lingerie
Rez-de-chaussée	parfumerie - bijouterie librairie - papeterie
Sous-sol	arts de la table meubles de cuisine électroménager

FLASH culturel: Réponse

→ **D.** René Lacoste est l'un des plus grands champions de tennis français. Avec lui, l'équipe de France a gagné six fois la Coupe Davis entre 1927 et 1932. Les joueurs américains, contre qui il jouait, l'ont nommé «The Crocodile». Voilà pourquoi il a choisi cet emblème pour la marque de chemise qu'il a fondée en 1932.

Nom _____

Classe _____ Date _____

Discovering
FRENCH
Nouveau!

B L A N C

C'est La Vie *(continued)*

3. Les Cadeaux

Vous avez passé un mois en France. Avant de partir, vous voulez acheter des cadeaux pour vos amis et pour les membres de votre famille. Vous allez à La Boîte à cadeaux. Regardez la liste des objets qui sont proposés.

La Boîte à cadeaux
49, rue du Four
Tél. 01-44-31-65-34

PULLS, pure laine d'agneau.
Bleu roi, jaune, marine, rouge,
gris ou vert. _____ **15€**

FOULARDS, soie 28 x 160 cm.
Violet, jaune, marine, turquoise,
noir, rouge ou vert._____ **23€**

CRAVATES unies, 70% laine,
 30% polyamide. Bleu, violet,
jaune, marine, noir, rouge,
gris chiné ou vert. La paire _____ **5€**

CRAVATES, polyester _____ **10€**

CRAVATES, soie _____ **15€**

CEINTURES, coton et viscose.
Marine, noir ou vert._____ **9€**

BAGUES, plastique.
Bleu, jaune, rouge ou crème. _____ **3€**

BOUCLES D'OREILLES double créoles.
Gris ou bronze._____ **5€**

SAC à rabat, vinyl.
Noir, havane ou vert. _____ **25€**

BRACELETS, plastique._____ **3€**

BRACELETS, métal doré ou
argenté. _____ **3€**

Maintenant, faites votre liste de cadeaux. Pour cela indiquez . . .

• le nom de cinq personnes à qui vous allez offrir quelque chose
• le cadeau que vous allez acheter pour chaque personne (Pour chaque objet, indiquez un détail, par exemple, la couleur ou la matière que vous allez choisir.)
• le prix de chaque article.

Puis, faites le total de vos achats.

Liste Des Cadeaux		
Pour...	Article	Prix
1.		
2.		
3.		
4.		
5.		
Prix Total		

Nom

Classe _____ Date _____

Discovering
FRENCH *Nouveau!*

B L A N C

Unité 7

Workbook
Reading and Culture Activities

4. Chez Auchan

Auchan est un centre commercial où on peut acheter beaucoup d'objets différents. Avec l'argent que vous avez gagné, vous avez décidé d'acheter quelque chose. Choisissez l'un des objets representés et payez par chèque. Etablissez votre cheque au nom de «Auchan».

Nom _____

Classe _____ Date _____

Discovering
FRENCH
Nouveau!

BLANC

C'est La Vie *(continued)*

5. Mode et langage

Certaines expressions françaises contiennent des noms de vêtements ou de textiles. Lisez les phrases suivantes et cherchez le sens des expressions soulignées. Faites un cercle autour de la lettre correspondante: a, b ou c.

Puis, vérifiez vos réponses à la page 261.

1. Vous avez couru un marathon?
   <u>Chapeau!</u>
   a. Bravo!
   b. Ce n'est pas vrai!
   c. Vous êtes très courageux!

2. Oh là là, <u>j'ai les jambes en coton</u>!
   a. Je me sens faible.
   b. J'ai mal aux pieds.
   c. Je porte de nouvelles chaussettes.

3. Notre équipe de foot a de bons joueurs, mais la semaine dernière <u>elle a pris une veste</u>.
   a. Elle a changé d'uniforme.
   b. Elle a gagné le championnat.
   c. Elle a perdu un match important.

4. Marie-Jeanne <u>se constitue un bas</u> *(stocking)* de laine.
   a. Elle économise *(saves)* son argent.
   b. Elle apprend à tricoter *(to knit)*.
   c. Elle porte des chaussettes d'hiver.

Copyright © by McDougal Littell, a division of Houghton Mifflin Company.

5. <u>C'est bonnet blanc et blanc bonnet</u>!
   a. C'est injuste *(unfair)*!
   b. C'est la même chose!
   c. C'est très intéressant!

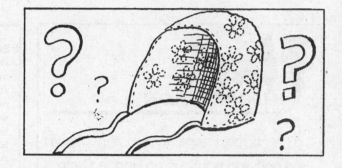

6. Monsieur Martin dîne chez son patron.
   <u>Il est dans ses petits souliers.</u>
   a. Il est intimidé.
   b. Il parle beaucoup.
   c. Il porte ses nouvelles chaussures.

7. Philippe a <u>retourné sa veste</u>.
   a. Il est parti.
   b. Il a changé d'opinion.
   c. Il a acheté une autre veste.

8. Julien est très susceptible. <u>Mets des gants</u> quand tu vas lui dire la vérité.
   a. Protège-toi.
   b. Sois honnête.
   c. Sois diplomate.

Réponses: 1-a, 2-a, 3-c, 4-a, 5-b, 6-a, 7-b, 8-c

Nom _____

Classe _____ Date _____

Textes

Read the following selections and select the correct completion for each of the accompanying statements. Place a check in the corresponding box.

Flash INFORMATION

La compagnie suisse Swatch vient d'ouvrir une nouvelle boutique en France. Cette boutique, située rue Royale à Paris, offre une collection de 90 modèles de montres et de lunettes à un prix moyen de 46€. Parmi ses premiers clients, on a noté la présence de beaucoup de touristes japonais, allemands, italiens et . . . même suisses!

CHRONO CHIC

Swatch lance, pour la fête des Pères, le chronographe (77€ maximum)! Très élégant avec son bracelet de cuir ou de plastique, il existe en cinq versions: Sand Storm, Skipper, Signal Flag, Black Friday et Skate Bike suivant le look du papa, classique ou branché. Cette montre a les fonctions start-stop, split, plus une échelle de tachymètre. D. G.

En vente chez royal Quartz, 10 rue Royale. 75008 Paris. Tél. : 01.42.60.58.58. Ouvert du lundi au samedi de 9h30 à19h. Toutes cartes de crédit.

1. Dans cet article, la compagnie Swatch annonce . . .
   - ❏ des soldes.
   - ❏ une nouvelle collection de montres.
   - ❏ l'ouverture *(opening)* d'une boutique à Paris.

2. Cette compagnie vend . . .
   - ❏ des bijoux.
   - ❏ des accessoires.
   - ❏ des vêtements de sport.

Nom _____

Classe _____ Date _____

Discovering
FRENCH
Nouveau!

B L A N C

Unité 7

Workbook
Reading and Culture Activities

LE JEAN

Le «jean» a une origine véritablement multinationale. Ce vêtement, au nom d'origine italienne, a été créé aux États-Unis par un immigrant d'origine allemande avec du tissu d'origine française. Le jean est né en Californie vers 1850. Son créateur, Oscar Lévi-Strauss, était un marchand originaire de Bavière. Un jour, il a eu l'idée de tailler des pantalons dans la toile de tente qu'il vendait aux chercheurs d'or. La toile de coton qu'il utilisait, le «denim», venait de Nîmes, ville située dans le sud de la France. Cette toile était aussi utilisée dans la fabrication des costumes des marins de Gênes. Le mot «jean» est dérivé du nom de cette ville italienne.

Aujourd'hui, ce vêtement solide, confortable et bon marché est devenu l'uniforme des jeunes du monde entier.

Auchan
M A U R E P A S

PANTALON JEAN, 100% coton
35€

Jean Western, 5 POCHES 100% coton
30€

1. Le thème principal de ce texte est . . .
   - ❑ l'histoire du jean.
   - ❑ la fabrication du jean.
   - ❑ la mode des jeunes.

2. La création du jean coïncide avec . . .
   - ❑ la Révolution américaine.
   - ❑ l'exploration française des Grands Lacs.
   - ❑ la découverte de l'or en Californie.

3. La ville de Nîmes en France a donné son nom à . . .
   - ❑ un tissu de coton.
   - ❑ une marque *(brand)* de jeans.
   - ❑ une ville de Californie.

4. Oscar Lévi-Strauss était . . .
   - ❑ un marin italien.
   - ❑ un immigrant allemand.
   - ❑ un créateur de mode français.

5. L'origine du mot «jean» vient . . .
   - ❑ du prénom français «Jean».
   - ❑ de l'expression «uniforme des jeunes».
   - ❑ de la ville italienne de Gênes *(Genoa)*.

Nom _____

Classe _____ Date _____

Discovering
FRENCH
Nouveau!

B L A N C

INTERLUDE 7: L'affaire des bijoux

Le jeu des 5 erreurs

Voici un résumé de l'histoire «L'affaire des bijoux». Dans ce résumé il y a cinq erreurs. D'abord relisez l'histoire (pages 412–421 de votre manuel de classe). Puis lisez attentivement le résumé de cette histoire. Découvrez les cinq erreurs et expliquez-les brièvement.

Depuis un mois, on signale des vols dans les bijouteries de Chatel-Royan. On pense que le voleur est un mystérieux homme blond qui parle français avec un accent russe.

Monsieur Rochet est le propriétaire d'une bijouterie qui s'appelle Top Bijou. Il demande à son employée de faire très attention. Un matin, deux personnes entrent dans la boutique de Monsieur Rochet: une vieille dame et un jeune homme blond. Ce jeune homme porte des lunettes de soleil comme l'homme décrit dans le journal. Il demande à voir plusieurs bijoux. Il regarde des bagues assez bon marché, puis d'autres bagues ornées d'émeraudes et de diamants. Finalement, il achète un collier de perles qui coûte 77 000 euros et qu'il paie avec des traveller's chèques. La vieille dame regarde la scène, mais elle n'achète rien.

Après le départ du jeune homme et de la vieille dame, l'employée de Monsieur Rochet constate que les bijoux de la «collection Top Bijou» ont disparu. Monsieur Rochet téléphone immédiatement à la police qui arrête le jeune homme blond. Le journal local relate cette arrestation dans son édition du 6 août. Le jeune homme s'appelle Sven Ericsen. C'est un touriste suédois qui loge à l'hôtel Bellevue. Il nie être l'auteur du vol.

La vieille dame lit le journal, mais elle n'est pas satisfaite des explications qui y sont données. Elle téléphone à quelqu'un, puis elle va voir l'inspecteur Poiret chargé de l'enquête. Elle lui explique que Monsieur Ericsen n'est pas le voleur. D'abord, l'inspecteur ne la croit pas, mais la vieille dame dit qu'elle était dans la bijouterie et qu'elle a tout vu. L'inspecteur décide d'aller à la bijouterie avec la vieille dame qui explique où sont les bijoux. Elle accuse Monsieur Rochet d'avoir simulé le vol pour obtenir de l'argent d'une compagnie d'assurance.

Peu après, Monsieur Ericsen retourne chez lui avec les excuses de la police et la vieille dame reçoit une prime de 1 525 euros de la compagnie d'assurance.

Les 5 erreurs (Si c'est nécessaire, utilisez une feuille de papier séparée.)

1ère erreur _____

2ème erreur _____

3ème erreur _____

4ème erreur _____

5ème erreur _____

Nom _____

Classe _____ Date _____

Discovering
FRENCH
Nouveau!

B L A N C

Unité 8
Leçon 29
Workbook

Unité 8. Bonnes vacances!

LEÇON 29   Le français pratique:
Les vacances et les voyages

LISTENING/SPEAKING ACTIVITIES

Section 1. Culture

A. Aperçu culturel: Les Français en vacances

   Allez à la page 434 de votre texte. Écoutez.

	Partie A				**Partie B**	
	vrai	faux			vrai	faux
1.	☐	☐		6.	☐	☐
2.	☐	☐		7.	☐	☐
3.	☐	☐		8.	☐	☐
4.	☐	☐		9.	☐	☐
5.	☐	☐		10.	☐	☐

Section 2. Langue et communication

B. La réponse logique

▶ Comment vas-tu voyager?

   a. Dans un hôtel.　　ⓑ **En train.**　　c. **Trois semaines.**

1. a. Oui, je vais à la montagne.
   b. Oui, nous sommes en vacances.
   c. Oui, nous revenons demain.

2. a. Je parle français.
   b. Je fais de la voile.
   c. Je reste chez moi.

3. a. Oui, je me repose souvent.
   b. Oui, c'est un mauvais hôtel.
   c. Non, nous allons faire du camping.

4. a. Je vais faire un voyage.
   b. Je n'ai pas de passeport.
   c. Je ne suis pas prêt.

Nom _____

Classe _____ Date _____

Unité 8
Leçon 29

Workbook

Discovering
FRENCH
Nouveau!

B L A N C

5. a. Oui, la nuit il fait froid.   b. Non, il n'y a pas de   c. Oui, j'ai chaud.
                                            réchaud.

6. a. Un vélo.   b. Un pantalon et des   c. Non, je n'ai pas mal
                                            chemises.   au dos.

7. a. La Californie.   b. L'Asie.   c. Les États-Unis.

8. a. Au nord.   b. À l'étranger.   c. En vacances.

9. a. À Québec.   b. En France.   c. En Louisiane.

10. a. Je rentre à six heures.   b. Oui, j'ai mon billet.   c. Non, un aller simple.

Nom _____

Classe _____ Date _____

Discovering FRENCH *Nouveau!*

BLANC

Unité 8
Leçon 29
Workbook

C. Le bon choix

▶ —Est-ce que Monsieur Durand voyage en train ou en voiture?
—**Il voyage en voiture.**

D. Dialogues

DIALOGUE A

Patrick parle à Stéphanie de ses projets de vacances.

STÉPHANIE: Dis, Patrick, qu'est-ce que tu vas faire cet été?

PATRICK: Je vais aller _____ avec ma famille.

STÉPHANIE: Vous allez _____ à l'hôtel?

PATRICK: Ah non! C'est trop cher. Nous allons _____!

STÉPHANIE: Tu as de la chance! J'adore faire du camping!

PATRICK: Vraiment? Alors, tu as certainement un _____!

STÉPHANIE: Oui, pourquoi?

PATRICK: Est-ce que tu peux me le prêter?

STÉPHANIE: Bon, d'accord!

DIALOGUE B

À l'aéroport. Un touriste arrive au comptoir d'Air France.

EMPLOYÉE: Bonjour, monsieur. Vous avez votre _____?

TOURISTE: Oui, voilà.

EMPLOYÉE: Vous allez à New York et après à San Francisco, n'est-ce pas?

TOURISTE: Oui, je vais visiter _____ pendant deux semaines.

EMPLOYÉE: Est-ce que je peux voir votre _____?

TOURISTE: Voilà.

EMPLOYÉE: Merci . . . Combien de _____ avez-vous?

TOURISTE: Ces deux-là!

EMPLOYÉE: Merci, et _____!

Nom _____

Classe _____ Date _____

E. Répondez, s'il vous plaît!

▶ —Quel pays vas-tu visiter?
—Je vais visiter le Canada.

Questions personnelles

?	?	?	?
11	12	13	14

F. Situation: Un billet d'avion

RÉSERVATION AIR FRANCE

NOM DU PASSAGER _____

DESTINATION _____

TYPE DE BILLET _____

DATE DE DÉPART _____

DATE DE RETOUR _____

CLASSE _____

Nom _____

Classe _____ Date _____

Discovering FRENCH *Nouveau!*

B L A N C

WRITING ACTIVITIES

A 1. Camping

Ce week-end vous allez faire du camping avec des copains. Nommez six objets que vous allez utiliser.

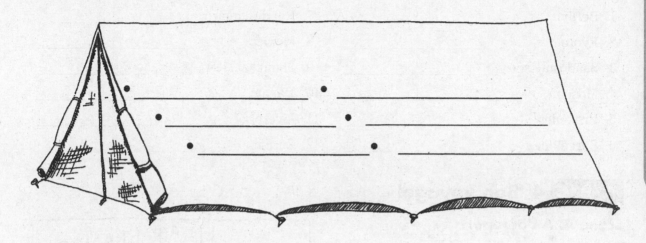

A/B 2. Soyons logique!

Complétez les phrases suivantes avec les mots qui conviennent *(fit)* logiquement.

1. Patrick aime beaucoup nager et faire du ski nautique. Cet été il va aller à
   _____.

2. Alice adore faire de l'alpinisme. Elle va passer les vacances à _____.

3. Monsieur Duval va prendre l'avion tôt demain matin. Maintenant il fait ses
   _____.

4. Je crois que nous sommes perdus. Est-ce que tu as _____ de la
   région?

5. Catherine habite à Paris, mais cet été elle ne va pas rester en France. Elle va voyager à
   _____.

6. Marc veut apprendre l'espagnol. Il va faire _____ de deux mois à
   Madrid.

7. La Virginie est _____ américain.

8. La France est _____ européen.

9. Boston est à l'est des États-Unis et San Francisco est à _____.

10. Mes cousins vont visiter les États-Unis. Ils ne vont pas prendre le train. Ils vont
    _____ une voiture.

Nom _____

Classe _____ Date _____

B 3. Êtes-vous bon (bonne) en géographie?

Écrivez le nom des pays où sont situées les villes suivantes. N'oubliez pas d'utiliser l'article **le, la, l'** ou **les.** Si c'est nécessaire, consultez un atlas ou une encyclopédie.

Note: Tous ces pays sont sur la liste à la page 438 de votre texte.

VILLE	PAYS		VILLE	PAYS
1. Berlin	_____		7. Rio de Janeiro	_____
2. Kyoto	_____		8. Mexico	_____
3. San Francisco	_____		9. Shanghai	_____
4. Moscou	_____		10. Dakar	_____
5. Bruxelles	_____		11. Liverpool	_____
6. Barcelone	_____		12. Zurich	_____

A/B/C 4. Bon voyage!

Scène A. À l'aéroport

1. Où se passe la scène?

   _____

   _____

2. Qu'est-ce que la dame veut acheter?

   _____

   _____

3. Quel pays est-ce qu'elle va visiter?

   _____

   _____

4. Selon vous, en quelle classe est-ce qu'elle va voyager?

   _____

   _____

5. À quelle heure part son avion?

   _____

   _____

6. Quels pays est-ce qu'elle a déjà visités?

   _____

   _____

Discovering
FRENCH
Nouveau!

B L A N C

Unité 8
Leçon 29
Workbook

Scène B. À la gare

1. Où se passe la scène?

   _____

2. Où veut aller le voyageur?

   _____

3. Selon vous, en quelle classe est-ce qu'il voyage?

   _____

4. Qu'est-ce qu'il regarde?

   _____

5. Qu'est-ce qu'il porte sur le dos?

   _____

6. Quel est son pays d'origine?

   _____

7. À quelle heure est-ce que le train va partir?

   _____

Nom _____

Classe _____ Date _____

👥 5. Communication

A. Voyages

Nommez quatre pays où vous voudriez aller et expliquez pourquoi. Si c'est nécessaire, utilisez une feuille de papier séparée.

▶ Je voudrais aller en France parce que c'est un beau pays et parce que

j'aime parler français.

- _____
- _____
- _____
- _____

B. À la gare

Vous êtes en vacances en France. Vous êtes à Paris et vous voulez rendre visite à un copain qui habite à Strasbourg. Complétez la conversation avec l'employé à la Gare de l'Est.

L'EMPLOYÉ: Vous désirez?

VOUS: _____
(Say that you would like a train ticket for Strasbourg.)

L'EMPLOYÉ: Un aller simple?

VOUS: _____
(Say that you want a round trip ticket.)

L'EMPLOYÉ: En quelle classe?

VOUS: _____
(Decide if you want to travel in first or second class: tell him.)

L'EMPLOYÉ: Voilà, ça fait soixante-deux euros.

VOUS: _____
(Ask at what time the train leaves.)

L'EMPLOYÉ: À 18 heures 32.

VOUS: _____
(Say thank you and good-bye.)

Nom _____

Classe _____ Date _____

Discovering
FRENCH
Nouveau!

B L A N C

Unité 8
Leçon 30

Workbook

LEÇON 30 Les collections de Jérôme

LISTENING/SPEAKING ACTIVITIES

Section 1. Vidéo-scène

A. Compréhension générale

 Allez à la page 442 de votre texte. Écoutez.

B. Avez-vous compris?

	Partie A			Partie B	
	vrai	faux		vrai	faux
1.	☐	☐	5.	☐	☐
2.	☐	☐	6.	☐	☐
3.	☐	☐	7.	☐	☐
4.	☐	☐	8.	☐	☐

Section 2. Langue et communication

C. Un long voyage

► __en___ Allemagne

1. _____ Italie

2. _____ Espagne

3. _____ Portugal

4. _____ Mexique

5. _____ États-Unis

6. _____ Canada

7. _____ Angleterre

8. _____ France

► **Elle a des photos d'Allemagne.**

Nom _____

Classe _____ Date _____

BLANC

D. Le courrier (mail)

▶ Nicole reçoit du courrier.   **Elle reçoit une lettre.**

▶ **Nicole**

1. Sophie

2. tu

3. nous

4. je

5. mes parents

6. vous

E. Alain

▶ Alain ne sait pas nager.   **Il apprend à nager.**

Alain	▶ apprendre à	1. apprendre à	2. réussir à	3. commencer à	4. continuer à	5. hésiter à

F. Le régime de Monsieur Depois

▶ Monsieur Depois veut maigrir.   **Il essaie de maigrir.**

M. Depois	▶ essayer de	1. rêver de	2. décider de	3. refuser de	4. arrêter de	5. cesser de	6. accepter de	7. n'oublier pas de

Discovering French, Nouveau! Blanc

Nom _____

Classe _____ Date _____

Discovering FRENCH *Nouveau!*

BLANC

Unité 8
Leçon 30
Workbook

WRITING ACTIVITIES

A 1. Où sont-ils allés?

Ces personnes sont allées à l'étranger cet été. Lisez ce qu'elles ont fait et dites dans quel pays chaque personne est allée.

▶ Catherine a visité la Grande Pyramide.
<u>Elle est allée en Égypte.</u>

1. J'ai acheté un sombrero.	le Canada
_____	l'Égypte
2. Juliette est descendue dans le Grand Canyon.	les États-Unis
_____	l'Italie
3. Nous avons visité le Kremlin.	le Japon
_____	le Mexique
4. Tu as pris des photos de Rome.	la Russie

4. Tu as pris des photos de Rome.

_____

5. Mes copains ont visité la Citadelle de Québec.

_____

6. Vous avez visité les temples bouddhistes.

_____

B 2. Vous êtes le prof

Déterminez la note (A, B, C, D ou F) que reçoivent les étudiants suivants. Utilisez le verbe **recevoir** au PRÉSENT pour les phrases 1 à 6 et au PASSÉ COMPOSÉ pour les phrases 7 et 8.

▶ Philippe n'écoute pas toujours le prof.   Il reçoit un C (un B, un D). _____

1. Nous faisons toujours les devoirs. _____

2. Sylvie et Hélène sont sérieuses. _____

3. Tu n'es pas venu à l'examen. _____

4. Je ne suis pas très bon(ne) en français. _____

5. Vous dormez en classe. _____

6. Alice répond bien aux questions. _____

7. J'ai réussi à l'examen. _____

8. Ces élèves sont très paresseux. _____

Nom _____

Classe _____ Date _____

C 3. Le club de tennis

Ces personnes sont membres d'un club de tennis. Dites ce que chacun fait. Pour cela, complétez les phrases avec **à** ou **de.**

1. Robert a décidé _____ prendre des leçons.

2. Hélène apprend _____ servir.

3. Jean-Philippe commence _____ à jouer assez bien.

4. Thomas rêve _____ être un grand champion.

5. Éric accepte _____ jouer avec-lui.

6. Sylvie refuse _____ jouer avec Thomas.

7. Anne hésite _____ participer au championnat *(championship tournament).*

8. Caroline continue _____ faire des progrès.

9. Julien essaie _____ gagner son match.

10. Charlotte a fini _____ jouer.

C 4. Conversations

Complétez les réponses en utilisant la construction VERBE + INFINITIF. Utilisez le verbe entre parenthèses et l'infinitif de l'expression soulignée.

▶ Tu <u>joues</u> de la guitare?

(apprendre)   Oui, j'apprends à jouer _____ avec un prof.

1. Tu <u>parles français</u>?

(apprendre)   Oui, _____ à l'Alliance Française.

2. Tu <u>prends des leçons</u>?

(continuer)   Oui, _____.

3. Tu <u>travailles</u> le soir?

(arrêter)   Non, _____ à six heures.

4. Tu <u>étudies</u> le samedi?

(refuser)   Non, _____ le week-end.

5. Tu <u>vas</u> au Canada cet été?

(rêver)   Oui, _____ à Québec.

6. Tu <u>es généreux</u> avec tes copains?

(essayer)   Oui, _____ avec eux.

7. Tu <u>prêtes tes CD</u>?

(accepter)   Oui, _____ à mes copains.

8. Tu <u>sors</u> cet après-midi?

(hésiter)   Non, _____ parce qu'il pleut.

Nom _____

Classe _____ Date _____

Discovering
FRENCH
Nouveau!

B L A N C

Unité 8
Leçon 30
Workbook

C 5. Problèmes!

Expliquez les problèmes des personnes suivantes. Pour cela utilisez les verbes entre parenthèses au PASSÉ COMPOSÉ. Attention: vos phrases peuvent être *à l'affirmatif* ou *au négatif.*

▶ Marc (réussir / réparer sa mobylette?)
   Marc n'a pas réussi à réparer sa mobylette.
   _____

1. Thomas (oublier / inviter sa copine?)
   _____

2. Les voisins (arrêter / faire du bruit *(noise)* la nuit dernière?)
   _____

3. Le client (refuser / payer l'addition?)
   _____

4. Les élèves (finir / faire leurs devoirs?)
   _____

5. Le garagiste (commencer / réparer notre voiture?)
   _____

6. Catherine (essayer / téléphoner à sa grand-mère pour son anniversaire?)
   _____
   _____

7. Ma montre (cesser / fonctionner?)
   _____

BLANC

6. Communication: Réflexions personnelles

Parlez de vous-même. Pour cela, utilisez trois des verbes suggérés dans des phrases à l'affirmatif ou au négatif.

accepter	apprendre	décider	essayer	hésiter
oublier	refuser	réussir	rêver	

▶ Je rêve d'avoir une famille et un travail intéressant.

  Je ne rêve pas d'être très riche.

○ • _____

  _____

  _____

  • _____

  _____

  _____

  • _____

  _____

○ _____

BERNEY CONSEIL S.A.
comptable
Faire offres à case postale 47.
1211 Genève 6.

FUTUR(E) PATRON(NE)
Adressez lettre + photo à: F.E.C.,
16, rue Matheron, 13100 AIX-EN-PROVENCE,
sous référence P2

ÉQUIPEMENT AUTOMOBILE
ingénieur
27 ans environ.
3 ans d'expérience professionnelle
connaissance de l'anglais souhaitée
Jean-Paul TROMEUR HELLA S.A.
BP 7 - 93151 LE BLANC MESNIL Cédex

M.L. DUBREAS
"INFIRMIÈRES"
soins à domicile et
en cabinet
jour et nuit
30 rue Homère Clément
97200 Fort-de-France

CABINET D'AVOCATS
BISDORF - PLANTEC
3 bis avenue Colbert
Saint Cloud
02 39 16 14 02

Discovering French, Nouveau! Blanc

Nom _____

Classe _____ Date _____

Discovering
FRENCH *Nouveau!*

B L A N C

Unité 8
Leçon 31
Workbook

LEÇON 31 Projet de voyage

LISTENING/SPEAKING ACTIVITIES

Section 1. Vidéo-scène

A. Compréhension générale

 Allez à la page 450 de votre texte. Écoutez

B. Avez-vous compris?

	vrai	faux		vrai	faux
1.	☐	☐	5.	☐	☐
2.	☐	☐	6.	☐	☐
3.	☐	☐	7.	☐	☐
4.	☐	☐	8.	☐	☐

Section 2. Langue et communication

C. Visite à Genève

▶
MME DUVAL: Vous allez visiter la ville?
LES TROIS JEUNES: **Oui, nous visiterons la ville.**

▶
MME DUVAL: Vous allez visiter le musée d'art?
LES TROIS JEUNES: **Non, nous ne visiterons pas le musée d'art.**

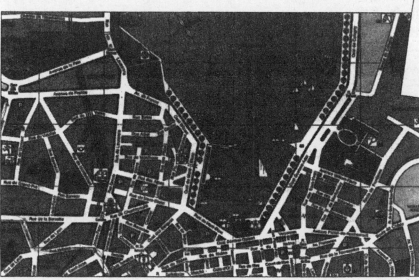

Nom _____

Classe _____ Date _____

B L A N C

D. Pas encore

▶ demain matin

BRIGITTE: Tu as cherché ton passeport?
BERNARD: **Pas encore. Je chercherai mon passeport demain matin.**

1. demain après-midi
2. ce soir
3. vendredi prochain
4. dans une semaine
5. après le dîner
6. samedi prochain

E. Quand il sera en Europe . . .

a. aller à Bruxelles

b. avoir envie de visiter Venise

c. boire du thé

d. devoir visiter Lisbonne

e. envoyer des cartes à ses amis

f. faire du ski

g. jouer au golf

h. pouvoir parler allemand

i. voir la Tour Eiffel

F. Si je fais du camping . . .

▶ ARMELLE: Si tu fais du camping, où est-ce que tu iras?
PIERRE: **J'irai à la mer.**

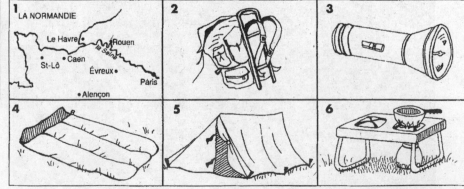

Discovering French, Nouveau! Blanc

Nom _____

Classe _____ Date _____

Discovering
FRENCH *Nouveau!*
B L A N C

Unité 8
Leçon 31
Workbook

WRITING ACTIVITIES

A 1. Tourisme

Dites quels pays les personnes suivantes vont visiter cet été. Utilisez le futur de visiter.

1. Nous _____ le Canada.

2. Tu _____ la Suisse.

3. On _____ l'Allemagne.

4. Patrick _____ l'Irlande.

5. Mes copains _____ la Russie.

6. Je _____ le Sénégal.

7. M. et Mme Duval _____ le Japon.

8. Vous _____ les États-Unis.

A 2. Il pleut!

Il pleut très fort! Dites si oui ou non les personnes suivantes vont faire les choses entre parenthèses cet après-midi. Utilisez le futur dans des phrases à l'affirmatif ou au négatif.

▶ Nous *ne jouerons pas* au foot.
(jouer)

1. Tu _____ à la maison.
(rester)

2. Marc et Anne _____.
(sortir)

3. Je _____ un bon livre.
(lire)

4. Nous _____ un match à la télé.
(regarder)

5. Marc _____ visite à son oncle.
(rendre)

6. On _____ au Nintendo.
(jouer)

7. Vous _____ au restaurant.
(déjeuner)

8. Mes copains _____ à la maison.
(dîner)

A 3. Un week-end à Paris

Vous avez gagne le grand prix du Club Français: un voyage à Paris. Écrivez une lettre à votre amie Catherine où vous expliquez ce que vous allez faire. Utilisez les informations du programme et le futur des verbes suivants:

PROGRAMME

Transport: ......avion
...................vol Air France 208
Arrivée:.........5 juillet
Hôtel: ....Saint-Germain
Restaurant: ....le Petit Zinc
Visite: ....la Tour Eiffel
...................Notre-Dame
...................le Musée d'Orsay
Retour:..........8 juillet

Ma chère Catherine,
Je vais passer un week-end à Paris.
Je _____
_____
_____
_____
_____

prendre

arriver

à Paris

rester

dîner

visiter

partir

de Paris

Discovering
FRENCH
Nouveau!

B L A N C

Nom _____

Classe _____ Date _____

B 4. Et vous?

Dites si oui ou non vous allez faire les choses suivantes le week-end prochain. Utilisez le futur.

1. aller en ville?

   _____

2. faire une promenade à vélo?

   _____

3. voir un film?

   _____

4. aller à la piscine?

   _____

5. avoir un rendez-vous?

   _____

6. faire des achats?

   _____

7. voir vos copains?

   _____

8. être chez vous samedi soir?

   _____

C 5. Ça dépend!

Ce que nous faisons dépend souvent des circonstances. Dites ce que les personnes suivantes feront dimanche après-midi dans le cas affirmatif et aussi dans le cas négatif. Utilisez votre imagination.

▶ S'il est fatigué, Philippe se reposera _____
   S'il n'est pas fatigué, il ira au café avec ses copains. _____

1. Si elle est en forme, Béatrice _____

   _____

2. Si nous avons de l'argent, nous _____

   _____

3. Si les élèves ont un examen lundi, ils _____

   _____

4. S'il fait très beau, je (j') _____

   _____

5. S'il pleut, tu _____

Nom _____

Classe _____ Date _____

Discovering FRENCH Nouveau!

B L A N C

Unité 8
Leçon 31
Workbook

D 6. Projets

Expliquez les projets des personnes suivantes.

▶ Marc (avoir de l'argent / acheter une mobylette)
Quand Marc aura de l'argent, il achètera une mobylette.

1. Jean-Pierre (travailler / gagner de l'argent)

   _____

2. Juliette et Stéphanie (être à Madrid / parler espagnol)

   _____

3. Nous (aller à Paris / visiter le Musée d'Orsay)

   _____

4. Je (être en vacances / faire du camping)

   _____

D 7. Expression personnelle

Complétez les phrases suivantes. Utilisez le futur . . . et votre imagination!

1. Quand je serai en vacances cet été, _____.

2. Quand j'aurai une voiture, _____.

3. Quand je travaillerai, _____.

4. Quand j'aurai vingt ans, _____.

E 8. Le bon verbe!

Complétez les phrases avec le futur des verbes entre parenthèses. Soyez logique!

apercevoir	devoir	envoyer	pouvoir
recevoir	revenir	venir	vouloir

1. Si nous étudions, nous _____ un «A» à l'examen.

2. Je partirai le 2 juillet et je _____ le 20 juillet.

3. Nous _____ les lettres quand nous irons à la poste.

4. Si vous voulez voyager à l'étranger, vous _____ prendre votre passeport.

5. M. Thibaut est un gourmet. Il _____ dîner dans un bon restaurant.

6. Vincent m'a téléphoné. Il _____ chez moi demain après-midi.

7. S'il fait beau, nous _____ faire un pique-nique à la campagne.

8. Les touristes monteront à la Tour Eiffel. De là, ils _____ Notre-Dame.

Nom _____

Classe _____ Date _____

👥 9. Communication

A. Une lettre Vous allez passer une semaine à Montréal. Vous allez voyager en avion. Votre correspondant *(pen pal)* Jean-Pierre a proposé de vous chercher à l'aéroport. Écrivez-lui une lettre où vous l'informez de votre arrivée.

- prendre
  (quelle compagnie aérienne?)

- arriver à Montréal
  (quel jour? à quelle heure?)

- porter
  (quels vêtements?)

- avoir
  (combien de valises?)

- rester
  (combien de temps à Montréal?)

Cher Jean-Pierre,

_____
_____
_____
_____
_____
_____
_____

B. Bienvenue! *(Welcome!)* Votre amie française Véronique va passer une ou deux semaines dans votre ville. Vous avez beaucoup de projets pour elle. Écrivez-lui une lettre où vous lui parlez de ces projets. Utilisez les suggestions suivantes ou utilisez votre imagination. (Si c'est nécessaire, utilisez une feuille de papier séparée.)

• aller (où?)	• déjeuner (où?)	• rendre visite (à qui?)
• visiter (quoi?)	• dîner (où? avec qui?)	• faire (quoi?)
• voir (qui? quoi?)	• sortir (avec qui?)	• pouvoir (faire quelles choses?)

Ma chère Véronique,
Nous ferons beaucoup de choses intéressantes pendant ton séjour ici.
Nous _____
_____
_____
_____
_____
_____

LEÇON 32 À la gare

LISTENING/SPEAKING ACTIVITIES

Section 1. Vidéo-scène

A. Compréhension générale

 Allez à la page 462 de votre texte. Écoutez.

B. Avez-vous compris?

	vrai	faux		vrai	faux
1.	☐	☐	5.	☐	☐
2.	☐	☐	6.	☐	☐
3.	☐	☐	7.	☐	☐
4.	☐	☐			

Section 2 Langue et communication

C. Colonie de vacances

▶ ARMELLE: Où est-ce que vous dormiez?
  VOUS: **On dormait dans des tentes.**

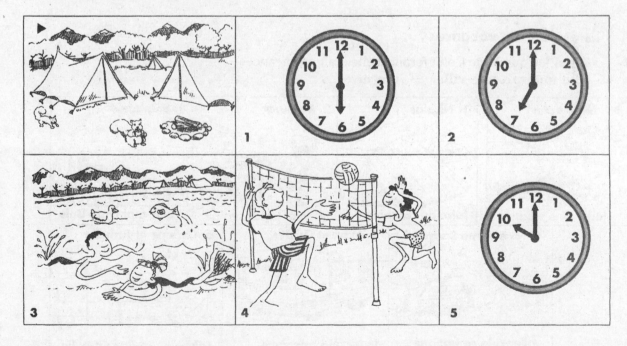

D. Projets

▶ —Qu'est-ce que M. Laval ferait s'il avait vingt mille dollars?
—Avec vingt mille dollars, il achèterait une caravane.

E. À la gare

▶ Je veux un billet.
Je voudrais un billet.

F. S'ils étaient en vacances . . .

▶ —Qu'est-ce que Mme Colin ferait, si elle était en vacances?
—**Elle louerait une villa.**

Discovering
FRENCH
Nouveau!

BLANC

Unité 8
Leçon 32
Workbook

WRITING ACTIVITIES

B 1. Si c'était dimanche!

Dites si oui ou non les personnes suivantes feraient les choses entre parenthèses si c'était dimanche aujourd'hui.

▶ (étudier)   Nous n'étudierions pas _____.

1. (sortir)   Marc _____ avec ses copains.

2. (travailler)   Mademoiselle Lenard _____.

3. (faire)   Je _____ mes devoirs.

4. (aller)   Les élèves _____ à l'école.

5. (se reposer)   Hélène _____.

6. (se lever)   Tu _____ tôt.

7. (se promener) Nous _____ en ville.

B 2. Choix personnels

Imaginez que vous avez la possibilité de faire les choses suivantes. Dites quel serait votre choix.

▶ visiter une ville?   Je visiterais Québec (San Francisco, Paris, Tokyo).

1. visiter un continent?   _____

2. aller dans un pays?   _____

3. apprendre une autre langue? _____

4. acheter une voiture?   _____

5. voir un film cette semaine? _____

6. aller dans un restaurant? _____

7. faire un sport différent? _____

8. être une autre personne?   _____

Nom _____

Classe _____ Date _____

B 3. Que faire?

Dites ce que feraient les personnes suivantes si elles étaient dans les circonstances décrites.
Utilisez les verbes entre parenthèses dans des phrases *à l'affirmatif* ou *au négatif*.

1. Je vois un OVNI *(UFO)*. (avoir peur? appeler la police? dire bonjour aux extraterrestres?)
   J'aurais peur. (Je n'aurais pas peur.) _____

   _____

   _____

2. Nous voyons un accident. (aider les personnes? partir? téléphoner à la police?)

   Nous _____

   _____

   _____

3. Mon meilleur ami est invité à la Maison Blanche. (accepter l'invitation? être un peu
   nerveux? demander l'autographe du Président?)

   Il _____

   _____

   _____

4. Mes parents gagnent 100 000 dollars à la loterie. (acheter une nouvelle maison? mettre
   tout l'argent à la banque? donner l'argent à leurs enfants?)

   Ils _____

   _____

   _____

C 4. Les bonnes manières

Vous parlez à des amis français. Exprimez-vous poliment en utilisant LE CONDITIONNEL des
verbes entre parenthèses.

1. (vouloir) Je voudrais _____ te parler.

   Nous _____ vous inviter.

2. (pouvoir) Est-ce que tu _____ me téléphoner ce soir?

   Est-ce que vous _____ passer chez moi?

3. (devoir) Tu _____ être plus patient!

   Vous ne _____ pas être égoïstes!

4. (aimer) J' _____ vous dire quelque chose.

   Mes amis _____ faire votre connaissance.

Nom _____

Classe _____ Date _____

Discovering FRENCH *Nouveau!*

B L A N C

Unité 8
Leçon 32
Workbook

D **5. Si . . .**

Dites ce que vous feriez dans les conditions suivantes. Utilisez votre imagination.

▶ avoir 50 dollars?

Si j'avais cinquante dollars, j'achèterais une nouvelle montre.

J'inviterais mes copains dans un bon restaurant.

1. avoir 100 dollars?

_____

_____

2. avoir 1 000 dollars?

_____

_____

3. avoir une voiture?

_____

_____

4. aller en France cet été?

_____

_____

5. être un extraterrestre?

_____

_____

6. Communication

A. L'orage *(The storm)*

Imaginez qu'il y a un grand orage aujourd'hui. Décrivez quatre choses que vous feriez et quatre choses que vous ne feriez pas.

OUI	NON
• _____	• _____
• _____	• _____
• _____	• _____
• _____	• _____

Discovering
FRENCH
Nouveau!

B L A N C

B. Le grand prix

Vous avez acheté un billet de la loterie du Club Français. Le grand prix est un voyage dans une région ou un pays de votre choix. (Si c'est nécessaire, utilisez une feuille de papier séparée.)

- Dites où vous iriez.
- Dites quatre choses que vous feriez là-bas.

Si je gagnais le prix,

C. Situations

Choisissez une des situations suivantes et dites ce que vous feriez dans cette situation. Si c'est nécessaire, utilisez une feuille de papier séparée.

- si vous trouviez un trésor *(treasure)*
- si vous étiez perdu(e) sur une île déserte
- si vous étiez dans une maison hantée
- si vous viviez en l'an 3000
- si vous étiez un acteur / une actrice célèbre *(famous)*

Discovering French, Nouveau! Blanc

Nom _____

Classe _____ Date _____

UNITÉ 8 Reading and Culture Activities

Aperçu culturel

Prenez votre manuel de classe et relisez les pages
434 et 435. Ensuite, complétez les paragraphes
avec les mots suggérés.

auberges	colonie	louer	mer
monde	pays	logement	terrain

1. Quand elle était petite, Élisabeth Lamy allait
   en _____ de vacances pendant
   l'été. Maintenant, elle passe les vacances avec
   sa famille. En général, les Lamy font du
   camping sur un _____ bien
   équipée. Cette année, ils ont décidé de
   _____ une villa près de la
   _____.

2. Bob est un étudiant américain qui visite la
   France. Comme il n'a pas beaucoup d'argent,
   il loge dans les _____ de jeunesse. C'est une excellente occasion de
   rencontrer les jeunes de tous les _____ du _____. Hier, Bob a
   rencontré deux étudiants italiens avec qui il va faire une _____ à Mont-Saint
   Michel.

FLASH culturel

Pour aller en France, il n'est pas nécessaire d'aller à
Paris. On est en France à la Martinique, à Tahiti et à
Saint-Pierre-et-Miquelon.
• Où est situé Saint-Pierre-et-Miquelon?

A. En Afrique.   C. En Amérique du Nord.

B. En Asie.   D. En Amérique du Sud.

Pour vérifier votre réponse, allez à la page 295. →

Nom _____

Classe _____ Date _____

Discovering FRENCH

Nouveau!

BLANC

DOCUMENTS

Read the following documents and select the correct completion for each of the accompanying statements. Place a check in the corresponding box.

1. Cette annonce est une publicité pour . . .
   - ❑ un pays.
   - ❑ un sport.
   - ❑ une plage.

AU SÉNÉGAL
LES PLAGES SONT À VOUS

De juin à septembre, à 5 heures de la France, le Sénégal, c'est le véritable paradis des vacances. Le soleil, une mer tiède, des plages sûres, des activités sportives: voile, tennis, équitation, pêche sur l'une des côtes les plus poissonneuses. Un équipement hôtelier de grand confort et pour couronner le tout, la découverte d'un pays fascinant: le Sénégal, avec son folklore, ses rites ancestraux, et la chaleur proverbiale de son accueil. Été 2004: le bon moment pour découvrir le Sénégal.

2. Ce matin, Hélène Bertrand est passée à la poste pour envoyer le télégramme suivant.

Services spéciaux demandés : (voir au verso)	Inscrire en **CAPITALES** l'adresse complète (rue, n° bloc, bâtiment, escalier, etc..), le texte et la signature (une lettre par case ; **laisser une case blanche entre les mots**).
N° 698 **TÉLÉGRAMME**	Nom et adresse A N N I E V A T E L
	5 4 R U E B A L L U
	7 5 0 0 9 P A R I S
TEXTE et éventuellement signature très lisible	A R R I V E R A I G A R E M O N T P A R N A S S E
M E R C R E D I 1 8 H 4 5	
A T T E N D S - M O I S O R T I E G A R E	
M E R C I H E L E N E	

Pour avis en cas de non-remise, indiquer le nom et l'adresse de l'expéditeur (2) :

- Dans le télégramme, Hélène annonce qu'elle va . . .
  - ❑ prendre le train.
  - ❑ voyager en avion.
  - ❑ louer une voiture.

- La personne qui va recevoir le télégramme doit . . .
  - ❑ acheter un billet de bus.
  - ❑ réserver une chambre d'hôtel.
  - ❑ chercher Hélène à la gare.

Nom _____

Classe _____ Date _____

Discovering
FRENCH *Nouveau!*
B L A N C

Unité 8

Workbook
Reading and Culture Activities

Partez avec Air Canada.
Paris-Montréal
aller et retour:

400€
seulement.

Tarif Apex: les services d'une ligne régulière pour un prix charter.

Le tarif Apex vous offre tous les avantages d'un voyage sur ligne régulière, à un tarif réduit. Il suffit de réserver 60 jours à l'avance et de séjourner un minimum de 14 jours et un maximum de 45 jours. Profitez donc de ce tarif exceptionnel!

3. Cette publicité a paru dans un magazine français.
   * Pour le prix annoncé, on peut acheter . . .
     ❑ un billet de première classe.
     ❑ un aller Paris-Montréal
     ❑ un billet Paris-Montréal / Montréal-Paris.
   * Une personne intéressée par cette annonce doit . . .
     ❑ avoir un passeport canadien.
     ❑ voyager avec un groupe.
     ❑ rester au moins *(at least)* deux semaines au Québec.

CAMPING
au
bord de
la rivière inc.

ROUTE 138 • LA MALBAIE • QUÉBEC
418.665.4991   418.665.2768   G5A 1M8
INFORMATIONS ET TARIFS 2004
OUVERT DU 15 MAI AU 10 OCTOBRE

	tente	tente roulotte	roulotte
jour	$12.00	$14.00	$14.00
sem.	$72.00	$84.00	$84.00
mois	$300.00	$325.00	$325.00
billet de saison: 15 mai au 1er oct.		$475.00	

RÈGLEMENTS

• Les campeurs doivent respecter l'aménagement des sites, les arbres et les constructions.

• Les animaux (chats, chiens, etc.) sont tolérés à condition qu'ils soient tenus attachés et qu'ils n'importunent pas les voisins.

• Les véhicules admis sur le terrain ne devront pas dépasser la vitesse de 10 km/h.

• Les visiteurs devront circuler à pied sur le terrain, leur véhicule n'étant pas admis.

4. Voici une annonce pour un terrain de camping au Québec.
   * Pour 300 dollars canadiens, on peut . . .
     ❑ acheter une tente.
     ❑ rester le mois d'août ici.
     ❑ acheter un billet de saison.
   * Dans ce camping, il est interdit de (d') . . .
     ❑ amener des chiens.
     ❑ couper *(to cut)* les arbres.
     ❑ faire des promenades à pied.

Nom _____

Classe _____ Date _____

Discovering
FRENCH
Nouveau!

B L A N C

Unité 8

Workbook
Reading and Culture Activities

C'est La Vie

1. Voyages et vacances

VOYAGES & VACANCES
séjours et circuits

40 Cologne et le Rhin

Voyage individuel	**Mini-croisière**
Départs quotidiens du 4 mai au 5 octobre	**1er jour:** Départ par le train de Paris-Est vers 23 h en couchettes de 2e classe. **2e jour:** Arrivée à Mayence vers 7 h. Embarquement vers 8 h 15. Descente du Rhin de Mayence à Cologne (possibilité de déjeuner au restaurant à bord). Arrivée à Cologne vers 18 h. Logement à l'hôtel Mondial (ou équivalent). **3e jour:** Petit déjeuner. Journée libre à Cologne. Départ par le train vers 23 h en couchettes de 2e classe. **4e jour:** Arrivée à Paris-Nord vers 6 h 30.
300€	

41 Interlaken à la carte

Voyage individuel	**Découverte de l'Oberland bernois en toute liberté**
Départs quotidiens du 1er avril au 31 octobre	Voyage en train aller-retour, en places assises de 2e classe. Séjour en demi-pension (2 nuits en chambre double) à Interlaken, en hôtel catégorie standard ou 1re catégorie. Hôtel standard: **228€** Hôtel 1re catégorie avec bains ou douche: **275€**
À partir de **228€**	

42 Venise par avion

Voyage individuel d'avril à octobre	Départ de Paris le jour de votre choix. Retour à Paris le jour de votre choix (mais pas avant le dimanche suivant le départ). **Prix** pour 2 jours à Venise (1 nuit): **345€** comprenant le voyage aérien en classe «vacances» (vols désignés), le logement en chambre double avec bains ou douche, le petit déjeuner.
345€	

43 Londres par avion

Voyage individuel d'avril à octobre	Départ de Paris tous les jours. Retour à Paris à partir du dimanche suivant l'aller. **Prix** pour 2 jours (1 nuit): **230€** comprenant le voyage aérien en classe «vacances», le logement en chambre double, bains, TV radio, avec petit déjeuner britannique.
230€	

44 Séjour d'une semaine à Florence

Voyage individuel	**Samedi:** Départ de Paris gare de Lyon vers 19 h 30 en couchettes de 2e classe. **Dimanche:** Arrivée à Florence vers 8 h 45. Transfert libre à l'hôtel. **Séjour** en logement et petit déjeuner jusqu'au samedi suivant. **Samedi:** Départ de Florence vers 17 h 30 en couchettes de 2e classe. **Dimanche:** Arrivée à Paris-Lyon vers 8 h 30.
Départs les samedis du 12 avril au 25 octobre	
550€	
hôtel 1 re catégorie	**Prix par personne:** **550€** comprenant: -Voyage aller et retour en couchettes de 2e classe. -6 nuits en logement et petit déjeuner (chambre double avec douche ou bains).

45 Deux semaines en Egypte   NOUVEAU

Départs de Paris : 8 juin 2 juillet 12 juillet 24 juillet À partir de **1 500€**	Une merveilleuse croisière du Caire à Assouan (ou vice-versa) vous permet de visiter l'Egypte dans les meilleures conditions : le Golden Boat vous propose 52 cabines extérieures climatisées, avec sanitaire privé, téléphone, vidéo, T.V., radio. A bord, piscine, bar, discothèque, boutiques, coiffeur, pont soleil. En été, la chaleur sèche de l'Egypte est de loin préférable à la chaleur humide des pays tropicaux ; de plus votre navire, les hôtels et les cars ont l'air conditionné. Les touristes sont néanmoins plus rares qu'en hiver ce qui vous permet de voyager dans des conditions optimales et de bénéficier des meilleurs services.

Nom _____

Classe _____ Date _____

Discovering
FRENCH
Nouveau!
B L A N C

Unité 8

Workbook
Reading and Culture Activities

Vous avez passé six mois à Paris et avant de revenir aux États-Unis, vous avez décidé de faire un voyage.

Vous passez dans une agence de voyages qui vous propose six voyages différents. Choisissez un de ces voyages.

- Quel voyage avez-vous choisi? (Donnez le numéro de ce voyage.)

_____

- Quel pays allez-vous visiter pendant ce voyage?

_____

- Comment allez-vous voyager? (un bateau = *boat*)

_____

- Combien de temps est-ce que le voyage dure (*last*)?

_____

- Quel est le prix du voyage que vous avez choisi?

_____

- Pourquoi avez-vous choisi ce voyage?

_____

_____

FLASH culturel

→ **C.** Saint-Pierre-et-Miquelon sont deux îles de l'Atlantique Nord. Elles sont situées à 25 kilomètres de Terre-Neuve *(Newfoundland)* au Canada. Saint-Pierre-et-Miquelon est la collectivité territoriale la plus proche *(close)* des États-Unis.

C'est La Vie *(continued)*

2. Vacances en Polynésie française

La Polynésie française est un territoire français situé dans le Pacifique Sud à 17 500 kilomètres de la France et à 7 000 kilomètres des États-Unis. C'est un groupe d'îles qui comprend *(includes)* Tahiti, Mooréa et Bora Bora. À cause de leur climat tropical et de leur beauté naturelle, ces îles sont devenues un paradis touristique.

Vous avez décidé de passer vos vacances en Polynésie.

TAHITI
à partir de
1500€ vol seul aller et retour
AIR FRANCE VACANCES

MOOREA • BORA BORA

AVION-HOTEL-AUTO

■ **AVION**

PAPEETE ou départ de :

Tarif excursion 13 jours minimum	du 01/12/04 ou 10/01/05
Paris vendredi 1500€	2050€

Liaisons aéroport / ville : 6 km

■ **AUTO**

Vous avez la possibilité de réserver votre voiture avant le départ, mais vous réglerez sur place, au tarif local.

Rendez-vous HERTZ:
En ville: rue du Commandant Destremeau - Tél. : 01.42.04.71
À l'aéroport : Tél. : 01.42.55.86

■ **AVION**

Prix par personne et par nuit avec petit déjeuner continental

A BORA BORA
Hôtel Marara
■ ■ ■ □ catégorie supérieure

BP 6 - Bora Bora - Polynésie française Tél. : (689) 67.70.46. 64 farés au bord d'une très belle plage. Restaurant, bar, boutiques, piscine d'eau douce. Activités gratuites: planches à voile, aquacycles, pirogues.

Toute la saison :	
Chambre double	60€
Chambre individuelle	91€

AIR FRANCE

Discovering
FRENCH *Nouveau!*
BLANC

■ **Le voyage**

• Avec quelle compagnie aérienne est-ce que vous irez à Tahiti?

_____

_____

• Combien coûte le voyage en avion?

_____

_____

• Combien de temps est-ce que vous devez rester, au minimum?

_____

_____

■ **Le séjour**

Vous avez choisi de rester à Bora Bora.

• Quelle est la distance approximative entre Tahiti et Bora Bora?

_____

_____

• Comment est-ce qu'on peut aller à Bora Bora?

_____

_____

• Qu'est-ce qu'on peut faire là-bas?

_____

_____

BLANC

Textes

■ Read the following selections and select the correct completion for each of the accompanying statements. Place a check in the corresponding box.

Ce texte est extrait d'une brochure touristique publiée par le gouvernement de Québec. Dans ce texte on apprend que . . .
- ❑ le Québec est une région touristique.
- ❑ les habitants du Québec représentent une grande variété multiculturelle.
- ❑ tous les habitants de Québec sont bilingues.

LANGUES

La langue officielle du Québec est le français, mais pour presque un million d'habitants de la Province, la langue maternelle n'est pas le français. De nos jours, 35 langues y sont bien vivantes de même que 30 religions, et les habitants de la Province ont des racines ancestrales dans 41 pays. On y parle couramment l'anglais, surtout dans la partie ouest: l'anglais est la langue maternelle de 18 pour cent de la population. L'italien le grec et le chinois sont aussi des langues parlées par un bon nombre de Montréalais.

CAMEROUN

- Consulat du Cameroun : 147 bis, rue de Longchamp, 75116 Paris. Tél.: 01.45.03.21.06.
- Passeport avec visa.
- Vaccination anti-fièvre jaune obligatoire. Traitement anti-paludéen recommandé.
- L'unité de monnaie légale est le franc CFA (communauté financière africaine); 100 F CFA valant 30 centimes
- Heure locale : GMT + 1 (Paris : GMT +1 en hiver, GMT + 2 en été).
- Emportez des vêtements légers en coton, toile ou gabardine et des chaussures confortables pour les visites dans le nord ainsi que des lainages. Pensez aussi à vous protéger du soleil : lunettes efficaces et chapeau.
- Souvenirs : les objets recouverts de fines perles sont très caractéristiques du Cameroun. Dans le sud, on trouve les bronzes et les cuivres bamoums et les très beaux masques bamilékés. Dans le nord, recherchez les poteries et vanneries kotokos.

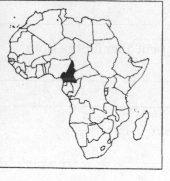

1. D'après la carte, le Cameroun est un pays . . .
- ❑ d'Afrique.
- ❑ d'Asie.
- ❑ d'Europe.

2. L'objectif du texte est de . . .
- ❑ décrire le pays et ses habitants.
- ❑ décrire les coutumes du pays.
- ❑ donner des renseignements pratiques aux touristes.

Nom _____

Classe _____ Date _____

Discovering
FRENCH
Nouveau!

BLANC

Unité 8

Workbook
Reading and Culture Activities

L'Orient-Express

L'Orient-Express est peut-être le plus célèbre train du monde. C'était un train de luxe qui traversait l'Europe d'ouest en est. Les voyageurs montaient à Paris et descendaient à Istanbul, en Turquie, après un voyage de 3 200 kilomètres. Pendant le voyage, ils traversaient l'Allemagne, l'Autriche, la Hongrie, la Roumanie et la Bulgarie.

Le fameux train a été mis en service en 1883. À l'origine, les voyageurs devaient descendre du train à Bucarest (en Roumanie). Ils traversaient le Danube en bateau et puis ils reprenaient un autre train jusqu'au port de Varna sur la Mer Noire. De là, ils prenaient un steamer qui les transportait à Istanbul. Le voyage durait trois jours et demi. C'était une véritable aventure!

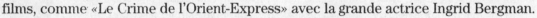

L'atmosphère fabuleuse de ce train a été reconstituée dans de nombreux romans et films, comme «Le Crime de l'Orient-Express» avec la grande actrice Ingrid Bergman.

Aujourd'hui, l'Orient-Express n'existe plus dans sa forme originelle. Il a été remplacé par une ligne plus rapide, mais beaucoup plus ordinaire qui s'arrête à Bucarest. En été, les touristes qui ont la nostalgie du passé peuvent aussi faire un circuit spécial Paris-Venise dans les luxueuses voitures de l'ancien Orient-Express.

1. L'Orient-Express est . . .
   ❑ un train historique.
   ❑ un train à grande vitesse.
   ❑ un train qui traverse l'Asie.

2. Les premiers passagers de l'Orient-Express ont été confrontés par le problème suivant:
   ❑ ils avaient besoin de visas.
   ❑ il fallait *(was necessary)* changer de train pendant le voyage.
   ❑ ils risquaient d'être attaqués par des bandits.

3. Ingrid Bergman est . . .
   ❑ une actrice d'un film au sujet de l'Orient-Express.
   ❑ l'auteur d'un roman policier sur l'Orient-Express.
   ❑ une des premières passagères de l'Orient-Express.

4. L'Orient-Express du passé . . .
   ❑ roule encore aujourd'hui.
   ❑ a été remplacé par un train plus moderne.
   ❑ est utilisé aujourd'hui uniquement comme un train de marchandises *(freight)*.

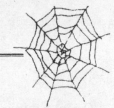

Nom _____

Classe _____ Date _____

Discovering
FRENCH
Nouveau!

B L A N C

INTERLUDE 8: La chasse au trésor

Le jeu des 5 erreurs

Voici un résumé de l'histoire «La chasse au trésor». Dans ce résumé il y a cinq erreurs.
D'abord relisez l'histoire (pages 474–489 de votre manuel de classe). Puis lisez attentivement
le résumé de cette histoire. Découvrez les cinq erreurs et expliquez-les brièvement.

Bonjour! Je m'appelle Jean-Paul. J'ai décidé de participer à la
chasse au trésor. Samedi matin, j'ai pris mon sac à dos dans
lequel j'ai mis les objets indiqués à la case 0. Je suis monté sur
mon vélo et je suis parti.

À midi, je me suis arrêté près d'un lac et j'ai pris une photo
du lac. J'ai fait un pique-nique, puis je suis allé nager dans le lac. Ensuite j'ai fait une
petite promenade. Pendant la promenade j'ai trouvé un porte-monnaie dans lequel j'ai
trouvé un billet de 5 euros. J'ai pris le billet et j'ai continué ma promenade à vélo.

Au sommet d'une côte, j'ai vu une belle maison de pierre. Je me suis arrêté et j'ai
pris une photo. En faisant le tour de la maison, j'ai vu que la porte de la cuisine était
ouverte. Alors, je suis entré. Dans la cuisine, il y avait un buffet que j'ai ouvert. Dans
un tiroir, j'ai vu une assiette. Sur cette assiette il y avait un dessin représentant un
vieux marin et une inscription qui disait: «Souvenir de La Rochelle». J'ai trouvé
l'assiette amusante et je l'ai prise. Je suis remonté sur mon vélo et j'ai continué ma
promenade.

Peu après, il a commencé à pleuvoir. Alors, j'ai mis mon imper. La pluie a continué
et j'ai décidé de m'arrêter. J'ai vu une grange où je suis entré. Dans la grange, il y avait
une Mercedes noire. Sur le capot, il y avait un masque de ski que j'ai mis pour me
protéger contre la pluie. Quand je suis sorti de la grange, il ne pleuvait plus. Alors j'ai
mis le masque dans mon sac, j'ai ôté mon imper et j'ai continué.

Après quelques kilomètres, je suis arrivé à un rond-point avec deux routes
possibles: une route nord et une route sud. J'ai pris la route sud et je suis rentré
chez moi, fatigué mais content de ma journée!

Les 5 erreurs (Si c'est nécessaire, utilisez une feuille de papier séparée.)

1ère erreur _____

2ème erreur _____

3ème erreur _____

4ème erreur _____

5ème erreur _____

Nom _____

Classe _____ Date _____

Discovering
FRENCH *Nouveau!*

B L A N C

Unité 9
Leçon 33
Workbook

Unité 9. Bonne route

LEÇON 33   Le français pratique: En voiture

LISTENING/SPEAKING ACTIVITIES

Section 1. Culture

A. Aperçu culturel: Les Français et la voiture

 Allez à la page 492 de votre texte. Écoutez.

	Partie A			**Partie B**	
	vrai	faux		vrai	faux
1.	☐	☐	6.	☐	☐
2.	☐	☐	7.	☐	☐
3.	☐	☐	8.	☐	☐
4.	☐	☐	9.	☐	☐
5.	☐	☐	10.	☐	☐

Section 2. Vocabulaire et communication

B. La réponse logique

▶ Regarde cette voiture. Qu'est-ce que c'est?

    a. C'est une moto.   ⓑ **C'est une Alfa-Roméo.**   **c. C'est un avion.**

1. a. Oui, elle va au collège.
   b. Oui, elle apprend à conduire.
   c. Oui, elle a une nouvelle voiture.

2. a. Je vais suivre des cours.
   b. Je conduis bien.
   c. J'ai suivi mon frère.

3. a. Non, je ne peux pas.
   b. Non, je ne sais pas conduire.
   c. Non, c'est impossible.

4. a. La camionnette verte.
   b. Les essuie-glaces.
   c. Le moteur.

5. a. Un capot.
   b. Une décapotable.
   c. Un volant.

6. a. À la prochaine station-service.
   b. Au réservoir.
   c. Je vais changer les pneus.

7. a. J'ai froid.
   b. Je suis prudent *(careful)*.
   c. Il fait beau.

Nom _____

Classe _____ Date _____

8. a. Je dois vérifier l'huile.   b. Je vais ouvrir le toit.   c. Je vais tourner dans cette rue.

9. a. Elle est allée à l'hôpital.   b. Elle n'a pas fait le plein d'essence.   c. Les freins de la voiture n'ont pas fonctionné.

10. a. Il fait nuit maintenant.   b. Je veux m'arrêter.   c. Je n'ai pas d'essuie-glace.

C. Le bon choix

▶ Est-ce que Valérie a une auto ou une moto?   **Elle a une moto.**

Nom _____

Classe _____ Date _____

Discovering
FRENCH
Nouveau!

BLANC

Unité 9
Leçon 33
Workbook

D. Dialogues

DIALOGUE A

Thomas veut savoir comment Sylvie a appris à conduire.

THOMAS: Dis, Sylvie, est-ce que tu as le _____?

SYLVIE: Oui, je l'ai depuis l'année dernière.

THOMAS: Où est-ce que tu as appris à conduire?

SYLVIE: J' _____ des cours.

THOMAS: Dans une _____?

SYLVIE: Oui, et aussi j' _____ la voiture de mon cousin Julien.

THOMAS: Ah bon? Quelle sorte de voiture est-ce qu'il a?

SYLVIE: Une Alfa-Roméo _____.

THOMAS: Eh ben, dis donc, il a de la chance!

DIALOGUE B

Une voiture arrive à une station-service.

LE GARAGISTE: Bonjour, madame.

LA DAME: Bonjour! Est-ce que vous pouvez _____, s'il vous plaît?

LE GARAGISTE: Bien sûr! Est-ce que vous avez la clé du _____?

LA DAME: Oui, . . . la voilà . . . Ah, dites donc, est-ce que vous pouvez aussi _____ l'huile?

LE GARAGISTE: Mais oui, madame. Pouvez-vous ouvrir le _____?
[Il regarde le niveau d'huile.] L'huile, ça va.

LA DAME: Au fait, le _____ droit ne marche pas. Est-ce que vous pouvez le réparer?

LE GARAGISTE: Oui, je vais voir ça.

LA DAME: Merci.

Nom _____

Classe _____ Date _____

E. Répondez, s'il vous plaît!

▶ —Qu'est-ce que c'est?
  —C'est une voiture de sport.

Questions personnelles

? 7	? 8	? 9	? 10

F. Situation: Au garage Renault

Garage Renault
Fiche de Réparation

Date: _____

Modèle: _____

Nombre de kilomètres: _____

À vérifier: _____

_____

_____

À changer: _____

_____

Nom _____

Classe _____ Date _____

Unité 9
Leçon 33
Workbook

Discovering
FRENCH
Nouveau!

BLANC

WRITING ACTIVITIES

A 1. Sur la route

1. Combien de véhicules sont arrêtés au feu rouge *(red light)*?

    _____

2. Quel genre de voiture est la première voiture?

    _____

3. Quels sont les différents types de véhicules qui suivent?

    _____

    _____

B 2. Accident

1. Où se passe la scène?

    _____

2. À qui téléphone le jeune homme?

    _____

3. Quel type de voiture a-t-il?

    _____

4. Est-ce qu'il a bien conduit? Pourquoi pas?

    _____

5. Quelles sont les différentes pièces *(auto parts)* qui doivent être changées?

    _____

6. Selon vous, comment a eu lieu l'accident?

B 3. Le test du bon conducteur

Complétez les phrases suivantes avec le nom de la partie de la voiture qui convient logiquement.

1. On met l'essence dans _____.

2. Soyez prudent! Avant de partir, attachez votre _____.

3. La nuit, on doit allumer _____.

4. On met les valises dans _____.

5. Quand on conduit, on doit avoir les deux mains sur _____.

6. Pour indiquer qu'on tourne, on doit mettre _____.

7. Pour s'arrêter, on appuie *(steps)* sur _____.

8. Pour aller plus vite, on appuie sur _____.

9. Quand il pleut, on met _____.

10. Quand on veut vérifier le moteur, on ouvre _____.

4. Communication

A. À la station-service Vous voyagez en France en voiture. Vous vous êtes arrêté(e) à une station-service.

1. _____

   (Ask the attendant to fill it up.)

2. _____

   (Ask the attendant to clean the windshield.)

3. _____

   (Ask the attendant to check the tires.)

4. _____

   (Ask the attendant if there is enough oil.)

B. Êtes-vous bon conducteur (bonne conductrice)?

1. Qu'est-ce qu'on fait quand on veut apprendre à conduire?

   _____

2. Quel document est-ce qu'on doit avoir pour conduire?

   _____

3. Qu'est-ce qu'on doit vérifier avant de partir en voyage?

   _____

4. Où va-t-on pour faire le plein?

   _____

Nom _____

Classe _____ Date _____

Discovering
FRENCH
Nouveau!

B L A N C

Unité 9
Leçon 34
Workbook

LEÇON 34 Une leçon de conduite

LISTENING/SPEAKING ACTIVITIES

Section 1. Vidéo-scène

A. Compréhension générale

 Allez à la page 498 de votre texte. Écoutez.

B. Avez-vous compris?

	vrai	faux
1.	☐	☐
2.	☐	☐
3.	☐	☐
4.	☐	☐
5.	☐	☐
6.	☐	☐
7.	☐	☐
8.	☐	☐

Section 2. Langue et communication

C. La voiture de Jérôme

▶ Jérôme admire sa voiture.   fier   (content)   heureux

1. Jérôme a une nouvelle voiture.   fier   content   heureux

2. Jérôme montre sa voiture à Pierre.   fier   content   heureux

3. Jérôme donne une leçon de conduite à son frère.   fier   content   heureux

4. Pierre reçoit une leçon de conduite.   fier   content   heureux

5. Pierre peut conduire la voiture de Jérôme.   fier   content   heureux

Nom _____

Classe _____ Date _____

D. Avant de partir

▶ PIERRE: Marc, qu'est-ce que tu fais avant de partir?
MARC: **Avant de partir, je vérifie le moteur.**

▶ **Marc**   1. **Alice**   2. **Olivier**   3. **Sylvie**   4. **Éric**

E. Visite à Paris

▶ Pourquoi est-ce que Nicolas est venu à Paris?
Il est venu à Paris pour visiter le Louvre.

Nicolas visite le Louvre.   Martine prend des photos.
Barbara parle français.   Thomas achète des souvenirs.
Pierre monte à la Tour Eiffel.   Claire se promène sur les Champs-Elysées.

F. Comment aider ses parents

Denise lave la voiture.

▶ Comment est-ce que Denise aide ses parents?
Denise aide ses parents en lavant la voiture.

1. Philippe range sa chambre.
2. Florence nettoie le salon.
3. Robert fait les courses.
4. Michelle met la table.
5. Jean-Pierre fait la vaisselle.

Nom _____

Classe _____ Date _____

Discovering
FRENCH *Nouveau!*

B L A N C

Unité 9
Leçon 34
Workbook

WRITING ACTIVITIES

A 1. *Mes sentiments*

Décrivez vos sentiments dans les circonstances suivantes. Utilisez les adjectifs suggérés.
(Dans certains cas, plusieurs choix sont possibles.)

content	désolé	furieux	heureux	triste

▶ Vous partez en vacances.

Je suis heureux (heureuse) de partir en vacances. _____

1. Vous avez un «A» à l'examen.

_____

2. Vous êtes en retard au rendez-vous.

_____

3. Vous travaillez toute la journée.

_____

4. Vous allez en France cet été.

_____

5. Vous sortez avec des copains sympathiques.

_____

6. Vous ratez l'examen du permis de conduire. (**rater** = *to fail*)

_____

B 2. *Bonnes raisons!*

Expliquez pourquoi ces personnes font certaines choses. Pour cela, complétez les phrases
avec **pour** et une expression de votre choix.

▶ Nous allons à Paris pour visiter le Musée d'Orsay (pour apprendre le français, pour
rencontrer des jeunes Français).

1. Tu vas au supermarché _____.

2. Vous allez en ville _____.

3. Mélanie va à l'auto-école _____.

4. Catherine travaille _____.

5. J'étudie le français _____.

6. Je téléphone à mes copains _____.

Nom _____

Classe _____ Date _____

B 3. Et avant?

Votre camarade français vous dit ce qu'il va faire. Dites-lui ce qu'il doit faire avant, en utilisant l'une des expressions suggérées. Soyez logique!

> - **acheter les billets**
> - **prendre la liste des courses**
> - **éteindre la lumière** (light)
> - **finir tes devoirs**
> - **mettre ta ceinture de sécurité**
> - **te laver les mains**

▶ —Je vais sortir ce soir.
— Avant de sortir ce soir, finis tes devoirs! _____

1. —Je vais conduire.
   — _____.

2. —Je vais dormir.
   — _____.

3. —Je vais dîner.
   — _____.

4. —Je vais aller au supermarché.
   — _____.

5. —Je vais aller au concert.
   — _____.

C 4. La journée de Christine

Décrivez les détails de la journée de Christine. Pour cela, complétez les phrases d'après le modèle.

▶ (regarder) Elle a déjeuné en regardant _____ la télé.

1. (écouter) Elle a fait du jogging en _____ son baladeur.

2. (aller) Elle a rencontré Olivier en _____ à la poste.

3. (attendre) Elle a parlé à Isabelle en _____ le bus.

4. (rentrer) Elle a vu un accident en _____ à la maison.

5. (lire) Elle s'est reposée en _____ un roman policier.

6. (finir) Elle a compris le mystère en _____ le livre.

Nom

Classe _____ Date _____

Discovering
FRENCH
Nouveau!

B L A N C

Unité 9
Leçon 34
Workbook

C 5. Chacun a sa méthode

Chacun a une méthode différente pour apprendre les langues. Dites quelle langue les personnes suivantes apprennent et comment.

l'allemand	l'anglais	l'espagnol	le français

▶ Ma cousine écoute Radio-France.
   Elle apprend le français en écoutant Radio-France.
   _____

1. Éric et Olivier écoutent Radio-Montréal.
   _____

2. Antoine sort avec une copine américaine.
   _____

3. Nous sortons avec des amis allemands.
   _____

4. Je lis des journaux mexicains.
   _____

5. Vous parlez avec vos copains espagnols.
   _____

Nom _____

Classe _____ Date _____

B L A N C

 6. Communication: Expression personnelle

Parlez de vous-même. Dites pourquoi et comment vous faites certaines choses. Choisissez trois sujets dans chaque catégorie.

A. Pourquoi?
- étudier?
- apprendre le français?
- travailler?
- faire du sport?
- téléphoner à mes copains?
- aller en ville le week-end?
- rester à la maison le week-end?
- vouloir aller à l'université?

▶ *J'apprends le français pour aller un jour en France.*

1.

2.

3.

B. Comment?
- aider mes copains?
- aider mes parents?
- faire des progrès en français?
- réussir à mes examens?
- rester en forme?
- rester en bonne santé?
- se reposer?
- s'amuser le week-end?

▶ *Je me repose en regardant la télé (en lisant des bandes dessinées).*

1.

2.

3.

Discovering French, Nouveau! Blanc

Nom _____

Classe _____ Date _____

Discovering
FRENCH
Nouveau!

B L A N C

Unité 9
Leçon 35
Workbook

LEÇON 35 En panne

LISTENING/SPEAKING ACTIVITIES

Section 1. Vidéo-scène

A. Compréhension générale

 Allez à la page 506 de votre texte. Écoutez.

B. Avez-vous compris?

	vrai	faux
1.	❑	❑
2.	❑	❑
3.	❑	❑
4.	❑	❑
5.	❑	❑
6.	❑	❑
7.	❑	❑
8.	❑	❑

Section 2. Langue et communication

C. Moi aussi

▶ Pierre et Armelle étudient.
  Moi aussi, il faut que j'étudie.

D. Une leçon de conduite

	▶	▶	1	2	3	4	5	6
A: instructions générales	✓							
B: instructions personnelles		✓						

Discovering
FRENCH
Nouveau!

BLANC

Nom _____

Classe _____ Date _____

E. Oui, mais d'abord . . .

▶ PIERRE: Est-ce que je peux sortir cet après-midi?
   PAPA: **Oui, mais d'abord il faut que tu laves la voiture.**

▶ laver la voiture

1. nettoyer ta chambre

2. finir tes devoirs

3. ranger tes affaires

4. mettre la table

5. apprendre tes leçons

F. Corinne est malade

▶ ARMELLE: Corinne est malade. Elle doit rester chez elle.
   PIERRE: **C'est vrai. Il faut qu'elle reste chez elle.**

▶ ARMELLE: Corinne ne doit pas quitter sa chambre.
   PIERRE: **C'est vrai. Il ne faut pas qu'elle quitte sa chambre.**

Nom _____

Classe _____ Date _____

Discovering
FRENCH
Nouveau!

B L A N C

Unité 9
Leçon 35
Workbook

WRITING ACTIVITIES

A 1. Obligations

Dites ce que les personnes suivantes doivent faire. Complétez les phrases avec le subjonctif du verbe entre parenthèses.

1. (écouter)   Il faut que vous _____ le prof.

2. (rentrer)   Il faut que tu _____ à la maison.

3. (aider)   Il faut que vous _____ vos copains.

4. (finir)   Il faut que tu _____ tes devoirs.

5. (réussir)   Il faut que nous _____ à l'examen.

6. (vendre)   Il faut que M. Durand _____ son auto.

7. (rendre)   Il faut que vous _____ les livres à la bibliothèque.

8. (partir)   Il faut que tu _____ à trois heures.

9. (sortir)   Il faut que nous _____ avec nos cousins.

10. (mettre)   Il faut que tu _____ ta ceinture de sécurité.

11. (lire)   Il faut que vous _____ ce livre.

12. (écrire)   Il faut que tu _____ à ta tante.

13. (dire)   Il faut que vous _____ la vérité.

14. (suivre)   Il faut que nous _____ des cours dans une auto-école.

B 2. À l'auto-école

Vous êtes professeur dans une auto-école française. Dites à vos élèves ce qu'il faut ou qu'il ne faut pas faire quand ils voient les panneaux *(traffic signs)* suivants.

▶   tournez à droite?
   Il ne faut pas que vous tourniez à droite! _____

1.   tourner à droite?
   _____

2.   tourner à gauche?
   _____

3.   tourner à gauche?
   _____

4.   s'arrêter?
   _____

5.   klaxonner?
   _____

6.   entrer dans cette rue?
   _____

Nom _____

Classe _____ Date _____

B LANC

B 3. La boum

Vos copains et vous, vous organisez une boum. Dites ce que chacun doit faire.

▶ Marc (ranger le salon)

Il faut que Marc range le salon. _____

1. nous (décorer les murs)

_____

2. vous (apporter la chaîne hi-fi)

_____

3. toi (préparer les sandwichs)

_____

4. Pauline (laver les verres)

_____

5. Éric et Alice (écrire les invitations)

_____

6. moi (choisir la musique)

_____

7. nous (téléphoner aux voisins)

_____

B 4. Pourquoi?

Votre camarade veut savoir pourquoi vous faites certaines choses. Répondez-lui en disant ce que vous devez faire. Dans vos réponses, utilisez l'une des expressions suggérées ou votre imagination.

▶ Tu étudies beaucoup?

Oui, il faut que je réussisse à l'examen de maths.

1. Tu vas à la bibliothèque?

_____

2. Tu rentres chez toi?

_____

3. Tu cherches ton stylo?

_____

4. Tu vas au stade?

_____

5. Tu vas au centre commercial?

_____

6. Tu vas à l'auto-école?

_____

7. Tu te couches tôt ce soir?

_____

- **aider mes parents**
- **passer le permis de conduire**
- **écrire une lettre**
- **choisir un cadeau pour l'anniversaire d'un copain**
- **courir un peu**
- **réussir à l'exam de maths**
- **rendre des livres**
- **partir demain à sept heures**

Discovering French, Nouveau! Blanc

Nom _____

Classe _____ Date _____

Discovering
FRENCH
Nouveau!

BLANC

Unité 9
Leçon 35
Workbook

B 5. Que faire?

Analysez chaque situation et dites ce que les personnes doivent faire. Commencez vos phrases par **il faut que . . .** ou **il ne faut pas que.**

▶ Jacques veut maigrir. (manger du gâteau? manger modérément?)

Il ne faut pas qu'il mange de gâteau. Il faut qu'il mange modérément.

1. Stéphanie a un rendez-vous avec un ami qui n'est pas à l'heure. (partir? attendre? sortir avec un autre garçon?)

   _____

   _____

2. Philippe a cassé *(broke)* la nouvelle radio de son frère. (inventer une histoire? dire la vérité? s'excuser?)

   _____

   _____

3. Mes parents veulent aller au restaurant, mais il y a une tempête de neige *(snowstorm)*. (sortir? dîner à la maison?)

   _____

4. Je veux aller au concert avec mes amis, mais je n'ai pas d'argent. (travailler ce week-end? demander de l'argent à mes parents? rester chez moi?)

   _____

   _____

5. Nous sommes dans un hôtel qui brûle *(is burning)*. (rester calmes? sauter *(jump)* par la fenêtre? téléphoner à la police?)

   _____

   _____

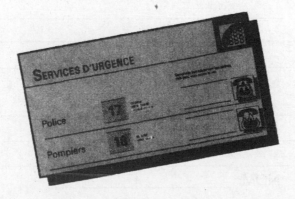

Nom _____

Classe _____ Date _____

Discovering
FRENCH
Nouveau!

BLANC

6. Communication

A. La liste des choses à faire Faites une liste de quatre choses que vous devez faire et dites quand vous devez les faire. Vous pouvez utiliser les suggestions suivantes.

- finir (quoi?)
- choisir (quoi?)
- téléphoner (à qui?)

- lire (quoi?)
- écrire (à qui?)
- répondre (à qui?)

- rendre visite (à qui?)
- rendre (quoi? à qui?)
- parler (à qui?)

▶ Il faut que je choisisse un cadeau pour l'anniversaire de ma soeur.

▶ Il faut aussi que je lise *Macbeth* avant lundi.

1. _____

2. _____

3. _____

4. _____

B. Problèmes et conseils Choisissez trois des personnes suivantes. Étudiez leurs problèmes ou leurs situations et donnez à chacun des conseils. Utilisez votre imagination (mais n'utilisez pas le subjonctif des verbes **être, avoir, aller** ou **faire**.)

- Marc est toujours fatigué.
- Jean-Paul veut maigrir.
- Catherine a besoin d'argent.
- Thomas veut améliorer *(to improve)* son français.
- Isabelle veut rester en forme.
- Juliette veut organiser un pique-nique ce week-end.
- Alain veut être populaire avec les filles.
- Alice veut impressionner *(to impress)* son nouveau copain.

NOM: _____

Il faut que tu . . . _____

_____

_____

NOM: _____

Il faut que tu . . . _____

_____

_____

NOM: _____

Il faut que tu . . . _____

_____

_____

Nom _____

Classe _____ Date _____

LEÇON 36 Merci pour la leçon

LISTENING/SPEAKING ACTIVITIES

Section 1. Vidéo-scène

A. Compréhension générale

 Allez à la page 514 de votre texte. Écoutez.

B. Avez-vous compris?

	vrai	faux			vrai	faux
1.	☐	☐		5.	☐	☐
2.	☐	☐		6.	☐	☐
3.	☐	☐		7.	☐	☐
4.	☐	☐				

Section 2. Langue et communication

C. Quelle leçon?

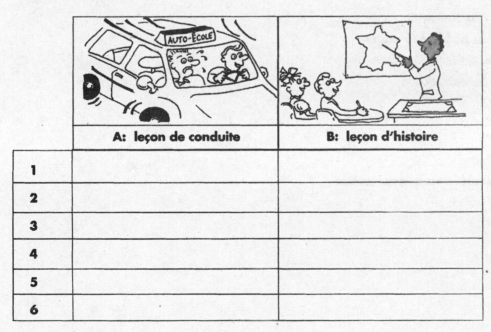

	A: leçon de conduite	B: leçon d'histoire
1		
2		
3		
4		
5		
6		

Nom _____

Classe _____ Date _____

D. Une soirée

▶ M. DUVAL: Faites le plein.

MME DUVAL: **Il faut que vous fassiez le plein.**

E. Mauvaise humeur

▶ PIERRE: Est-ce que je peux regarder la télé?

MME DUVAL: **Non, je ne veux pas que tu regardes la télé.**

F. Préparatifs pour la boum

▶ CORINNE: Je voudrais t'aider, Armelle. Qu'est-ce que je peux faire?

ARMELLE: **Je voudrais que tu écrives les invitations.**

> ▶ écrire les invitations
> 1. aller au supermarché
> 2. faire les sandwichs
> 3. nettoyer la cuisine
> 4. décorer la salle à manger
> 5. mettre la table
> 6. choisir la musique

Nom _____

Classe _____ Date _____ _____

Discovering
FRENCH
Nouveau!

B L A N C

Unité 9
Leçon 36
Workbook

WRITING ACTIVITIES

A 1. Obligations personnelles?

Dites si oui ou non vous devez faire les choses suivantes. Suivant le cas, commencez vos phrases par **il faut que** ou **il ne faut pas que**.

▶ Tu dois aller chez le dentiste ce week-end?

Non, il ne faut pas que j'aille chez le dentiste ce week-end. _____

(Oui, il faut que j'aille chez le dentiste ce week-end.)

1. Tu dois faire tes devoirs tous les jours?
   _____

2. Tu dois être à l'heure pour le dîner?
   _____

3. Tu dois faire la vaisselle ce soir?
   _____

4. Tu dois aller en classe demain matin?
   _____

5. Tu dois avoir une bonne note à l'examen de français?
   _____

6. Tu dois être poli(e) avec tes professeurs?
   _____

A 2. Le groupe de touristes

Vous êtes chargé(e) d'un groupe d'étudiants qui va en France. Dites à chaque personne ce qu'elle doit faire avant le départ. Complétez les phrases avec le subjonctif des verbes **être**, **avoir**, **aller** ou **faire**. Soyez logique!

1. Il faut que vous _____ vos valises.

2. Il faut que Corinne _____ à l'agence de voyage pour acheter son billet.

3. Il faut que vous _____ vos billets d'avion avec vous.

4. Il faut que nous _____ à l'aéroport en taxi.

5. Il faut que Philippe et Marc _____ à l'heure.

6. Il faut que tu _____ ton passeport.

7. Il faut que Stéphanie _____ à l'aéroport à sept heures.

8. Il faut que vous _____ calmes pendant le décollage (*take-off*).

Nom _____

Classe _____ Date _____

Discovering
FRENCH
Nouveau!

B L A N C

B 3. D'accord

Votre camarade français(e) vous demande s'il / si elle peut faire certaines choses. Acceptez ou refusez. Selon le cas, commencez vos phrases par **Oui, je veux bien que . . .** *(I accept)* ou **Non, je ne veux pas que . . .**

▶ Je peux regarder tes photos?

Oui, je veux bien que tu regardes mes photos. (Non, je ne

veux pas que tu regardes mes photos.)

1. Je peux téléphoner à ton copain?

_____

2. Je peux lire ton journal *(diary)*?

_____

3. Je peux écrire dans ton livre de français?

_____

4. Je peux aller au ciné avec toi?

_____

B 4. Oui ou non?

Dites ce que les personnes suivantes veulent ou ne veulent pas que d'autres personnes fassent.

▶ mes copains (je / être généreux avec eux?)

Mes copains veulent que je sois généreux (généreuse) avec eux.

▶ le prof (les élèves / être en retard?)

Le prof ne veut pas que les élèves soient en retard.

1. je (mes copains / aller au cinéma avec moi?)

_____

2. mes parents (je / réussir à mes examens?)

_____

3. Hélène (son copain / aller au concert avec une autre fille?)

_____

4. Le docteur Lasanté (M. Legros / faire du sport?)

_____

5. je (tu / être impatient avec moi?)

_____

6. les voisins (nous / faire du bruit la nuit?)

_____

Nom _____

Classe _____ Date _____

5. Communication: Souhaits *(Wishes)*

Choisissez trois des personnes suivantes et faites un souhait pour chaque personne.
Commencez vos phrases par **Je voudrais que . . .** ou **Je ne veux pas que . . .**

mon copain	mon frère	mes cousins
ma copine	ma soeur	mes grands-parents
le professeur	ma tante	mes voisins

▶ Je voudrais que mes grands-parents restent en bonne santé.

▶ Je ne veux pas que le professeur donne un examen trop difficile.

Discovering
FRENCH
Nouveau!

B L A N C

Aperçu culturel

Prenez votre manuel de classe et relisez les pages 492 et 493. Ensuite, complétez ces deux paragraphes avec les mots suggérés.

auto-école	contravention	course	essence
permis	pilotes	pneus	vitesse

1. Pour conduire une voiture, on doit avoir un _____. Les jeunes Français apprennent généralement dans une _____. Dans les villes, la _____ est limitée. Quand on ne respecte pas cette limitation, on peut avoir une _____.

2. Chaque année, il y a une _____ automobile sur le circuit du Mans. Les _____ qui y participent conduisent pendant 24 heures. De temps en temps, ils s'arrêtent pour changer les _____ et pour prendre de l' _____.

FLASH culturel

Un explorateur français a fondé Détroit en 1701. Il a aussi été gouverneur de Louisiane de 1712 à 1717. Aujourd'hui une voiture américaine porte le nom de ce Français.

- Quelle est cette voiture?

  A. Chevrolet   C. Buick LeSabre
  B. Cadillac   D. Chrysler LeBaron

Pour vérifier votre réponse, allez à la page 330.

Discovering FRENCH *Nouveau!*

B L A N C

DOCUMENTS

Read the following documents and select the correct completion for each of the accompanying statements. Place a check in the corresponding box.

MUSÉE NATIONAL DE l'AUTOMOBILE

COLLECTION SCHLUMPF

192 av. de Colmar - 68100 MULHOUSE -
Tél: 03 89 42 29 17 - Télécopie: 03 89 32 08 09

**BILLET
D'ENTRÉE
Nº 312678**

VALABLE POUR 1 ENTRÉE

1. On va ici si on veut . . .
   ❏ vendre sa voiture.
   ❏ acheter une voiture d'occasion (*used*).
   ❏ admirer des voitures anciennes.

2. On va ici si on veut . . .
   ❏ acheter une moto.
   ❏ apprendre à conduire une moto.
   ❏ participer à une course de moto.

ECOL MOTO
Pour vos permis motos et autos
67000 STRASBOURG
03 88 40 00 11

VOITURES PARIS

3 ième **semaine gratuite**

	2 sem	3 sem
Cat. A Fiat Panda, 750 Fire	270	270
Cat. C Fiat Uno 45S, 5 portes	310	310

ROSEMONT 593-1010
RIVE-SUD 466-4777
LAVAL 662-7555
QUÉBEC 418-522-2791
SHERBROOKE 819-563-4474

Km illimité
Radio AM-FM et cassette
Taxes incluses
Assurances tous risques, conducteur
et passagers incluses

3. Voici une annonce qui a paru (*appeared*) dans un journal.
   • Cette annonce intéresse les personnes qui veulent . . .
     ❏ acheter une voiture.
     ❏ louer une voiture.
     ❏ visiter Paris en taxi.
   • Les voitures proposées sont équipées d' . . .
     ❏ un téléphone.
     ❏ une radio.
     ❏ un toit ouvrant.
   • Les prix indiqués ne comprennent <u>pas</u> (*do <u>not</u> include*) . . .
     ❏ l'essence.
     ❏ les assurances.
     ❏ les taxes.

Nom _____

Classe _____ Date _____ _____

Discovering
FRENCH
Nouveau!

B L A N C

Unité 9

Workbook
Reading and Culture Activities

Permis de conduire
La majorité des permis de conduire étrangers sont valides au Canada. Pour obtenir plus d'information à ce sujet, veuillez communiquer avec la Société de l'assurance automobile du Québec en composant le (514) 873-8526.

Ceinture de sécurité
Au Québec, le port de la ceinture de sécurité est obligatoire pour le conducteur et tous les passagers sans exception.

Vitesse sur les autoroutes
Au Québec, la limite de vitesse sur les autoroutes est de 100 km/h.

4. Ce document a été publié au Québec.
   - Les renseignements *(information)* dans ce document sont très importants pour . . .
     - ❑ les Québécois qui ont des voitures étrangères.
     - ❑ les touristes qui visitent le Québec en auto.
     - ❑ les jeunes Québécois qui apprennent à conduire.
   - Quand on conduit au Québec, il faut . . .
     - ❑ avoir un passeport valide.
     - ❑ mettre sa ceinture de sécurité.
     - ❑ être assuré *(insured)* par une compagnie canadienne.

5. Europcar est une compagnie qui loue des voitures dans les principaux pays européens. Regardez la liste des voitures qu'on peut louer et marquez les voitures françaises de cette liste.

	Catégories et modèles		1 jour TTC	2 jours TTC	3 jours TTC	4 jours TTC
❑	A Renault Super 5 Five	•	84	118	138	168
❑	B Renault Clio	•	97	136	160	194
❑	C Renault 21	❑	136	190	224	271
❑	D Peugeot 605	❑	160	224	264	320
❑	E Mercedes 190E	❑	177	248	292	354
❑	G Renault 21 TX	•	132	184	217	264
❑	H Renault 25 V6	❑	210	294	346	419
❑	J Mercedes 190	❑	270	378	445	540
❑	K BMW 730 IA	❑	360	504	593	720
❑	M Golf Cabriolet	❑	192	268	316	384
❑	N Peugeot 205 GTI	❑	199	278	328	398
❑	P Renault 21 Nevada	•	159	270	318	386
❑	R Minibus	•	190	267	313	380
❑	S Renault Espace	❑	210	294	346	419

(colonne verticale: A U T O M A T I Q U E)

• Radio — ☐ Lecteur de cassettes — AC : Air conditionné

POUR VOUS EUROPCAR A CHOISI RENAULT ET D'AUTRES GRANDES MARQUES

Location de voitures

Europcar Assistance
01.42.81.93.00.

Renseignements
Minitel 3614 code EUCAR
Minitel 3614 code EUROPCAR

Renseignements/Réservation
01.30.43.82.82

Nom _____

Classe _____ Date _____

Discovering
FRENCH
Nouveau!

BLANC

C'est La Vie

1. La France en auto

Imaginez que vous allez faire un voyage en France avec votre famille. Vous êtes chargé(e) de louer une voiture.

■ D'abord indiquez vos préférences:

Marque:	**Transmission:**
❑ française ❑ étrangère	❑ manuelle ❑ automatique
Nombre de personnes:	**Autres caractéristiques souhaitées:**
❑ 2 personnes ❑ 4 personnes ❑ 5 personnes ❑ plus de 5 personnes	(Choisissez deux caractéristiques.) ❑ radio ❑ air conditionné ❑ grand coffre ❑ lecteur de cassette

■ Maintenant regardez la liste des voitures et choisissez la voiture qui a le maximum de caractéristiques souhaitées (*desired*).

Applicable au 5 Avril			PLACES	PORTES	RADIO	CASSETTE	AIR CONDITIONNE	GRAND COFFRE	TARIFS	
CATÉGORIES		MODÈLES							PAR JOUR €	PAR KM €
ÉCONOMIQUE	A	FORD FIESTA SUPER FESTIVAL RENAULT SUPER 5 FIVE PEUGEOT 205 JUNIOR UNO 45 FIRE OPEL CORSA GL	4	2	X				25	,3
	B	RENAULT SUPER 5 SL PEUGEOT 205 GL	4	4	X				26,2	,3
MOYENNE	C	FORD ESCORT 1,6 CL OPEL KADETT 1200 PEUGEOT 309 GL PROFIL RENAULT 11 GTL	5	4	X				30,3	,4
	D	FORD SIERRA 1800 CL PEUGEOT 405 GR RENAULT 21 GTS BMW 316	5	4	X	X		X	40,8	,5
SUPÉRIEURE	E	FORD SCORPIO 2.0 GLI "ABS" RENAULT 25 GTS OPEL OMEGA 2.0 I GL	5	4	X	X		X	46,9	,6
AUTOMATIQUES ÉCONOMIQUE	F	FORD ESCORT 1600 CL RENAULT 11	5	4	X			X	38,1	,5
AUTOMATIQUES SUPÉRIEURE	G	MERCEDES 190 E BMW 320 iA T.O.	5	4	X	X	X	X	60,6	,6
	H	MERCEDES 260 E	5	4	X	X	X	X	84,7	,8
MINIBUS	I	FORD TRANSIT RENAULT TRAFIC CONFORT	9	4	X	X		X	51,2	,5

Discovering French, Nouveau! Blanc

Nom _____

Classe _____ Date _____ _____

Discovering
FRENCH
Nouveau!

B L A N C

Unité 9

Workbook
Reading and Culture Activities

- Quelle voiture avez-vous choisie? _____

- Quel est le coût de la location *(rental)* par jour? _____

- Quel est le coût supplémentaire par kilomètre? _____

■ Vous êtes maintenant à Paris. Vous avez décidé de faire
un voyage de six jours avec la voiture que vous avez
louée. Pendant ce voyage, vous allez visiter les cinq
villes suivantes:

| Bordeaux | Genève | Nice |
| | Strasbourg | Toulouse |

Paris

Strasbourg

Genève

Bordeaux

Toulouse

Nice

- Indiquez votre itinéraire sur la carte.

- Complétez le tableau en indiquant le nom des villes où vous vous arrêterez chaque jour.
  Pour chaque jour, indiquez le nombre approximatif de kilomètres. (Utilisez un atlas.)

	départ	arrivée	kilomètres
1er jour	Paris		
2e jour			
3e jour			
4e jour			
5e jour			
6e jour			
	NOMBRE TOTAL DE KILOMETRES		

■ Déterminez le coût de location de la voiture en complétant le tableau suivant:

prix / kilomètre

nombre de kilomètres [ ] x [ ] = [ ]

prix / jour

nombre de jours [ ] x [ ] = [ ]

TOTAL: = [ ]

Unité 9

C'est La Vie *(continued)*

2. Sur la route

C'est votre frère qui conduit la voiture. Sur la route vous voyez les panneaux de signalisation *(traffic signs)* suivants. Dites à votre frère ce qu'il doit faire ou ne pas faire.

1.
- ❑ Il faut que tu t'arrêtes.
- ❑ Il ne faut pas que tu t'arrêtes ici.
- ❑ Il ne faut pas que tu entres dans cette rue.

2.
- ❑ Il faut que tu tournes à gauche.
- ❑ Il ne faut pas que tu tournes à gauche.
- ❑ Il faut que tu mettes ta ceinture de sécurité.

3.
- ❑ Il faut que tu t'arrêtes à 50 mètres.
- ❑ Il faut que tu paies un péage *(toll)* de 8 euros.
- ❑ Il ne faut pas que tu conduises à plus de 50 kilomètres à l'heure.

4.
- ❑ Il ne faut pas que tu doubles *(pass)* les autres voitures.
- ❑ Il ne faut pas que tu stationnes à côté d'une autre voiture.
- ❑ Il faut que tu maintiennes une distance de sécurité.

5.
- ❑ Tu dois aller à moins de 100 kilomètres à l'heure.
- ❑ Tu peux aller à plus de 100 kilomètres à l'heure.
- ❑ Il y a une station-service à 100 mètres.

FLASH culturel: Réponse

➜ **B.** La Cadillac porte le nom d'Antoine de la Mothe Cadillac (1658–1730), fondateur de Détroit.

Nom _____

Classe _____ Date _____

Discovering
FRENCH
Nouveau!

B L A N C

Unité 9

Workbook
Reading and Culture Activities

3. Une petite économique

Lisez la publicité et répondez aux questions suivantes.

Champion de France dès la 1ère année

RENAULT 21.

Accélérations 0 à 100 km/h: 9,7 s

Vitesse maximum: 217 km/h

Consommation aux 100 km:
  6,7 litres à 90 km/h
  8,1 litres à 120 km/h
  10,8 litres en ville

Vive le sport

RENAULT
DES VOITURES
A VIVRE

Prix: À partir de 14.000€

- Quelle est la marque de cette voiture?

  _____

- Quel est son prix en euros?

  _____

- Quelle est sa consommation d'essence (en litres par 100 kilomètres) à la vitesse *(speed)* de 120 kilomètres/heure?

  _____

- Aimeriez-vous conduire cette voiture? Pourquoi? (Pourquoi pas?)

  _____

Discovering
FRENCH
Nouveau!

B L A N C

INTERLUDE 9: Quelle soirée!

Le jeu des 5 erreurs

Voici un résumé de l'histoire «Quelle soirée!» Dans ce résumé il y a cinq erreurs. D'abord relisez l'histoire (pages 526–533 de votre manuel de classe). Puis lisez attentivement le résumé de cette histoire. Découvrez les cinq erreurs et expliquezles brièvement.

Olivier est allé au Rex-Palace où il a acheté deux billets pour un concert. Il a téléphoné à Caroline, sa meilleure amie, pour l'inviter au concert. Caroline a accepté l'invitation d'Olivier avec plaisir.

Quand il rentre chez lui, Olivier demande à son père s'il peut emprunter sa voiture pour aller au concert. Son père refuse. Alors, Olivier demande à sa mère s'il peut prendre sa voiture, mais elle refuse aussi. Olivier a une idée. Il sait que ses parents vont sortir chez les voisins ce soir. Alors, il attend leur départ. Quand ils sont partis, il prend la voiture de son père, une voiture de sport bleue toute neuve, et il va chercher Caroline pour aller au concert.

Pendant l'entracte, Olivier va au parking. Là, il s'aperçoit que la voiture de son père a eu un accident. Le feu arrière est endommagé. C'est une véritable catastrophe! Il faut absolument qu'il trouve quelqu'un pour changer le feu. Heureusement Olivier a un cousin, Jean-Jacques, qui est mécanicien. Il téléphone à Jean-Jacques qui finit par accepter de l'aider. Puis, il retourne au concert où il explique la situation à Caroline. Caroline est très compréhensive et elle rentre chez elle en taxi.

Olivier va chez son cousin qui répare la voiture. Puis il rentre chez lui avant le retour de ses parents, et il va se coucher. Le lendemain matin, Olivier se lève et va dans la cuisine où il retrouve sa mère. Alors Madame Jamet lui explique ce qui est arrivé hier après-midi. Elle lui a dit qu'elle a fait les courses et qu'en rentrant dans le garage elle est rentrée dans la voiture de son mari. Les deux voitures ont été endommagées. Voilà donc pourquoi Monsieur et Madame Jamet étaient furieux hier et qu'ils n'ont pas voulu prêter leur voiture à leur fils!

Les 5 erreurs (Si c'est nécessaire, utilisez une feuille de papier séparée.)

1ère erreur _____

2ème erreur _____

3ème erreur _____

4ème erreur _____

5ème erreur _____

McDougal Littell

ISBN-13: 978-0-618-29886-0
ISBN-10: 0-618-29886-X

90000>

9 780618 298860

2-04561